# 300 tests
ARABE

Rita NAMMOUR WARDINI

# Module 1
## LES BASES

**Focus** — Voyelles brèves et voyelles longues

*Choisissez la bonne réponse.*

Corrigé page 11

1. Quel mot contient une voyelle longue ?
   - **A** باب
   - **B** كَرَز
   - **C** جَبَل

2. Quel mot contient la voyelle brève **fatḥa** ?
   - **A** بَحْر
   - **B** جِسْر
   - **C** فُسْتُق

3. Quelle voyelle longue prolonge la voyelle brève **ḍamma** ?
   - **A** ي
   - **B** ا
   - **C** و

4. Dans le mot ثَلْج quelle lettre porte une **sukûn** ?
   - **A** ج
   - **B** ث
   - **C** ل

5. Quelle voyelle longue prolonge la voyelle brève **kasra** ?
   - **A** ا
   - **B** ي
   - **C** و

6. Pour compléter le mot نـ...ر (*lumière* en arabe), il manque...
   - **A** ـيـ
   - **B** ـا
   - **C** ـو

7. Et pour former le mot *feu* نـ...ر il faudrait rajouter...
   - **A** ـو
   - **B** ـا
   - **C** ـيـ

8. Pour compléter le mot ر...ـف (*campagne* en arabe), il manque...
   - **A** ا
   - **B** ـيـ
   - **C** و

9. Quelle voyelle longue prolonge la voyelle brève **fatḥa** ?
   - **A** ا
   - **B** ي
   - **C** و

10. Quelle voyelle brève rend le son « i » ?
    - **A** kasra
    - **B** fatḥa
    - **C** ḍamma

---

**Astuce** Il existe en arabe 3 voyelles brèves qui ne s'écrivent pas en général et trois voyelles longues qui prolongent respectivement leur son vocalique. La **sukûn** indique l'absence de voyelle.

# Module 1
## LES BASES

**Focus** L'alphabet arabe

*Corrigé page 11*

*Choisissez la bonne réponse.*

1. Combien de lettres comporte l'alphabet arabe ?
   - 26 **D**
   - 24 **C**
   - 28 **B**
   - 27 **A**

2. Parmi les lettres suivantes, laquelle est emphatique ?
   - ب **D**
   - ط **C**
   - ش **B**
   - ر **A**

3. Parmi les lettres suivantes, laquelle est solaire ?
   - ج **D**
   - و **C**
   - ز **B**
   - د **A**

4. Parmi les lettres suivantes, laquelle est orpheline ?
   - ن **D**
   - ذ **C**
   - ح **B**
   - ث **A**

5. Quelle est la forme initiale de la lettre س ?
   - ـسـ **D**
   - س **C**
   - سـ **B**
   - ـس **A**

6. Parmi les lettres suivantes, laquelle est lunaire ?
   - ل **D**
   - ث **C**
   - ن **B**
   - ق **A**

7. Quelle est la forme médiane de la lettre ت ?
   - ـتـ **D**
   - ت **C**
   - تـ **B**
   - ـت **A**

8. Quelle est la forme de cette lettre ه ?
   - isolée **D**
   - finale **C**
   - médiane **B**
   - initiale **A**

9. Quelle est la forme initiale de la lettre ك ?
   - ـك **D**
   - ك **C**
   - كـ **B**
   - ـكـ **A**

10. Quelle est la forme finale de la lettre ق ?
    - ـق **D**
    - قـ **C**
    - ـقـ **B**
    - ق **A**

> **Astuce** Une lettre orpheline ne s'attache pas à gauche. La prononciation d'une lettre emphatique se caractérise par une vélarisation ou une pharyngalisation. Lorsqu'une lettre solaire est en initiale dans un mot défini, elle est redoublée par une **šadda** à l'écrit et entraîne l'élision du **lâm** de l'article défini à l'oral.

## Module 1
### LES BASES

| Focus | Autres particularités de l'écriture arabe |

Corrigé page 11

*Choisissez la bonne réponse.*

1. L'arabe s'écrit...

    de haut en bas **C**   de droite à gauche **B**   de gauche à droite **A**

2. Lorsque le **lâm** est suivi du **'alif**, nous obtenons quelle graphie ?

    ل ا **C**   لا **B**   الـ **A**

3. Quelle lettre est une **'alif mamdûda** ?

    ا **C**   ى **B**   آ **A**

4. Quel mot contient une **šadda** ?

    سُكَّر **C**   قَهْوَة **B**   حَليب **A**

5. Quel mot débute par une **hamza** stable ?

    أب **C**   اِسْم **B**   آب **A**

6. Quelle expression se termine par un **tanwîn** de la **fatḥa** ?

    أهلاً وسهلاً **C**   بخيرٍ **B**   مع السّلامةِ **A**

7. Quel mot finit par une **'alif maqṣûra** ?

    ليلى **C**   جمال **B**   أمين **A**

8. Quel mot débute par une **hamza** instable ?

    أُمّ **C**   أَيلول **B**   اِجتماع **A**

9. Le **tanwîn** de la **kasra** s'écrit :

    اً **C**   ٍ **B**   ٌ **A**

10. Où le mot بحر est-il vocalisé avec le **tanwîn** de la **ḍamma** ?

    بحراً **C**   بحرٍ **B**   بحرٌ **A**

**Astuce** La **šadda** marque le redoublement d'une consonne tandis que le **tanwîn** se caractérise par le redoublement, à l'écrit, d'une voyelle brève.

# Module 1
## LES BASES

**Focus** La prononciation

*Choisissez la bonne réponse.*

Corrigé page 11

1. Quelle consonne arabe se prononce comme un « b » ?

    **A** ت    **B** ث    **C** ب

2. Quelle consonne arabe se prononce comme un « f » ?

    **A** ق    **B** ف    **C** م

3. Quelle consonne arabe se prononce comme un « n » ?

    **A** ن    **B** ح    **C** و

4. Quelle consonne arabe est un « r roulé » ?

    **A** ز    **B** ر    **C** د

5. Quelle consonne arabe se prononce comme le *th* anglais de *this* ?

    **A** ذ    **B** د    **C** ط

6. Quelle consonne arabe est la forme emphatique du س ?

    **A** ص    **B** ظ    **C** و

7. Quelle consonne arabe se prononce comme un « l » ?

    **A** ع    **B** غ    **C** ل

8. Quelle voyelle rend le son « ou » prolongé ?

    **A** ا    **B** ي    **C** و

9. Quelle voyelle rend le son « i » prolongé ?

    **A** ا    **B** ي    **C** و

10. Quelle consonne arabe est la forme emphatique du ذ ?

    **A** ط    **B** ظ    **C** ز

# Module 1
## LES BASES

**Focus** — **L'article défini et indéfini**

*Corrigé page 11*

*Quelle est la bonne traduction pour chacun des mots suivants ?*

1. L'enseignant
   - A) المُعلِّم
   - B) مُعلِّم

2. Une université
   - A) جامعة
   - B) الجامعة

3. Un étudiant
   - A) طالِب
   - B) الطّالِب

4. La ville
   - A) مدينة
   - B) المدينة

5. Le pays
   - A) البلد
   - B) بلد

6. Les enfants
   - A) الأولاد
   - B) أولاد

7. Des portes
   - A) الأبواب
   - B) أبواب

8. Les deux parents
   - A) الوالدان
   - B) والدان

9. Deux enfants
   - A) الولدان
   - B) ولدان

10. Une fille
    - A) البنت
    - B) بنت

**Astuce** L'article indéfini n'existe pas en arabe. Quant à l'article défini الـ, il est invariable quel que soit le genre ou le nombre du nom auquel il se rapporte.

**Module 1**
**LES BASES**

## Focus — Les mots interrogatifs

*Corrigé page 11*

*Choisissez le bon interrogatif.*

١ ..... اسمك؟
**A** مَن     **B** ما     **C** أينَ

٢ ... أَنت؟
**A** هل     **B** مَن     **C** كم

٣ ... هو؟
**A** هل     **B** كم     **C** أينَ

٤ ... حالُك؟
**A** هل     **B** كيفَ     **C** أينَ

٥ مِن ... أَنت؟
**A** ما     **B** مَن     **C** أينَ

---

*Et maintenant, quelle est la traduction des mots interrogatifs suivants ?*

١ كم؟
**A** Combien ?     **B** Pourquoi ?     **C** Comment ?     **D** Quand ?

٢ أينَ؟
**A** Quel ?     **B** Pourquoi ?     **C** Quand ?     **D** Où ?

٣ مَن؟
**A** Est-ce que ?     **B** Quoi ?     **C** Qui ?     **D** Pourquoi ?

٤ كيفَ؟
**A** Comment ?     **B** Pourquoi ?     **C** Quand ?     **D** Quoi ?

٥ متى؟
**A** Quand ?     **B** Pourquoi ?     **C** Quoi ?     **D** Qui ?

# Module 1
## LES BASES

**Focus** Les pronoms personnels isolés au singulier

*Corrigé page 11*

*Remplissez l'espace avec le bon pronom personnel.*

١ –مَن ... ؟ –أنا سمير.

A أنا   B هو   C أنتَ

٢ –ومَن ....؟ –أنا ليلى.

A هي   B أنتِ   C أَنا

٣ –مِن أَينَ أنتِ؟ –..... مِن باريس.

A هي   B أنا   C هو

٤ ... طالب.

A هي   B أنتِ   C هو

٥ ... معلّمة

A أنتَ   B هي   C هو

*Et maintenant un exercice de thème-version sur les pronoms personnels !*

١ أنا

A tu   B il   C je

٢ Tu (au masculin)

A أنتَ   B هو   C أنتِ

٣ elle

A أنتِ   B هو   C هي

٤ هو

A il   B je   C elle

٥ Tu (au féminin)

A أنتِ   B أنتَ   C هي

# Module 1
## VOCABULAIRE

### Focus  Vocabulaire et expressions utiles

*Choisissez la bonne traduction pour chacune des phrases ou expressions suivantes.*

1. Bonjour !
   - Ⓐ مساءُ الخير!
   - Ⓑ أهلاً وسهلاً!
   - Ⓒ صباحُ الخير!

2. Bonsoir !
   - Ⓐ مساءُ الخير!
   - Ⓑ تفضّل!
   - Ⓒ مِن فضلك.

3. Bienvenue !
   - Ⓐ صباحُ النّور!
   - Ⓑ تشرّفنا!
   - Ⓒ أهلاً وسهلاً!

4. Enchanté-e
   - Ⓐ تَشَرَّفنا!
   - Ⓑ شُكراً!
   - Ⓒ مَرحَباً!

5. Merci !
   - Ⓐ عفواً!
   - Ⓑ أهلاً!
   - Ⓒ شكراً!

### Salutations / Formules de politesse

| | |
|---|---|
| Bienvenue | أهلاً / أهلاً وسهلاً |
| Enchanté-e(s) | تشرّفنا |
| Merci ! | شكراً! |
| Bonjour | صباحُ الخير / صباحُ النّور |
| Pardon ! | عفواً! |
| Salut / Bienvenue | مرحباً |
| Bonsoir | مساءُ الخير / مساءُ النّور |
| Au revoir | مع السّلامة |
| S'il te plaît ! | مِن فضلك! |

## Module 1
## VOCABULAIRE

**Noms**

| | |
|---|---|
| père | أَب |
| août | آب |
| réunion | اِجتماع |
| cèdre | أرزة |
| nom | اِسم |
| mère | أُمّ |
| loyal-e | أمين–ة |
| septembre | أيلول |
| porte | باب |
| Paris | باريس |
| mer | بحر |
| neige / glaçons | ثلج |
| montagne | جبل |
| pont | جسر |
| beauté | جمال |
| lait | حليب |
| campagne | ريف |
| sucre | سُكَّر |
| pistaches | فستق |
| café | قهوة |
| cerises | كرز |

# Module 1
## CORRIGÉ

## Les bases

**PAGE 2**
1 **A**  2 **A**  3 **C**  4 **C**  5 **B**  6 **C**  7 **B**  8 **B**  9 **A**  10 **A**

**PAGE 3**
1 **B**  2 **C**  3 **A**  4 **C**  5 **B**  6 **A**  7 **D**  8 **D**  9 **B**  10 **D**

**PAGE 4**
1 **B**  2 **B**  3 **A**  4 **C**  5 **C**  6 **C**  7 **C**  8 **A**  9 **B**  10 **A**

**PAGE 5**
1 **C**  2 **B**  3 **A**  4 **B**  5 **A**  6 **A**  7 **C**  8 **C**  9 **B**  10 **B**

**PAGE 6**
1 **A**  2 **A**  3 **A**  4 **B**  5 **A**  6 **A**  7 **B**  8 **A**  9 **B**  10 **B**

**PAGE 7**
1 **B**  2 **B**  3 **C**  4 **B**  5 **C**
1 **A**  2 **D**  3 **C**  4 **A**  5 **A**

**PAGE 8**
1 **C**  2 **B**  3 **B**  4 **C**  5 **B**
1 **C**  2 **A**  3 **C**  4 **A**  5 **A**

**PAGE 9**
1 **C**  2 **A**  3 **C**  4 **A**  5 **C**

VOTRE SCORE :

---

**Vous avez obtenu entre 0 et 19 ?** Reprenez chaque question en regardant les endroits où vous avez fait des erreurs.

**Vous avez obtenu entre 20 et 34 ?** C'est très moyen, mais ne vous découragez pas.

**Vous avez obtenu entre 35 et 54 ?** Formidable ! Analysez les erreurs et, si besoin, révisez la ou les notions que vous ne maîtrisez pas complètement.

**Vous avez obtenu 55 et plus ?** Bravo ! Vous êtes sur la bonne voie.

# Module 2
## LES BASES

**Focus** — Pronoms personnels isolés, au duel et au pluriel

*Corrigé page 21*

*Choisissez la bonne réponse.*

1. Quel pronom personnel isolé se traduit par « vous deux » ?
   - **A** أَنتَ
   - **B** أَنتُما
   - **C** أَنتُنَّ

2. Quel pronom personnel isolé est au duel ?
   - **A** أَنتِ
   - **B** هُنَّ
   - **C** هُما

3. Quel pronom personnel est au masculin pluriel ?
   - **A** هُم
   - **B** هُوَ
   - **C** أنا

4. Quel pronom personnel se traduit par « nous » ?
   - **A** أَنتُنَّ
   - **B** أَنتُم
   - **C** نَحنُ

5. Quel est l'équivalent de « ils » en arabe ?
   - **A** هُم
   - **B** هُوَ
   - **C** هُنَّ

6. Comment dit-on « vous » au masculin pluriel ?
   - **A** أَنتُما
   - **B** أَنتُم
   - **C** أَنتَ

7. Quel pronom personnel désigne « elles deux » ?
   - **A** هُما
   - **B** أَنتُما
   - **C** أَنتُنَّ

8. Quel pronom personnel s'utilise pour les deux genres ?
   - **A** هُما
   - **B** هُم
   - **C** هُنَّ

9. Quel est l'intrus ?
   - **A** أَنتُم
   - **B** أَنتُنَّ
   - **C** أنا

10. Quel pronom personnel est au féminin pluriel ?
    - **A** أَنتُنَّ
    - **B** أَنتِ
    - **C** هِيَ

**Astuce** Le duel est utilisé en arabe pour désigner « deux » éléments. Nous avons : les pronoms personnels duels, le duel nominal et le duel verbal.

# Module 2
## LES BASES

**Focus** Les pronoms personnels affixes

*Corrigé page 21*

*Choisissez la bonne réponse.*

1. Quel est le pronom personnel affixe à la première personne du singulier ?

   **A** ـكَ  **B** ـي  **C** ـهُ

2. Quel est le pronom personnel affixe à la première personne du pluriel ?

   **A** ـكُم  **B** ـنا  **C** ـهُم

3. Quel est le pronom personnel affixe duel parmi les suivants ?

   **A** ـهُما  **B** ـهُنَّ  **C** ـكِ

4. Quel est le pronom personnel affixe à la troisième personne du féminin singulier ?

   **A** ـكِ  **B** ـهُ  **C** ـها

5. Trouvez l'intrus !

   **A** هُوَ  **B** ـهُ  **C** ـي

6. Quelle est la bonne vocalisation du pronom personnel affixe ـه lorsqu'il est précédé par une **kasra** ou un **yâ'** ?

   **A** ـهِ  **B** ـهُ  **C** ـهَ

7. Quel pronom personnel affixe correspond à أَنْتُمْ ?

   **A** ـكُم  **B** ـكُما  **C** ـكُنَّ

8. Quel pronom personnel affixe est au féminin ?

   **A** ـكَ  **B** ـهُم  **C** ـكِ

9. Quel pronom personnel affixe est au singulier ?

   **A** ـهُما  **B** ـكُما  **C** ـكَ

10. Quel pronom personnel affixe est à la deuxième personne du féminin pluriel ?

    **A** ـها  **B** ـكُنَّ  **C** ـهُنَّ

**Astuce** En plus des pronoms personnels isolés, nous avons en arabe les pronoms personnels affixes qui s'attachent à la fin d'un nom, d'un verbe ou d'une préposition.

## Module 2
## LES BASES

*Corrigé page 21*

*Et maintenant, associez chaque pronom personnel isolé au pronom personnel affixe qui lui correspond !*

| | | |
|---|---|---|
| ١ أنا | Ⓐ ـي | Ⓑ ـنا |
| ٢ هو | Ⓐ ـها | Ⓑ ـهُ |
| ٣ أنتُم | Ⓐ ـكُم | Ⓑ ـكُنَّ |
| ٤ أنتُما | Ⓐ ـكُما | Ⓑ ـهُم |
| ٥ أنتُنَّ | Ⓐ ـكُنَّ | Ⓑ ـهُنَّ |
| ٦ هي | Ⓐ ـها | Ⓑ ـكِ |
| ٧ أنتِ | Ⓐ ـكِ | Ⓑ ـكَ |
| ٨ هُم | Ⓐ ـهُما | Ⓑ ـهُم |
| ٩ أنتَ | Ⓐ ـكَ | Ⓑ ـكُم |
| ١٠ نحنُ | Ⓐ ـنا | Ⓑ ـهُ |

### Focus — Les pronoms personnels affixes attachés au nom

*Choisissez la bonne réponse.*

1. Comment dit-on « sa voiture (à lui) » ?

Ⓐ سيّارتُهُ    Ⓑ سيّارتها    Ⓒ سيّارتي

**Module 2**
**LES BASES**

2. Quel mot se traduit par « son nom (à elle) » ?

   **A** اسمُهُم   **B** اسمُنا   **C** اسمُها

3. Comment dit-on « leur mère (à eux deux) » ?

   **A** أُمّهُ   **B** أُمُّهُما   **C** أُمُّكُما

4. Comment dit-on « ma sœur » ?

   **A** أُختكَ   **B** أُختنا   **C** أُختي

5. Comment dit-on « notre professeur » ?

   **A** معلّمنا   **B** معلّمكُنَّ   **C** معلّمُهُم

6. Comment dit-on « leur ville (à eux) » ?

   **A** مدينتُهُنَّ   **B** مدينتُهُم   **C** مدينتُكُم

7. Quel mot désigne « ton université » ?

   **A** جامعتي   **B** جامعتُهُما   **C** جامعتكَ

8. Comment dit-on « leur amie » ?

   **A** صديقتُكُم   **B** صديقتُهُم   **C** صديقُهُم

9. Comment dit-on « notre maison » ?

   **A** بيتنا   **B** بيتكُما   **C** بيتُهُما

10. Comment dit-on « votre leçon (à vous deux) » ?

    **A** درسُهُما   **B** درسُكُم   **C** درسُكُما

**Astuce** Attachés à un nom, les pronoms personnels affixes se traduisent en français par les adjectifs possessifs.

**Corrigé page 21**

*Remplacez le mot entre parenthèses par le bon pronom personnel affixe.*

١ قادَ سيّارةَ أُخت (ليلى).

**A** قادَ سيّارة أُختهِ.   **B** قادَ سيّارة أُختها.   **C** قادَ سيّارة أُختهم.

٢ سميرة هي أُمّ (نحنُ).

**A** سميرة هي أُمّي.   **B** سميرة هي أُمّكَ.   **C** سميرة هي أُمّنا.

15

# Module 2
## LES BASES

٣. جامعة (أنتنَّ) كبيرة!
- Ⓐ جامعتهُم كبيرة!
- Ⓑ جامعتنا كبيرة!
- Ⓒ جامعتكُنَّ كبيرة!

٤. بيت (آمال وسامي) في الرّيف.
- Ⓐ بيتهُما في الرّيف.
- Ⓑ بيتهُم في الرّيف.
- Ⓒ بيتهُنَّ في الرّيف.

٥. قهوة (أنا) باردة.
- Ⓐ قهوتها باردة.
- Ⓑ قهوتي باردة.
- Ⓒ قهوتكُم باردة.

### Focus — Les pronoms personnels affixes attachés au verbe

*Choisissez la bonne réponse.*

**Corrigé page 21**

1. Comment dit-on « je l'ai vue » ?
   - Ⓐ رأيتُهُ
   - Ⓑ رأيتُها
   - Ⓒ رأيتُهُم

2. Comment dit-on « tu l'as étudié » ?
   - Ⓐ درستَهُ
   - Ⓑ درستَها
   - Ⓒ درستَهُما

3. Quelle est la traduction de « il nous a entendus » ?
   - Ⓐ سمعَهُم
   - Ⓑ سمعَني
   - Ⓒ سمعَنا

4. Quelle est la traduction de « nous les avons bues (toutes les 2) » ?
   - Ⓐ شرِبناهُ
   - Ⓑ شرِبناهُما
   - Ⓒ شرِبناهُم

5. Comment dit-on « elle les a perdus » ?
   - Ⓐ أضاعَتْهُم
   - Ⓑ أضاعَتْهُنَّ
   - Ⓒ أضاعَتْنا

6. Quelle est la traduction de « ils l'ont mangé » ?
   - Ⓐ أكلوها
   - Ⓑ أكلوهُما
   - Ⓒ أكلوهُ

7. Comment dit-on « je vous ai comprises (toutes les deux) » ?
   - Ⓐ فهمتُهُما
   - Ⓑ فهمتُكُما
   - Ⓒ فهمتُهُنَّ

8. Comment traduit-on « il m'a déçu » ?
   - Ⓐ خذلَني
   - Ⓑ خذلَكَ
   - Ⓒ خذلَنا

9. Comment dit-on « il t'a dessinée » ?
   - Ⓐ رسمَكَ
   - Ⓑ رسمَكُما
   - Ⓒ رسمَكِ

## Module 2
## LES BASES

10. Comment dit-on « il t'a poussé » ?

   **A** دفعهُ     **B** دفعَكَ     **C** دفعَهُما

**Astuce** Attachés à un verbe, les pronoms personnels affixes se traduisent en français par les pronoms personnels COD.

*Remplacez le mot entre parenthèses par le bon pronom personnel affixe.*

١. رسمتُ (صديقتي).
   **A** رسمتُكِ     **B** رسمتُهُ     **C** رسمتُها

٢. شربنا (الشّاي).
   **A** شربناهما     **B** شربناهُ     **C** شربناها

٣. سمعنا (الأولاد).
   **A** سمعناكُم     **B** سمعناكُما     **C** سمعناهُم

٤. أضاعت الدّفتر والقلم.
   **A** أضاعتهُما     **B** أضاعتهُم     **C** أضاعتها

٥. خذلَ (رامي وأخته).
   **A** خذلَهُم     **B** خذلَهُما     **C** خذلَكُما

### Focus Les pronoms personnels affixes attachés à une préposition

*Corrigé page 21*

*Choisissez la bonne réponse.*

1. Comment dit-on « avec nous » ?
   **A** معكُم     **B** معي     **C** معنا

2. Comment dit-on « d'elle » ?
   **A** منهُ     **B** منها     **C** منهُما

3. Comment dit-on « à moi » ?
   **A** لي     **B** لنا     **C** لكَ

4. Comment dit-on « sur eux deux » ?
   **A** عليهِما     **B** عليهِم     **C** عليهِنَّ

## Module 2
## LES BASES

Corrigé page 2·

5. Comment dit-on « avec lui » ?
   A معهُما   B معهُم   C معهُ

6. Comment dit-on « chez elles » ?
   A عندهُنَّ   B عندكِ   C عندها

7. Comment dit-on « à propos de vous deux » ?
   A عنكُم   B عنهُ   C عنكُما

8. Comment dit-on « d'eux deux / d'elles d'eux » ?
   A منهُما   B منهُم   C منهُنَّ

9. Comment dit-on « entre elles » ?
   A بينهُنَّ   B بينكُما   C بيننا

10. Comment dit-on « dans / en eux » ?
    A فيهِما   B فيها   C فيهِم

**Astuce** Attachés à une préposition, les pronoms personnels affixes se traduisent en français par les pronoms personnels COI.

*Remplacez le mot entre parenthèses par le bon pronom personnel affixe.*

١ سلّمتُ على (سامي).
A سلّمتُ عليه.   B سلّمتُ عليهِما.   C سلّمتُ عليها.

٢ تكلّمنا مع (الجيران).
A تكلّمنا معهُما.   B تكلّمنا معكُما.   C تكلّمنا معهُم.

٣ كتبتُ بِـ(الرّيشة).
A كتبتُ بها.   B كتبتُ به.   C كتبتُ بهِما.

٤ سألتُ عن (أنتُما).
A سألتُ عنكُم.   B سألتُ عنكُما.   C سألتُ عنكَ.

٥ اشتاقَ إلى (أنتنَّ).
A اشتاقَ إليكُنَّ.   B اشتاقَ إليهِنَّ.   C اشتاقَ إليكُما.

**Module 2**
VOCABULAIRE

*Quelle est la bonne traduction des phrases suivantes ?*

١   كتبَ لها رسالة.

- **A** Il nous a écrit une lettre.
- **B** Il m'a écrit une lettre.
- **C** Il lui (f.) a écrit une lettre.

٢   اشتقْنا إليكم.

- **A** Vous nous avez manqué.
- **B** Tu nous as manqué.
- **C** Elles nous ont manqué.

٣   شرحَ لكَ الدّرس.

- **A** Il t'a expliqué la leçon.
- **B** Il m'a expliqué la leçon.
- **C** Il vous a expliqué la leçon.

٤   تكلّمتْ معكِ.

- **A** Elle a parlé avec elle.
- **B** Elle a parlé avec toi (f.).
- **C** Elle a parlé avec toi (m.).

٥   سألتُ عنهما.

- **A** J'ai demandé après elle.
- **B** J'ai demandé après eux.
- **C** J'ai demandé après eux (deux).

### Verbes

| | |
|---|---|
| ressentir le manque de | اشتاقَ إلى – يشتاقُ إلى |
| perdre | أضاعَ – يُضيعُ |
| manger | أكلَ – يأكلُ |
| parler avec | تكلّم مع – يتكلّم مع |
| décevoir | خذلَ – يخذلُ |
| étudier | درسَ – يدرسُ |

## Module 2
## VOCABULAIRE

| | |
|---|---|
| pousser / payer | دفَعَ – يدفعُ |
| voir | رأى – يرى |
| dessiner | رسَمَ – يرسُمُ |
| demander des nouvelles de | سألَ عن – يسألُ عن |
| saluer | سلَّمَ على – يُسلِّمُ على |
| entendre | سمِعَ – يسمعُ |
| boire | شرِبَ – يشربُ |
| expliquer à | شرحَ لـ – يشرحُ لـ |
| comprendre | فهِمَ – يفهمُ |
| conduire | قادَ – يقودُ |
| écrire | كتَبَ – يكتبُ |

### Noms et adjectifs

| | |
|---|---|
| sœur | أخت |
| froid-e | بارد –ة |
| maison | بيت |
| voisins | جيران |
| cahier | دفتر |
| lettre | رسالة |
| plume | ريشة |
| voiture | سيّارة |
| thé | شاي |
| ami-e | صديق –ـة |
| crayon | قلم |
| grand-e | كبير –ة |

# Module 2
## CORRIGÉ

### Corrigé

**PAGE 12**
1 B  2 C  3 A  4 C  5 A  6 B  7 A  8 A  9 C  10 A

**PAGE 13**
1 B  2 B  3 A  4 C  5 A  6 A  7 A  8 C  9 A  10 B

**PAGE 14**
1 A  2 B  3 A  4 A  5 A  6 A  7 A  8 B  9 A  10 A

**PAGE 15**
1 A  2 C  3 B  4 C  5 A  6 B  7 C  8 B  9 A  10 C
1 B  2 C  3 C  4 A  5 B

**PAGES 16-17**
1 B  2 A  3 C  4 B  5 A  6 C  7 B  8 A  9 C  10 B
1 C  2 B  3 C  4 A  5 B

**PAGE 17**
1 C  2 B  3 A  4 A  5 C  6 A  7 C  8 A  9 A  10 C

**PAGE 18-19**
1 A  2 C  3 A  4 B  5 A
1 C  2 A  3 A  4 B  5 C

---

**Vous avez obtenu entre 0 et 19 ?** Reprenez chaque question en regardant les endroits où vous avez fait des erreurs.

**Vous avez obtenu entre 20 et 39 ?** C'est très moyen, mais ne vous découragez pas.

**Vous avez obtenu entre 40 et 59 ?** Formidable ! Analysez les erreurs et, si besoin, révisez la ou les notions que vous ne maîtrisez pas complètement.

**Vous avez obtenu 60 et plus ?** Bravo ! Continuez comme ça !

# Module 3
## LES BASES

**Focus** — Les verbes

*Corrigé page 32*

*Choisissez la bonne réponse.*

1. Quel est le verbe régulier parmi les suivants ?
   - C شرِبَ
   - B ردَّ
   - A أكلَ

2. Quel est le verbe « malade » parmi les suivants ?
   - C دفَعَ
   - B كتَبَ
   - A نامَ

3. La racine du verbe assimilé comporte une voyelle...
   - C à la fin
   - B au début
   - A au milieu

4. La racine du verbe concave comporte une voyelle...
   - C à la fin
   - B au milieu
   - A au début

5. La racine du verbe défectueux comporte une voyelle...
   - C au milieu
   - B à la fin
   - A au début

6. Trouvez le verbe défectueux !
   - C درَسَ
   - B دعا
   - A قالَ

7. Trouvez le verbe assimilé !
   - C شرَحَ
   - B بقِيَ
   - A وجَدَ

8. Trouvez le verbe concave !
   - C وعَدَ
   - B نامَ
   - A رحَلَ

9. Quel verbe est un verbe hamzé ?
   - C وجَدَ
   - B كسرَ
   - A أخذَ

10. Quel verbe est un verbe sourd ?
    - C ردَّ
    - B سكَنَ
    - A قادَ

**Astuce** — Les verbes réguliers sont des verbes trilitères, sans **šadda** (verbes sourds) ni **hamza** (verbes hamzés) dans leur racine.
Les verbes sains sont formés uniquement de consonnes et les verbes malades (assimilés, concaves et défectueux) comportent une voyelle (ا / ى – و – ي) dans leur racine.

# Module 3
## LES BASES

### Focus — L'inaccompli de l'indicatif

*Corrigé page 32*

*Choisissez la bonne réponse.*

1. L'inaccompli de l'indicatif est l'équivalent, en français, du :

    présent **B**    passé **A**

2. Il indique une action :

    en cours ou habituelle **B**    à venir **A**

3. La conjugaison de l'inaccompli se fait pas le rajout, à la racine, de :

    préfixes **B**    préfixes et suffixes **A**

4. À la 1ʳᵉ personne du singulier nous rajoutons le préfixe أ

    faux **B**    vrai **A**

5. Quel est le préfixe de l'inaccompli à la 1ʳᵉ personne du pluriel ?

    نـ **B**    تـ **A**

6. Avec أنتِ, nous rajoutons à la racine :

    Le préfixe تـ et le suffixe ون **B**    Le préfixe تـ et le suffixe ين **A**

7. Au masculin pluriel, le suffixe est :

    ون **B**    نَ **A**

8. Le préfixe avec أنتما au masculin est :

    يـ **B**    تـ **A**

9. Le suffixe du féminin pluriel est :

    ين **B**    نَ **A**

10. Le suffixe du duel est :

    Il n'y a pas de suffixe au duel ! **B**    ان **A**

---

**Astuce** L'inaccompli de l'indicatif est l'équivalent du « présent » en français. Il désigne une action en cours d'accomplissement ou une action qui se répète régulièrement. Sa marque est la **ḍamma**.

# Module 3
## LES BASES

**Focus** — Conjugaison à l'inaccompli d'un verbe trilitère sain

*Corrigé page 32*

*Quelle est la bonne conjugaison de* درسَ *avec chacun des pronoms suivants ?*

١ أنا...
A تَدْرُسين  B أَدْرُسُ  C نَدْرُسُ

٢ أنتِ...
A يَدْرُسُ  B تَدْرُسين  C تَدْرُسْنَ

٣ هو...
A نَدْرُسُ  B تَدْرُسُ  C يَدْرُسُ

٤ أنتما...
A تَدْرُسان  B يَدْرُسان  C تَدْرُسون

٥ أنتنَّ...
A يَدْرُسْنَ  B تَدْرُسْنَ  C تَدْرُسان

٦ هم...
A يَدْرُسْنَ  B تَدْرُسون  C يَدْرُسون

٧ هُما (مؤنّث)...
A تَدْرُسان  B يَدْرُسان  C يَدْرُسْنَ

٨ أنتَ
A أَدْرُسُ  B تَدْرُسين  C تَدْرُسُ

٩ هُما (مذكّر)...
A يَدْرُسان  B تَدْرُسان  C نَدْرُسُ

١٠ نحنُ
A تَدْرُسون  B نَدْرُسُ  C تَدْرُسْنَ

**Astuce** L'inaccompli se forme par le rajout, à la racine, de préfixes et de suffixes qui varient selon la personne à laquelle on conjugue.

# Module 3
## LES BASES

**Focus** La conjugaison d'un verbe hamzé à l'inaccompli

*Quelle est la bonne forme du verbe **hamzé** entre parenthèses avec chacun de ces pronoms ?*

١) أنا (أَخَذَ)

Ⓐ آخُذُ     Ⓑ تَأْخُذُ     Ⓒ نَأْخُذُ

٢) هما (قَرَأَ)

Ⓐ يقرَؤون     Ⓑ يقرآن     Ⓒ تقرَئين

٣) أنتنّ (أَمَرَ)

Ⓐ تأمُران     Ⓑ يأمُرنَ     Ⓒ تأمُرنَ

٤) أنتم (سَأَلَ)

Ⓐ تسألنَ     Ⓑ تسألون     Ⓒ يسألون

٥) أنتما (ملأَ)

Ⓐ تملَؤون     Ⓑ يملآن     Ⓒ تملآن

**Astuce** À la première personne du singulier, la **hamza** initiale de la racine se transforme en **'alif mamdûda** lors de la conjugaison à l'inaccompli. C'est aussi le cas de la **hamza** finale au duel.

**Focus** La conjugaison d'un verbe sourd à l'inaccompli

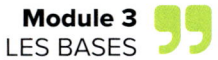
Corrigé page 32

*Quelle est la bonne forme du verbe sourd (à la deuxième consonne redoublée) entre parenthèses avec chacun de ces pronoms ?*

١) أنتنّ (ردَّ)

Ⓐ ترْدُدْنَ     Ⓑ ترُدّون     Ⓒ ترُدّين

٢) هو (شدّ)

Ⓐ تشُدُّ     Ⓑ يشُدُّ     Ⓒ نشُدُّ

٣) نحن (سدَّ)

Ⓐ أسُدُّ     Ⓑ نسُدُّ     Ⓒ تسُدُّ

## Module 3
## LES BASES

٤ هنَّ (فكَّ)
- A يفُكَّان
- B يفْكُكْنَ
- C تفُكَّان

٥ هما (مرَّ)
- A تمُرَّان
- B تمرُرْنَ
- C يمرُرْنَ

**Astuce** Dans les verbes sourds dont la deuxième consonne est redoublée, à la 2ᵉ et à la 3ᵉ personne du féminin pluriel, la **šadda** de la racine cède la place aux deux consonnes identiques qu'elle gémine.

**Focus** La conjugaison d'un verbe assimilé à l'inaccompli

*Corrigé page 32*

*Quelle est la bonne forme du verbe assimilé (dont la racine commence par un و) entre parenthèses avec chacun de ces pronoms ?*

١ أنا (وصَلَ)
- A نصِلُ
- B أصِلُ
- C تصِلُ

٢ هما (وعَدَ)
- A يعِدان
- B يعِدنَ
- C تعِدين

٣ نحن (وقَعَ)
- A نقَعُ
- B تقَعان
- C أقَعُ

٤ أنتم (وجَدَ)
- A تجدان
- B تجدون
- C يجدون

٥ أنتما (وزَنَ)
- A تزِنان
- B تزِنون
- C تزِنَّ

**Astuce** Le و initial de la racine des verbes assimilés disparaît lors de la conjugaison à l'inaccompli.

**Module 3**
LES BASES

**Focus** La conjugaison d'un verbe concave à l'inaccompli

*Corrigé page 32*

*Quelle est la bonne forme du verbe concave entre parenthèses avec chacun de ces pronoms ?*

١) أنتَ (قالَ)
A) تقولين   B) أقولُ   C) تقولُ

٢) أنتنَّ (باعَ)
A) أبيعُ   B) تبِعْنَ   C) نبيعُ

٣) أنتما (خافَ)
A) تخافان   B) يخافان   C) تخافون

٤) هنَّ (نامَ)
A) تَنَمْنَ   B) ينامون   C) يَنَمْنَ

٥) هم (صاحَ)
A) يصِحْنَ   B) تصيحون   C) يصيحون

**Astuce** Pour les verbes qui ont un ا au milieu de la racine, ce dernier se transforme en و ou ي à l'inaccompli ou peut rester inchangé ! Cependant, il disparaît au féminin pluriel.

**Focus** La conjugaison d'un verbe défectueux à l'inaccompli

*Quelle est la bonne forme du verbe défectueux entre parenthèses avec chacun de ces pronoms ?*

١) هو (دعا)
A) يدعي   B) يدعو   C) يدعا

٢) هي (رمى)
A) ترمي   B) ترمين   C) يرمي

٣) نحن (بقي)
A) نبقي   B) تبقى   C) نبقى

## Module 3
### LES BASES

٤ أنا (مشى)
- Ⓐ أمشي
- Ⓑ أمشى
- Ⓒ نمشي

٥ هما (شكا)
- Ⓐ يشكون
- Ⓑ يشكوان
- Ⓒ تشكون

**Astuce** Pour les verbes défectueux conjugués à l'inaccompli : Le ا final de la racine se transforme en و. Quant au ي final, il se transforme en ى et inversement.

*Quelle est la bonne conjugaison du verbe entre parenthèses dans ces phrases ?*

١ أنا (سلّمَ) عليكم.
- Ⓐ أنا أسلّمُ عليكم.
- Ⓑ أنا نُسلّمُ عليكُم.
- Ⓒ أنا تُسلّمُ عليكم.

٢ كميل وهدى (سكنَ) في باريس.
- Ⓐ كميل وهدى يسكنون في باريس.
- Ⓑ كميل وهدى تسكنان في باريس.
- Ⓒ كميل وهدى يسكنان في باريس.

٣ هي (ذهبَ) إلى الرّيف.
- Ⓐ هي تذهبُ إلى الرّيف.
- Ⓑ هي نذهبُ إلى الرّيف.
- Ⓒ هي أذهبُ إلى الرّيف.

٤ سمير (عملَ) في شركة استيراد وتصدير.
- Ⓐ سمير يعملانِ في شركة استيراد وتصدير.
- Ⓑ سمير تعملُ في شركة استيراد وتصدير.
- Ⓒ سمير يعملُ في شركة استيراد وتصدير.

**Corrigé page 35**

# Module 3
## LES BASES

Corrigé page 32

٥ هم (شربَ) عصير برتقال.
- **A** هم يشربون عصير برتقال.
- **B** هم يشربان عصير برتقال.
- **C** هم يشربنَ عصير برتقال.

*Complétez les phrases suivantes avec le bon verbe conjugué à l'inaccompli.*

١ المعلّم ...... الدّرس.
- **A** يملأُ
- **B** يشرحُ

٢ ليلى وأختها ...... كتاباً بالعربيّة.
- **A** تقرآن
- **B** تكسران

٣ أنتم ...... الحساب في المطعم.
- **A** تأكلون
- **B** تدفعون

٤ هو ........ في شركة استيراد وتصدير.
- **A** يعملُ
- **B** يلعبُ

٥ أنتنَّ ...... في الجامعة.
- **A** ترحلنَ
- **B** تدرسنَ

٦ أنتَ ...... في البيت.
- **A** تذهبُ
- **B** تبقى

٧ سارة ومريم ..... في الحديقة.
- **A** تبيعان
- **B** تمشيان

٨ أنا ...... تفّاحة.
- **A** آكلُ
- **B** أشربُ

٩ هي ...... من العتمة.
- **A** تمرُّ
- **B** تخافُ

١٠ أنتما ....... الجيران إلى الحفلة.
- **A** تدعوان
- **B** تجدان

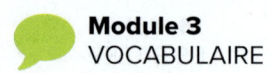

## Module 3
### VOCABULAIRE

**Verbes réguliers sains**

| | |
|---|---|
| aller | ذهبَ – يذهبُ |
| partir | رحلَ – يرحلُ |
| habiter | سكنَ – يسكنُ |
| travailler | عملَ – يعملُ |
| casser | كسرَ – يكسرُ |
| jouer | لعبَ – يلعبُ |

**Verbes sourds**

| | |
|---|---|
| répondre | ردَّ – يردُّ |
| boucher | سدَّ – يسدُّ |
| appuyer | شدَّ – يشدُّ |
| défaire / dénouer | فكَّ – يفكُّ |
| passer | مرَّ – يمرُّ |

**Verbes hamzés**

| | |
|---|---|
| prendre | أخذَ – يأخذُ |
| demander | سألَ – يسألُ |
| lire | قرأَ – يقرأُ |
| remplir | ملأَ – يملأُ |

**Verbes assimilés**

| | |
|---|---|
| trouver | وجدَ – يجدُ |
| peser | وزنَ – يزنُ |
| arriver | وصلَ – يصلُ |
| promettre | وعدَ – يعدُ |
| tomber | وقعَ – يقعُ |

## Module 3
## VOCABULAIRE

### Verbes concaves

| | |
|---|---|
| vendre | باعَ – يبيعُ |
| avoir peur | خافَ – يخافُ |
| crier / hurler | صاحَ – يصيحُ |
| dire | قالَ – يقولُ |
| dormir | نامَ – ينامُ |

### Verbes défectueux

| | |
|---|---|
| rester | بقيَ – يبقى |
| inviter | دعا – يدعو |
| jeter | رمى – يرمي |
| se plaindre | شكا – يشكو |
| marcher | مشى – يمشي |

### Noms

| | |
|---|---|
| import | استيراد |
| export | تصدير |
| pomme | تفّاحة |
| jardin | حديقة |
| addition | حساب |
| soirée / fête | حفلة |
| entreprise | شركة |
| obscurité | عتمة |
| la langue arabe | العربيّة |
| jus d'orange | عصير برتقال |
| livre | كتاب |
| restaurant | مطعم |

31

# Module 3
## CORRIGÉ

### Corrigé

**PAGE 22**
1 **C**   2 **A**   3 **B**   4 **B**   5 **B**   6 **B**   7 **B**   8 **B**   9 **A**   10 **C**

**PAGE 23**
1 **B**   2 **B**   3 **A**   4 **A**   5 **B**   6 **A**   7 **B**   8 **A**   9 **A**   10 **A**

**PAGE 24**
1 **B**   2 **B**   3 **C**   4 **A**   5 **B**   6 **C**   7 **A**   8 **C**   9 **A**   10 **B**

**PAGE 25**
1 **A**   2 **B**   3 **C**   4 **B**   5 **C**

**PAGES 25-26**
1 **A**   2 **B**   3 **B**   4 **B**   5 **A**

**PAGE 26**
1 **B**   2 **A**   3 **A**   4 **B**   5 **A**

**PAGE 27**
1 **C**   2 **B**   3 **A**   4 **C**   5 **C**

**PAGES 27-28**
1 **B**   2 **A**   3 **C**   4 **A**   5 **B**

**PAGE 28**
1 **A**   2 **C**   3 **A**   4 **C**   5 **A**

**PAGE 29**
1 **B**   2 **A**   3 **A**   4 **A**   5 **B**   6 **B**   7 **B**   8 **A**   9 **B**   10 **A**

---

**Vous avez obtenu entre 0 et 15 ?** Reprenez chaque question en regardant les endroits où vous avez fait des erreurs.

**Vous avez obtenu entre 16 et 31 ?** C'est très moyen, mais ne vous découragez pas.

**Vous avez obtenu entre 32 et 54 ?** Formidable ! Analysez les erreurs et, si besoin, révisez la ou les notions que vous ne maîtrisez pas complètement.

**Vous avez obtenu 55 et plus ?** Excellent ! Poursuivez vos efforts !

**Module 4**
LES BASES

## Focus  Les noms et adjectifs féminins

*Quel est le mot féminin dans chaque série ?*

**Corrigé page 44**

1. Le nom féminin est...

   **A** معلّم   **B** طالب   **C** جامعة

2. L'adjectif féminin est...

   **A** كبيرة   **B** صغير   **C** واسع

3. L'adjectif féminin est...

   **A** لطيف   **B** صادق   **C** أمينة

4. Le nom féminin est...

   **A** نافذة   **B** باب   **C** بيت

5. L'adjectif féminin est...

   **A** قصير   **B** طويلة   **C** عريض

6. Le nom féminin est...

   **A** بحر   **B** جبل   **C** حديقة

7. L'adjectif féminin est...

   **A** بارد   **B** حارّة   **C** ساخن

8. Le nom féminin est...

   **A** قهوة   **B** عصير   **C** حليب

9. Le nom féminin est...

   **A** دفتر   **B** ريشة   **C** قلم

10. L'adjectif féminin est...

    **A** حزين   **B** سعيدة   **C** فرحان

**Astuce** La **tâ' marbûṭa** est la marque du féminin en arabe. Pour obtenir le féminin d'un nom ou d'un adjectif, il suffit, en règle générale, de rajouter cette lettre à la fin du mot masculin. Il existe cependant des exceptions : certains nom féminins ne se terminent pas par une **tâ' marbûṭa**.

## Module 4
### LES BASES

*Transformez entièrement ces phrases du masculin au féminin. Attention, aux erreurs et aux pièges glissés intentionnellement dans certaines propositions de réponse !*

١ زميلي في المكتب لطيف وخدوم.
- A زميلي في المكتبة لطيف وخدوم.
- B زميلتي في المكتب لطيفة وخدومة.
- C زميلي في المكتب لطيفة وخدومة.

٢ المدير يُحبُّ الموظّف الأمين.
- A المديرة تُحبُّ الموظّفة الأمينة.
- B المديرة تُحبُّ الموظّفة الأمينة.
- C المدير تُحبُّ الموظّفة الأمينة.

٣ يهتمّ الأب بالأولاد.
- A تهتمُّ الأبة بالأولاد.
- B تهتمُّ الأمّ بالأولاد.
- C يهتمُّ الأمّ بالأولاد.

٤ الطّالب يدرس للامتحان.
- A الطّالب تدرس للامتحان.
- B الطّالبة تدرس للامتحان.
- C الطّالبة يدرس للامتحان.

٥ الصّديق الوفيّ كنز كبير.
- A الصّديق الوفيّ كنزة كبيرة.
- B الصّديقة الوفيّة كنزة كبيرة.
- C الصّديقة الوفيّة كنز كبير.

Corrigé page 44

**Module 4**
LES BASES

### Focus Le singulier et le pluriel

*Choisissez la bonne réponse.*

**Corrigé page 44**

1. En arabe, il y a...
   - **A** seulement des pluriels réguliers
   - **B** des pluriels réguliers et des pluriels irréguliers
   - **C** seulement des pluriels irréguliers

2. Le pluriel régulier est :
   - **A** le pluriel externe
   - **B** le pluriel interne
   - **C** le pluriel brisé

3. Le pluriel irrégulier est :
   - **A** le pluriel externe
   - **B** le pluriel interne
   - **C** le pluriel féminin

4. Le pluriel féminin :
   - **A** finit par ـة
   - **B** finit par ة
   - **C** finit par ـات

5. Le pluriel masculin :
   - **A** finit par ـون / ـين
   - **B** finit par ـان / ـَيْن
   - **C** finit par ـة

# Module 4
## LES BASES

**Focus** — Pluriel externe et pluriel interne

*Corrigé page 44*

*Quel est le pluriel correct pour chacun des mots suivants ?*

| ١ | مكتب | **A** مكاتِب | **B** مكتبات | **C** مكتبة |
| ٢ | نافذة | **A** نافذات | **B** نافذون | **C** نوافِذ |
| ٣ | موظّف | **A** موظّفات | **B** موظّفون | **C** موظّفة |
| ٤ | كنز | **A** كُنوز | **B** كنزة | **C** كنزات |
| ٥ | معلّمة | **A** معلّمات | **B** معلّمون | **C** معلومات |
| ٦ | زميل | **A** زميلون | **B** زميلات | **C** زُملاء |
| ٧ | امرأة | **A** نساء | **B** مرء | **C** مرآة |
| ٨ | اسم | **A** اسمات | **B** اسمون | **C** أسماء |
| ٩ | رجُل | **A** رجال | **B** أرجُل | **C** رجُلون |
| ١٠ | صديقة | **A** صديقون | **B** صديقات | **C** أصدقاء |

**Astuce** Nous avons deux sortes de pluriel en arabe : le pluriel régulier ou pluriel externe qui se forme par le rajout d'un suffixe au mot singulier et le pluriel irrégulier (pluriel interne ou brisé) qui se forme par la modification du mot singulier.

# Module 4
## LES BASES

**Focus** L'accord de l'adjectif

*Quel est le bon adjectif pour chacun des noms suivants ?*

**Corrigé page 44**

١ صديقة
- Ⓐ أوفياء
- Ⓑ وفيّ
- Ⓒ وفيّة

٢ الحليب
- Ⓐ البارد
- Ⓑ باردة
- Ⓒ بارد

٣ زملاء
- Ⓐ سعيد
- Ⓑ سعداء
- Ⓒ سعيدة

٤ كتاب
- Ⓐ ثمينات
- Ⓑ ثمينة
- Ⓒ ثمين

٥ طلّاب
- Ⓐ لطيفة
- Ⓑ لطفاء
- Ⓒ لطيف

٦ مديرات
- Ⓐ أمناء
- Ⓑ أمينات
- Ⓒ أمينة

٧ موظّفات
- Ⓐ نشطاء
- Ⓑ نشيطة
- Ⓒ نشيطات

٨ أمّهات
- Ⓐ سعيد
- Ⓑ سعيدات
- Ⓒ سعداء

٩ آباء
- Ⓐ فرحانون
- Ⓑ فرحان
- Ⓒ فرحانة

١٠ مرآة
- Ⓐ المكسورة
- Ⓑ مكسورات
- Ⓒ مكسورة

**Astuce** L'adjectif s'accorde en genre et en nombre avec le nom qu'il qualifie mais uniquement si ce dernier désigne un humain.
De même, il porte l'article défini الـ ou non, en accord avec le nom qu'il qualifie.

## Module 4
### LES BASES

**Focus** — Le pluriel non humain et l'adjectif

*Choisissez le bon adjectif.*

Corrigé page 44

١ أقلام
Ⓐ طويلة   Ⓑ طوال

٢ كلاب
Ⓐ وفيّة   Ⓑ أوفياء

٣ طاولات
Ⓐ عريضات   Ⓑ عريضة

٤ دفاتر
Ⓐ صغيرة   Ⓑ صغار

٥ أحلام
Ⓐ جميلة   Ⓑ جميلات

٦ معلومات
Ⓐ مفيدات   Ⓑ مفيدة

٧ بيوت
Ⓐ واسعة   Ⓑ واسعون

٨ عصافير
Ⓐ كبار   Ⓑ كبيرة

٩ كُنوز
Ⓐ ثمينة   Ⓑ أثمان

١٠ جبال
Ⓐ عوالٍ   Ⓑ عالية

**Astuce** — Le pluriel des noms faisant référence à des choses, des concepts, à la faune ou à la flore, est « traité » grammaticalement dans une phrase comme un féminin singulier, c'est-à-dire que le verbe, l'adjectif, le pronom personnel ou relatif qui s'y rapportent sont employés au féminin singulier.

# Module 4
## LES BASES

*Et maintenant, mettez les phrases suivantes au pluriel !*

١ الطّالبة تدرسُ في المكتبة.
A الطّلاب يدرسون في المكتبة.
B الطّالب يدرسُ في المكتبة.
C الطّالبات يدرسنَ في المكتبة.

٢ زميلي يسكنُ في بيت صغير.
A زملائي يسكنون في بيوت صغيرة.
B زميلاتي يسكنَّ في بيوت صغيرة.
C زميلتي تسكنُ في بيت صغير.

٣ البنت تقرأُ الكتاب الكبير.
A الأولاد يقرؤون الكتاب الكبير.
B البنت تقرأُ الكتب الكبيرة.
C البنات يقرأنَ الكتب الكبيرة.

٤ المدير يذهبُ إلى الاجتماع.
A المديرة تذهبُ إلى الاجتماع.
B المدراء يذهبون إلى الاجتماعات.
C المديرات يذهبنَ إلى الاجتماعات.

٥ صديقك يكتبُ الرّسالة.
A صديقاتك يكتبنَ الرّسائل.
B صديقتك تكتبُ الرّسائل.
C أصدقاؤك يكتبون الرّسائل.

Corrigé page 44

# Module 4
## LES BASES

### Focus  Le duel

*Choisissez la bonne réponse.*

**Corrigé page 44**

1. Le duel désigne…
   - **A** 3 éléments
   - **B** 2 éléments
   - **C** 1 élément

2. Le duel se forme par :
   - **A** l'ajout d'un préfixe
   - **B** l'ajout d'un suffixe
   - **C** l'ajout des deux

3. Le duel se termine par :
   - **A** ـان
   - **B** ـين
   - **C** ـون

4. Le duel existe
   - **A** au masculin
   - **B** au féminin
   - **C** aux deux genres

5. Le duel peut être
   - **A** nominal
   - **B** verbal
   - **C** les deux

**Astuce** En arabe, en plus du singulier et du pluriel, nous avons le duel qui désigne deux éléments.

### Focus  Les duels nominal et verbal

*Quel est le duel des noms et adjectifs suivants ?*

1. كتاب
   - **A** كُتُب
   - **B** كتابان

2. بنت
   - **A** بنتان
   - **B** بنات

3. مطعم
   - **A** مطعمان
   - **B** مطاعم

4. جسر
   - **A** جسران
   - **B** جسور

## Module 4
## LES BASES

٥ طالب
- **A** طالبتان
- **B** طالبان

٦ كبير
- **A** كبيرتان
- **B** كبيران

٧ دفتر
- **A** دفتران
- **B** دفاتر

٨ اجتماع
- **A** اجتماعات
- **B** اجتماعان

٩ جبل
- **A** جبال
- **B** جبلان

١٠ بيت
- **A** بيتان
- **B** بيوت

---

*Et maintenant, mettez les phrases suivantes au duel !*

١ الموظّف يعمل في شركة استيراد وتصدير.
- **A** الموظّفون يعملون في شركة استيراد وتصدير.
- **B** الموظّفان يعملان في شركة استيراد وتصدير.
- **C** الموظّفتان تعملان في شركة استيراد.

٢ البنت تشرب القهوة.
- **A** البنات يشربنَ القهوة.
- **B** البنتان تشربان القهوة.
- **C** الولدان يشربان القهوة.

٣ الرّجل يدفعُ الحساب.
- **A** الرّجال يدفعون الحساب.
- **B** النّساء يدفعنَ الحساب.
- **C** الرّجلان يدفعان الحساب.

## Module 4
### VOCABULAIRE

٤ الولد يلعبُ في الحديقة.
- A الولدان يلعبان في الحديقة.
- B الأولاد يلعبون في الحديقة.
- C البنتان تلعبان في الحديقة.

٥ الطّالبُ يفهمُ الدّرس.
- A الطّالبتان تفهمان الدّرس.
- B الطّالبان يفهمان الدّرس.
- C الطّلاب يفهمون الدّرس.

Corrigé page 56

**Noms**

| | |
|---|---|
| examen | امتحان |
| femme | امرأة |
| rêve | حلم |
| homme | رجُل |
| collègue | زميل –ة |
| table | طاولة |
| oiseau | عصفور |
| chien | كلب |
| trésor | كنز |
| pull | كنزة |
| directeur - directrice | مدير –ة |
| une personne | مرء |
| miroir | مرآة |
| information | معلومة |
| bureau | مكتب |
| bibliothèque | مكتبة |

**Module 4**
VOCABULAIRE

| | |
|---|---|
| employé-e | موظّف-ة |
| fenêtre | نافذة |

## Adjectifs

| | |
|---|---|
| précieux - précieuse / cher - chère | ثمين-ة |
| beau - belle | جميل-ة |
| chaud-e / épicé-e | حارّ-ة |
| triste | حزين-ة |
| serviable | خدوم-ة |
| chaud-e | ساخن-ة |
| heureux - heureuse | سعيد-ة |
| sincère | صادق-ة |
| petit-e | صغير-ة |
| long - longue | طويل-ة |
| haut-e / élevé-e | عالٍ-عالية |
| large | عريض-ة |
| content-e | فرحان - فرحى |
| court-e / petit-e de taille | قصير-ة |
| sympathique | لطيف-ة |
| utile | مفيد-ة |
| brisé-e / cassé-e | مكسور-ة |
| dynamique | نشيط-ة |
| vaste | واسع-ة |
| fidèle | وفيّ-ة |

## Verbes

| | |
|---|---|
| aimer | أحبَّ - يُحبُّ |
| s'occuper de / s'intéresser à | اهتمَّ بِـ - يهتمُّ بِـ |

43

# Module 4
## CORRIGÉ

### Corrigé

**PAGE 33**
1 **C**  2 **A**  3 **C**  4 **A**  5 **B**  6 **C**  7 **B**  8 **A**  9 **B**  10 **B**

**PAGE 34**
1 **B**  2 **A**  3 **B**  4 **B**  5 **C**

**PAGE 35**
1 **B**  2 **A**  3 **B**  4 **C**  5 **A**

**PAGE 36**
1 **A**  2 **C**  3 **B**  4 **A**  5 **A**  6 **C**  7 **A**  8 **C**  9 **A**  10 **B**

**PAGE 37**
1 **C**  2 **A**  3 **B**  4 **C**  5 **B**  6 **B**  7 **C**  8 **B**  9 **A**  10 **C**

**PAGE 38**
1 **A**  2 **A**  3 **B**  4 **B**  5 **A**  6 **B**  7 **A**  8 **B**  9 **A**  10 **B**

**PAGE 39**
1 **C**  2 **A**  3 **C**  4 **B**  5 **C**

**PAGE 40**
1 **B**  2 **B**  3 **A**  4 **C**  5 **C**

**PAGE 40**
1 **B**  2 **A**  3 **A**  4 **A**  5 **B**  6 **B**  7 **A**  8 **B**  9 **B**  10 **A**

**PAGE 41**
1 **B**  2 **B**  3 **C**  4 **A**  5 **B**

---

**Vous avez obtenu entre 0 et 19 ?** Reprenez chaque question en regardant les endroits où vous avez fait des erreurs.

**Vous avez obtenu entre 20 et 34 ?** C'est très moyen, mais ne vous découragez pas.

**Vous avez obtenu entre 35 et 54 ?** Formidable ! Analysez les erreurs et, si besoin, révisez la ou les notions que vous ne maîtrisez pas complètement.

**Vous avez obtenu 55 et plus ?** Bravo ! Continuez comme ça !

# Module 5
## LES BASES

**Focus** Vocabulaire : Les noms de pays

*Quel est l'équivalent en arabe des noms de pays suivants ?*

**Corrigé page 56**

1. la France
   - Ⓐ الفرنسا
   - Ⓑ فرنسا
   - Ⓒ إسبانيا
   - Ⓓ بلجيكا

2. Le Liban
   - Ⓐ سوريا
   - Ⓑ ليبيا
   - Ⓒ مِصر
   - Ⓓ لبنان

3. l'Égypte
   - Ⓐ السّودان
   - Ⓑ مِصر
   - Ⓒ تونس
   - Ⓓ إيطاليا

4. l'Allemagne
   - Ⓐ إيطاليا
   - Ⓑ ألمانيا
   - Ⓒ بلجيكا
   - Ⓓ الصّين

5. la Chine
   - Ⓐ الصّين
   - Ⓑ سوريا
   - Ⓒ الهند
   - Ⓓ روسيا

6. le Japon
   - Ⓐ يابان
   - Ⓑ الهند
   - Ⓒ اليَمَن
   - Ⓓ اليابان

7. l'Algérie
   - Ⓐ تونس
   - Ⓑ ليبيا
   - Ⓒ الجزائر
   - Ⓓ المغرب

8. la Tunisie
   - Ⓐ ليبيا
   - Ⓑ تونس
   - Ⓒ المغرب
   - Ⓓ التّونس

9. l'Italie
   - Ⓐ إيطاليا
   - Ⓑ سويسرا
   - Ⓒ بلجيكا
   - Ⓓ إسبانيا

10. le Koweït
    - Ⓐ كويت
    - Ⓑ اليَمَن
    - Ⓒ الكويت
    - Ⓓ قطر

11. l'Espagne
    - Ⓐ هولندا
    - Ⓑ إسبانيا
    - Ⓒ أمريكا
    - Ⓓ إنجلترا

12. les Pays-Bas
    - Ⓐ ألمانيا
    - Ⓑ إيطاليا
    - Ⓒ بلجيكا
    - Ⓓ هولندا

13. les États-Unis
    - Ⓐ الكويت
    - Ⓑ اليَمَن
    - Ⓒ ألمانيا
    - Ⓓ الولايات المتّحدة

## Module 5
## LES BASES

14. l'Angleterre

   **A** إنجلترا    **B** فرنسا    **C** أمريكا    **D** بلجيكا

15. la Belgique

   **A** ألمانيا    **B** بلجيكا    **C** إسبانيا    **D** فرنسا

**Astuce** Certains noms de pays définis en français ne sont pas définis par l'article الـ en arabe.

**Focus** — L'adjectif de nationalité

*Quel est l'adjectif de nationalité pour les pays de l'exercice précédent ?*

Corrigé page 56

1. française

   **A** فرنسيّ    **B** فرنسيّة    **C** الفرنسيّة

2. libanais

   **A** لبنانيّة    **B** اللّبنانيّ    **C** لبنانيّ

3. égyptien

   **A** مصريّ    **B** مصريّون    **C** مصريّة

4. allemande

   **A** ألمانيّ    **B** ألمانيا    **C** ألمانيّة

5. chinoise

   **A** الصّينيّ    **B** صينيّ    **C** صينيّة

6. japonaise

   **A** يابانيّ    **B** يابانيّة    **C** يابانيّون

7. algérienne

   **A** جزائريّ    **B** الجزائريّة    **C** جزائريّة

8. tunisien

   **A** التّونسيّ    **B** تونسيّ    **C** تونسيّة

9. italien

   **A** إيطاليا    **B** إيطاليّ    **C** إيطاليّة

# Module 5
## LES BASES

10. koweïtien

A كويتيّ    B كويتيّة    C الكويتيّ

11. espagnol

A إسبانيّ    B هولنديّة    C إسبانيّة

12. hollandaise

A يابانيّة    B هولنديّة    C هولنديّ

13. américaine

A أمريكيّة    B الأمريكيّة    C أمريكيّ

14. anglais

A إنجليزيّ    B لبنانيّ    C مصريّ

15. belge (féminin)

A إيطاليّة    B فرنسيّة    C بلجيكيّة

**Astuce** L'adjectif de nationalité se forme sur le schème de l'adjectif de relation, c'est-à-dire en rajoutant au nom du pays le suffixe ـيّ au masculin et ـيّة au féminin.

## Focus  L'accord des adjectifs de nationalité

*Corrigé page 56*

*Complétez les phrases suivantes avec le bon adjectif de nationalité.*

١. النّبيذ ....... مشهور.

A الفرنسيّة    B فرنسيّ    C الفرنسيّ

٢. التّبولة مِن الأطباق ... اللّذيذة.

A اللّبنانيّة    B اللّبنانيّ    C لبنانيّة

٣. الخزف ...... جميل.

A صينيّ    B الصّينيّ    C صينيّة

٤. أمّ كلثوم مغنية ...

A مصريّة    B مصريّ    C مصريّون

٥. الفلامنكو من التّراث الفنّي ...

A إسبانيّ    B الإسبانيّ    C الإسبانيّة

# Module 5
## LES BASES

> **Astuce** Comme pour tous les adjectifs, l'adjectif de nationalité s'accorde en genre et en nombre avec le nom qu'il qualifie sauf si ce dernier est un pluriel non humain et dans ce cas, l'adjectif de nationalité s'utilise au féminin singulier. De même, il est défini par l'article الـ ou pas, en accord avec le nom qu'il qualifie.

### Focus — Les adjectifs de couleur au singulier

*Corrigé page 5*

*Quelle est la bonne traduction pour chacun de ces adjectifs de couleur ?*

1. vert
   - A أزرق
   - B أخضر
   - C أحمر
   - D أسود

2. orange (féminin)
   - A برتقاليّ
   - B برتقال
   - C برتقاليّة
   - D زهريّة

3. jaune (masculin)
   - A صفراء
   - B أزرق
   - C أصفر
   - D زرقاء

4. rouge (féminin)
   - A أبيض
   - B أحمر
   - C بيضاء
   - D حمراء

5. bleue
   - A زرقاء
   - B أبيض
   - C أزرق
   - D بيضاء

6. noire
   - A أسود
   - B خضراء
   - C حمراء
   - D سوداء

7. blanc
   - A أبيض
   - B بيضاء
   - C صفراء
   - D أصفر

8. violet
   - A بنفسجيّة
   - B زهريّ
   - C زهريّة
   - D بنفسجيّ

9. grise
   - A ذهبيّ
   - B رماديّ
   - C ذهبيّة
   - D رماديّة

10. bordeaux
    - A فضيّ
    - B نبيذيّ
    - C زهريّ
    - D ليلكيّ

# Module 5
## LES BASES

**Astuce** Les adjectifs de couleur (en particulier ceux des couleurs primaires) se forment sur le modèle أَفْعَل pour le masculin et فَعْلاء pour le féminin. Cependant, certains adjectifs de couleur se forment sur le schème de l'adjectif de relation, c'est-à-dire en rajoutant le suffixe ـيّ au masculin et ـيّة au féminin à la fin d'un nom.

**Corrigé page 56**

**Focus** L'accord des adjectifs de couleur

*Complétez les phrases suivantes avec le bon adjectif de couleur*

١ أحبّ الطّقس الجميل والسّماء ........
  Ⓐ الزّرقاء   Ⓑ الأزرق

٢ في وسط العلَم اللّبنانيّ أرزة ........
  Ⓐ أخضر   Ⓑ خضراء

٣ الثّلج ....... على الجبال.
  Ⓐ الأبيض   Ⓑ البيضاء

٤ الورود ...... في الحديقة رائعة.
  Ⓐ الحمر   Ⓑ الحمراء

٥ التّفّاحة ....... لذيذة.
  Ⓐ الصّفراء   Ⓑ الأصفر

٦ بنتي شعرها .....
  Ⓐ بنّيّة   Ⓑ بنّيّ

٧ العيون ...... جميلة.
  Ⓐ العسليّة   Ⓑ العسليّات

٨ السّيّارة ...... معطّلة.
  Ⓐ الرّماديّ   Ⓑ الرّماديّة

٩ الفستان ...... طويل.
  Ⓐ البنفسجيّ   Ⓑ البنفسجيّة

١٠ الكلب ..... للجيران.
  Ⓐ السّوداء   Ⓑ الأسود

## Module 5
### LES BASES

**Focus** L'accompli

*Choisissez la bonne réponse.*

1. L'accompli est l'équivalent, en français, du :
   - **A** passé
   - **B** présent

2. Il indique une action :
   - **A** achevée
   - **B** en cours ou habituelle

3. La conjugaison de l'accompli se fait pas le rajout, à la racine, de :
   - **A** préfixes
   - **B** suffixes

4. L'équivalent de l'infinitif en arabe est le verbe conjugué à l'accompli :
   - **A** avec هو
   - **B** avec هي

5. À la 3ᵉ personne du masculin pluriel, le verbe se termine par :
   - **A** un **wâw** و
   - **B** par un **wâw** et un **'alif** muet وا

6. Le suffixe du verbe à la 2ᵉ personne du féminin singulier est :
   - **A** تِ
   - **B** تَ

7. Le suffixe du verbe à la 1ʳᵉ personne du pluriel est :
   - **A** تُم
   - **B** نا

8. Avec هما (féminin), le suffixe du verbe est :
   - **A** ا
   - **B** تا

9. Avec أنتنَّ , le suffixe du verbe est :
   - **A** تُنَّ
   - **B** نَ

10. À la 1ʳᵉ personne, le verbe se termine par :
    - **A** تُما
    - **B** تُ

**Corrigé page 56**

**Astuce** L'accompli est l'équivalent du « passé » en français. Il désigne une action achevée. La marque de l'accompli est la **fatḥa**.

## Module 5
## LES BASES

**Focus** L'accompli des verbes sains réguliers

*Quelle est la bonne forme, à l'accompli, du verbe entre parenthèses ?*

١  أنا (سكنَ)
**A** سكنتَ   **B** سكنتِ   **C** أسكنُ   **D** سكنتُ

٢  هما (رحلَ)
**A** رحلا   **B** يرحلان   **C** ترحلان   **D** رحلوا

٣  أنتَ (دفعَ)
**A** دفعتِ   **B** دفعتْ   **C** دفعتَ   **D** دفعتُ

٤  هو (درسَ)
**A** درسا   **B** درسَ   **C** يدرسُ   **D** درسنا

٥  هي (فهمَ)
**A** فهمتْ   **B** فهمتُ   **C** فهمتَ   **D** فهمتِ

٦  نحن (عملَ)
**A** عملوا   **B** عملتنَّ   **C** عملنا   **D** عملنَ

٧  هم (لعبَ)
**A** لعبا   **B** لعبوا   **C** لعبتا   **D** لعبتما

٨  أنتم (رسمَ)
**A** رسمتم   **B** رسمتنَّ   **C** رسمنَ   **D** رسموا

٩  أنتما (دفعَ)
**A** دفعتما   **B** تدفعان   **C** دفعا   **D** دفعتا

١٠  هنَّ (سمعَ)
**A** سمعتُنَّ   **B** سمعنَ   **C** تسمعنَ   **D** يسمعنَ

**Astuce** Pour conjuguer un verbe régulier et sain à l'accompli, il suffit de rajouter, à sa racine, le suffixe qui correspond à la personne à laquelle nous conjuguons. D'ailleurs, l'équivalent de l'infinitif en arabe est le verbe conjugué à l'accompli, à la 3e personne du masculin singulier, car à cette forme le radical demeure inchangé.

# Module 5
## LES BASES

**Focus** — L'accompli des verbes sourds et hamzés

*Corrigé page 56*

*Quelle est la bonne forme, à l'accompli, du verbe entre parenthèses ?*

١ نحن (سألَ) عنكما.
**A** سألْنَ    **B** سألنا

٢ أنتما (أخذَ) دفتري.
**A** أخذتما    **B** أخذتم

٣ أنتنَّ (مرَّ) في الشّارع.
**A** مَرَرْتُنَّ    **B** مرّوا

٤ هم (ملأَ) الكأس.
**A** ملؤوا    **B** ملآ

٥ أنتم (ردَّ) على سؤاله.
**A** ردّوا    **B** رَدَدْتُم

٦ أنتِ (فكَّ) الحبل.
**A** فكَكْتُ    **B** فكَكْتِ

٧ هي (أكلَ) برتقالة.
**A** أكلتْ    **B** أكلتُ

٨ هنَّ (سدَّ) الطّريق.
**A** سدّوا    **B** سدَدْنَ

٩ هما (قرأ) كتاب أمين معلوف.
**A** قرآ    **B** قرؤوا

١٠ أنا (شدَّ) على يدها.
**A** شدّتْ    **B** شدَدْتُ

---

**Astuce** Les verbes sourds dont les 2ᵉ et 3ᵉ consonnes sont géminées par une **šadda**, gardent cette dernière, à l'accompli, aux 3ᵉˢ personnes du singulier, du duel et du pluriel masculin. Pour les autres personnes, on sépare les deux consonnes identiques en mettant une **fatḥa** sur la première et une **sukūn** sur la seconde. Pour les verbes **hamzés**, comme pour les verbes réguliers, il suffit de rajouter à la racine le suffixe de l'accompli avec néanmoins une petite exception pour les verbes qui finissent en ﺃ : cette dernière lettre s'écrira ؤ à la 3ᵉ personne du masculin pluriel et deviendra آ pour le duel de la 3ᵉ personne au masculin duel.

# Module 5
## LES BASES

### Focus — L'accompli des verbes concaves

*Complétez les phrases avec la bonne forme du verbe à l'accompli.*

١) هنَّ (قالَ) الحقيقة.
- **A** قُلنَ
- **B** قُلنا
- **C** قالوا

٢) أنتَ (نامَ).
- **A** نمتُ
- **B** نِمتَ
- **C** نِمتِ

٣) أنتم (خافَ) منه.
- **A** خِفتما
- **B** خافتا
- **C** خِفتم

٤) أنتما (باعَ) السّيّارة.
- **A** بِعتما
- **B** باعا
- **C** باعتا

٥) أنتِ (صامَ).
- **A** صاما
- **B** صُمتِ
- **C** صُمتنَّ

**Astuce** Les verbes concaves dont la voyelle médiane est une ا qui se transforme en ي à l'inaccompli ou qui reste invariable, voient cette dernière remplacée par une **kasra** aux 1re et 2e personnes, ainsi qu'à la 3e personne du féminin pluriel. Pour les verbes dont la voyelle médiane est une ا qui se transforme en و à l'inaccompli, cette dernière est remplacée par une **ḍamma** aux 1re et 2e personnes, ainsi qu'à la 3e personne du féminin pluriel.

### Focus — L'accompli des verbes assimilés et défectueux.

**Corrigé page 56**

*Complétez les phrases avec la bonne forme du verbe à l'accompli.*

١) أنا (مشى) في الشّارع.
- **A** مشَيْتَ
- **B** مشَيْتُ
- **C** مشَيْتِ

٢) أنتَ (سقى) الورود.
- **A** سقى
- **B** سقَيْتما
- **C** سقَيْتَ

٣) أنتما (دعا) صديقتكما.
- **A** دَعَوْتما
- **B** دعا
- **C** دعتا

٤) هي (شكا) أختها.
- **A** شكتْ
- **B** شكَوْتُ
- **C** شكَوْتِ

# Module 5
## VOCABULAIRE

٥ نحن (بقيَ) في البيت.

A بقينَ  B بقوا  C بقينا

> **Astuce** Pour les verbes assimilés, comme pour les verbes réguliers, nous rajoutons les suffixes de l'accompli au radical. Pour les verbes défectueux, lorsque le verbe se termine par ا, cette lettre se transforme en و à l'accompli, sauf à la 3ᵉ personne du féminin singulier et au duel féminin où elle disparaît. Lorsque le verbe se termine par ى, cette lettre se transforme en ي sauf pour la 3ᵉ personne du masculin singulier (où elle ne change pas) et pour la 3ᵉ personne du féminin singulier et duel (où elle est remplacée par le suffixe de l'accompli).

### Noms de pays

| | |
|---|---|
| l'Espagne | إسبانيا |
| l'Amérique | أمريكا |
| la Belgique | بلجيكا |
| la Russie | روسيا |
| le Soudan | السّوادن |
| la Syrie | سوريا |
| la Suisse | سويسرا |
| le Qatar | قطر |
| la Lybie | ليبيا |
| le Maroc | المغرب |
| l'Inde | الهند |
| le Yémen | اليمن |

### Noms

| | |
|---|---|
| cèdre | أرزة |
| folklore / tradition | تراث |
| corde | حبل |
| vérité | حقيقة |
| porcelaine | خزف |
| ciel | سماء |

## Module 5
## VOCABULAIRE

| | |
|---|---|
| question | سؤال |
| rue | شارع |
| route | طريق |
| temps / climat | طقس |
| drapeau | عَلَم |
| robe | فستان |
| verre | كأس |
| école | مدرسة |
| chanteur - chanteuse | مُغنٍّ – مُغنّية |
| vin | نبيذ |
| roses | ورود |
| milieu | وسط |
| main | يد |

### Adjectifs et verbes

| | |
|---|---|
| marron | بُنّيّ –ـة |
| doré-e | ذهبيّ –ـة |
| merveilleux - merveilleuse | رائع –ـة |
| rose | زهريّ –ـة |
| arroser | سقى – يسقي |
| jeûner | صامَ – يصومُ |
| couleur du miel | عسليّ –ـة |
| argenté-e | فضّيّ –ـة |
| artistique | فنّيّ –ـة |
| délicieux - délicieuse | لذيذ –ة |
| couleur lilas | ليلكيّ –ـة |
| célèbre | مشهور –ة |
| en panne | مُعطّل –ـة |

# Module 5
## CORRIGÉ

### Corrigé

**PAGE 45**
1 **B**  2 **D**  3 **B**  4 **B**  5 **A**  6 **D**  7 **C**  8 **B**  9 **A**  10 **C**  11 **B**  12 **D**  13 **D**  14 **A**  15 **B**

**PAGE 46**
1 **B**  2 **C**  3 **A**  4 **C**  5 **C**  6 **B**  7 **C**  8 **B**  9 **B**  10 **A**  11 **A**  12 **B**  13 **A**  14 **A**  15 **C**

**PAGE 47**
1 **C**  2 **A**  3 **B**  4 **A**  5 **B**

**PAGE 48**
1 **B**  2 **C**  3 **C**  4 **D**  5 **A**  6 **D**  7 **A**  8 **D**  9 **D**  10 **B**

**PAGE 49**
1 **A**  2 **B**  3 **A**  4 **B**  5 **A**  6 **B**  7 **A**  8 **B**  9 **A**  10 **B**

**PAGE 50**
1 **A**  2 **A**  3 **B**  4 **A**  5 **B**  6 **A**  7 **B**  8 **B**  9 **A**  10 **B**

**PAGE 51**
1 **D**  2 **A**  3 **C**  4 **B**  5 **A**  6 **C**  7 **B**  8 **A**  9 **A**  10 **B**

**PAGE 52**
1 **B**  2 **A**  3 **A**  4 **A**  5 **B**  6 **B**  7 **A**  8 **B**  9 **A**  10 **B**

**PAGE 53**
1 **A**  2 **B**  3 **C**  4 **A**  5 **B**

**PAGE 53**
1 **B**  2 **C**  3 **A**  4 **A**  5 **C**

VOTRE SCORE :

---

**Vous avez obtenu entre 0 et 24 ?** Reprenez chaque question en regardant les endroits où vous avez fait des erreurs.

**Vous avez obtenu entre 25 et 49 ?** C'est très moyen, mais ne vous découragez pas.

**Vous avez obtenu entre 50 et 74 ?** Formidable ! Analysez les erreurs et, si besoin, révisez la ou les notions que vous ne maîtrisez pas complètement.

**Vous avez obtenu 75 et plus ?** Bravo ! Vous êtes sur la bonne voie.

**Module 6**
LES BASES

| Focus | Vocabulaire : les membres de la famille |

*Quelle est la correspondance en arabe des mots suivants ?*

**Corrigé page 68**

1. père
   - C أُمّ
   - B أب
   - A أخ

2. mère
   - C أخ
   - B أُمّ
   - A أُخت

3. frère
   - C حماة
   - B أُخت
   - A أخ

4. sœur
   - C اِبن العمّ
   - B زوجة
   - A أُخت

5. grand-père
   - C جدّ
   - B جدّة
   - A حم

6. grand-mère
   - C خالة
   - B حماة
   - A جدّة

7. tante paternelle
   - C عمّة
   - B خالة
   - A زوجة

8. tante maternelle
   - C حماة
   - B بنت الخالة
   - A خالة

9. oncle paternel
   - C اِبن
   - B زوج
   - A عمّ

10. oncle maternel
    - C خال
    - B اِبن العمّ
    - A اِبن الخال

**Astuce** Attention ! Bien que les mots أُمّ et أُخت soient féminins, ils ne se terminent pas par une **tâ' marbûṭa**.

# Module 6
## LES BASES

**Focus** L'absence du verbe *être* au présent en arabe

*Corrigé page 68*

*Quelle est la bonne traduction des phrases suivantes ?*

١ أنا سعيدة.
- **A** Je suis heureuse.
- **B** J'étais heureuse.

٢ الحقيبة ثقيلة.
- **A** La valise est lourde.
- **B** La valise sera lourde.

٣ صديقتي وفيّة.
- **A** Mon amie a été fidèle.
- **B** Mon amie est fidèle.

٤ هدى فتاة جميلة.
- **A** Hoda est une jolie jeune fille.
- **B** Hoda sera une jolie jeune fille.

٥ فستانها جميل.
- **A** Sa robe fut belle.
- **B** Sa robe est belle.

٦ كميل رجل لطيف.
- **A** Camille était un homme charmant.
- **B** Camille est un homme charmant.

٧ القهوة باردة.
- **A** Le café est froid.
- **B** Le café était froid.

٨ قالب الحلوى لذيذ.
- **A** Le gâteau est délicieux.
- **B** Le gâteau sera délicieux.

٩ أنتم لبنانيّون.
- **A** Vous êtes libanais.
- **B** Tu es libanais.

١٠ المدرسة كبيرة.
- **A** L'école était grande.
- **B** L'école est grande.

**Astuce** Le verbe *être* au présent n'existe pas en arabe.! Ainsi une phrase française contenant le verbe *être* au présent se traduit en arabe par une phrase nominale dépourvue de verbe !

# Module 6
## LES BASES

**Focus** L'équivalent en arabe du verbe *avoir*

*Quel est l'équivalent de :*

**Corrigé page 68**

1. il a
   - **A** عندهما
   - **B** عندهم
   - **C** عندها
   - **D** عنده

2. j'ai
   - **A** عندنا
   - **B** عندكِ
   - **C** عندكنَّ
   - **D** عندي

3. tu as (féminin)
   - **A** لديكَ
   - **B** لديكِ
   - **C** لدينا
   - **D** لديه

4. vous avez (masculin)
   - **A** عندكم
   - **B** عندكنَّ
   - **C** عندهم
   - **D** عندهنَّ

5. ils ont
   - **A** لديكنَّ
   - **B** لديهما
   - **C** لديهم
   - **D** لدينا

6. ils (eux deux) ont
   - **A** لهما
   - **B** له
   - **C** لكما
   - **D** لهنَّ

7. elles (elles deux) ont
   - **A** عندهنَّ
   - **B** عندهما
   - **C** عندكما
   - **D** عندها

8. elle a
   - **A** لكِ
   - **B** لي
   - **C** لها
   - **D** لكما

9. nous avons
   - **A** لدينا
   - **B** لديكما
   - **C** لديهما
   - **D** لديكنَّ

10. elles ont
    - **A** لكنَّ
    - **B** لهنَّ
    - **C** لكما
    - **D** لهما

**Astuce** Le verbe *avoir* n'existe pas en arabe. Pour exprimer son sens, nous utilisons une préposition indiquant la possession (comme عند , لدى , لِـ) et nous lui rajoutons le pronom affixe relatif au possesseur. Attention le ى de لدى se transforme en ي lors du rajout du pronom affixe.

# Module 6
## LES BASES

*Et maintenant, traduisez les phrases suivantes !*

Corrigé page 68

1. Nous avons une voiture neuve.

   Ⓐ لدينا سيّارة جديدة.
   Ⓑ لديكَ سيّارة جديدة.
   Ⓒ لديَّ سيّارة جديدة.

2. Il a mal à la tête.

   Ⓐ عندي صداع.
   Ⓑ عندكَ صداع.
   Ⓒ عنده صداع.

3. Ils ont une maison à la campagne.

   Ⓐ لديهنَّ منزل في الرّيف.
   Ⓑ لديهم منزل في الرّيف.
   Ⓒ لديكم منزل في الرّيف.

4. Elle a une tante paternelle.

   Ⓐ عندنا عمّة.
   Ⓑ عندهنَّ عمّة.
   Ⓒ عندها عمّة.

5. J'ai une amie japonaise.

   Ⓐ لكما صديقة ياباتيّة.
   Ⓑ له صديقة ياباتيّة.
   Ⓒ لي صديقة ياباتيّة.

## Focus — La conjugaison du futur

*Quel est le futur des verbes suivants ?*

1  يأكلُ

Ⓐ ستأكلُ   Ⓑ أكلَ   Ⓒ سيأكلُ

# Module 6
## LES BASES

٢ سألنا
- A سنسألُ
- B نسألُ
- C ستسألين

٣ رحلتم
- A سترحلنَ
- B سترحلون
- C سترحلين

٤ كسرتُ
- A أكسرُ
- B سنكسرُ
- C سوف أكسرُ

٥ درستِ
- A ستدرسين
- B ستدرسون
- C ستدرسنَ

**Astuce** Nous formons le futur en arabe de deux façons : soit en rajoutant le préfixe ـس au verbe conjugué à l'inaccompli, soit en faisant précéder ce dernier de la particule سوف. Traditionnellement, ـس est utilisé pour le futur proche tandis que سوف indique une réalisation dans un futur un peu plus éloigné. Cependant, dans la langue moderne, cette nuance n'est plus très marquée et les deux formes sont utilisées sans distinction.

*Mettez le verbe entre parenthèses au futur en utilisant le préfixe ـس. Pas besoin de répéter le pronom personnel sujet dans la réponse !*

Corrigé page 68

١ نحن (قرأ) قصيدة لنزار قباني.
- A سنقرأُ قصيدة لنزار قباني.
- B ستقرأُ قصيدة لنزار قباني.
- C سأقرأُ قصيدة لنزار قباني.

٢ أنتِ (نام) باكراً اليوم.
- A سننامُ باكراً اليوم.
- B ستنامُ باكراً اليوم.
- C ستنامين باكراً اليوم.

٣ أنا (مشى) قليلاً في الحديقة.
- A ستمشون قليلاً في الحديقة.
- B سأمشي قليلاً في الحديقة.
- C سيمشي قليلاً في الحديقة.

## Module 6
## LES BASES

Corrigé page 68

٤ هو (وصلَ) غداً.
- **A** سيصلُ غداً.
- **B** سيصلان غداً.
- **C** سيصلون غداً.

٥ الأولاد (لعبَ) في باحة المدرسة.
- **A** الأولاد سيلعبون في باحة المدرسة.
- **B** الأولاد لعبوا في باحة المدرسة.
- **C** الأولاد لم يلعبوا في باحة المدرسة.

*Mettez le verbe entre parenthèses au futur en utilisant la particule سوفَ. Pas besoin de répéter le pronom personnel sujet dans la réponse !*

١ هو (قال) الحقيقة إلى المحامي.
- **A** سوفَ تقولُ الحقيقة إلى المحامي.
- **B** سوفَ يقولُ الحقيقة إلى المحامي.
- **C** سوفَ أقولُ الحقيقة إلى المحامي.

٢ هم (سكنَ) في بنايتنا.
- **A** سوفَ تسكنون في بنايتنا.
- **B** سوفَ تسكنين في بنايتنا.
- **C** سوفَ يسكنون في بنايتنا.

٣ هي (عملَ) في المستشفى.
- **A** سوفَ تعملُ في المستشفى.
- **B** سوفَ نعملُ في المستشفى.
- **C** سوفَ يعملُ في المستشفى.

٤ هما (دفعَ) إيجار المنزل.
- **A** سوفَ يدفعان إيجار المنزل.
- **B** سوفَ تدفعان إيجار المنزل.
- **C** سوفَ يدفعون إيجار المنزل.

**Module 6**
**LES BASES**

٥ أنتما (رسمَ) لوحة جميلة.
   **A** سوفَ يرسمان لوحة جميلة.
   **B** سوفَ ترسمون لوحة جميلة.
   **C** سوفَ ترسمان لوحة جميلة.

## Focus Les démonstratifs

*Choisissez la bonne réponse.*

Corrigé page 68

1. Quel est le démonstratif de proximité au féminin singulier ?
   **A** تلك     **B** هذه     **C** هاتان

2. Quel est le démonstratif de proximité au masculin duel ?
   **A** هاتان     **B** ذانك     **C** هذان

3. Quel est le démonstratif de proximité au masculin singulier ?
   **A** هذا     **B** هؤلاء     **C** ذاك

4. Quel est le démonstratif de proximité au féminin duel ?
   **A** ذلك     **B** هاتان     **C** تلك

5. Quel est le démonstratif de proximité au masculin pluriel ?
   **A** هذان     **B** أولئك     **C** هؤلاء

6. Quel est le démonstratif d'éloignement au masculin singulier ?
   **A** ذانكَ     **B** ذاك / ذلك     **C** تلكَ

7. Quel est le démonstratif d'éloignement au masculin duel ?
   **A** ذانك     **B** تانك     **C** هذان

8. Quel est le démonstratif d'éloignement au féminin duel ?
   **A** هاتان     **B** تلك     **C** تانك

9. Quel est le démonstratif d'éloignement au féminin singulier ?
   **A** تلكَ     **B** تانك     **C** هذه

# Module 6
## LES BASES

**Corrigé page 68**

10. Quel est le démonstratif d'éloignement au féminin pluriel ?

**A** هاتان   **B** أولئك   **C** هؤلاء

---

*Quel adjectif démonstratif complète la phrase ?*

١ ..... السّيّارات حمراء.
**A** هاتان   **C** هؤلاء
**B** هذان   **D** هذه

٢ ..... الفستان طويل و ..... قصير.
**A** هؤلاء / أولئك   **C** هذا / ذاك
**B** هذا / هذه   **D** هذه / تلك

٣ ..... المعلّمات يعملنَ في مدرسة مشهورة.
**A** هؤلاء   **C** هذه
**B** هاتان   **D** هذان

٤ ..... الولدان كاذبان.
**A** هذان   **C** هاتان
**B** هؤلاء   **D** ذاك

٥ ........ القصيدتان رائعتان.
**A** هذان   **C** تلك
**B** هذه   **D** هاتان

---

**Astuce** Quand les pronoms démonstratifs sont suivis d'un nom défini par l'article الـ, ils deviennent adjectifs démonstratifs et nous les traduisons par *ce, cet, cette* ou *ces*, selon le cas. Avec le pluriel non humain, le démonstratif est employé au féminin singulier.

## Focus   Les antonymes

*Quel est l'antonyme pour chacun des adjectifs suivants ?*

١ ثمين
**A** رخيص   **B** عريض   **C** حارّ   **D** ضيّق

# Module 6
## LES BASES

| | D | C | B | A | |
|---|---|---|---|---|---|
| | | | | جميل | ٢ |
| | قبيح | وفيّ | بارد | نشيط | |
| | | | | حزين | ٣ |
| | كئيب | ساخن | فرحان | كاذب | |
| | | | | صادق | ٤ |
| | ممتلئ | كاذب | وفيّ | سعيد | |
| | | | | صغير | ٥ |
| | سعيد | عالٍ | فارغ | كبير | |
| | | | | واسع | ٦ |
| | مغلق | ضيّق | مفتوح | صعب | |
| | | | | طويل | ٧ |
| | نائم | خائن | مكسور | قصير | |
| | | | | صعب | ٨ |
| | سهل | وفيّ | خفيف | نائم | |
| | | | | ثقيل | ٩ |
| | مستيقظ | خفيف | عالٍ | خائن | |
| | | | | منخفض | ١٠ |
| | مكسور | عريض | مرتفع | حارّ | |

Corrigé page 68

## Module 6
### VOCABULAIRE

**Adjectifs**

| | |
|---|---|
| lourd-e | ثقيل – ة |
| qui trahit | خائن – ة |
| léger - légère | خفيف – ة |
| bon marché | رخيص – ة |
| facile | سهل – ة |
| difficile | صعب – ة |
| étroit-e | ضيّق – ة |
| vide | فارغ – ة |
| laid-e | قبيح – ة |
| menteur - menteuse | كاذب – ة |
| déprimé-e | كئيب – ة |
| élevé-e | مُرتفِع – ة |
| réveillé-e | مُستيقِظ – ة |
| fermé-e | مُغلَق – ة |
| ouvert-e | مفتوح – ة |
| plein-e | مُمتلئ – ة |
| bas - basse | مُنخفِض – ة |
| endormi-e | نائم – ة |

**Noms**

| | |
|---|---|
| fils - fille | اِبن – ة |
| cousin maternel – cousine maternelle | ابن الخال – بنت الخال |
| cousin paternel – cousine paternelle | ابن العمّ – بنت العمّ |
| loyer | إيجار |
| cour | باحة |

## Module 6
## VOCABULAIRE

| | |
|---|---|
| immeuble | بناية |
| cartable / valise | حقيبة |
| beau-père (père du mari) / belle-mère (mère du mari) | حم – حماة |
| époux - épouse | زوج – ـة |
| mal de tête / migraine | صداع |
| gâteau | قالب حلوى |
| poème | قصيدة |
| tableau | لوحة |
| avocat-e | محامٍ – محامية |
| hôpital | مستشفى |
| demeure / habitation | منزل |

**Adverbes**

| | |
|---|---|
| tôt | باكراً |
| demain | غداً |
| un peu | قليلاً |
| aujourd'hui | اليوم |

# Module 6
## CORRIGÉ

### Corrigé

VOTRE SCORE :

**PAGE 57**
1 **B**  2 **B**  3 **A**  4 **A**  5 **C**  6 **A**  7 **C**  8 **A**  9 **A**  10 **C**

**PAGE 58**
1 **A**  2 **A**  3 **B**  4 **A**  5 **B**  6 **B**  7 **A**  8 **A**  9 **A**  10 **B**

**PAGE 59**
1 **D**  2 **D**  3 **B**  4 **A**  5 **C**  6 **A**  7 **B**  8 **C**  9 **A**  10 **B**

**PAGE 60**
1 **A**  2 **C**  3 **B**  4 **C**  5 **C**

**PAGES 60-61**
1 **C**  2 **A**  3 **B**  4 **C**  5 **A**
1 **A**  2 **C**  3 **B**  4 **C**  5 **A**

**PAGE 62**
1 **B**  2 **C**  3 **A**  4 **A**  5 **C**

**PAGE 63**
1 **B**  2 **C**  3 **A**  4 **B**  5 **C**  6 **B**  7 **A**  8 **C**  9 **A**  10 **B**

**PAGE 64**
1 **D**  2 **C**  3 **A**  4 **A**  5 **D**

**PAGE 64**
1 **A**  2 **D**  3 **B**  4 **C**  5 **A**  6 **C**  7 **A**  8 **D**  9 **C**  10 **B**

---

**Vous avez obtenu entre 0 et 19 ?** Reprenez chaque question en regardant les endroits où vous avez fait des erreurs.

**Vous avez obtenu entre 20 et 39 ?** C'est très moyen, mais ne vous découragez pas.

**Vous avez obtenu entre 40 et 54 ?** Formidable ! Analysez les erreurs et, si besoin, révisez la ou les notions que vous ne maîtrisez pas complètement.

**Vous avez obtenu 55 et plus ?** C'est très bien ! Continuez comme ça !

# Module 7
## LES BASES

**Focus** Vocabulaire : les noms de métier

*À quel métier fait référence chacune des descriptions suivantes ?*

**Corrigé page 78**

1. Il soigne les malades.
   - **A** مهندس
   - **B** خيّاط
   - **C** طبيب

2. Il défend les accusés.
   - **A** محامٍ
   - **B** محامية
   - **C** فنّان

3. Elle interprète « Le Lac des Cygnes ».
   - **A** مهندسة
   - **B** راقصة
   - **C** ممرّضة

4. Elle soigne les caries et les problèmes de la bouche.
   - **A** فنّانة
   - **B** طبيبة أسنان
   - **C** طبيبة بيطريّة

5. Il pétrit le pain.
   - **A** خيّاط
   - **B** بقّال
   - **C** خبّاز

6. Elle écrit des articles dans un journal.
   - **A** صحافيّ
   - **B** مغنٍّ
   - **C** صحافيّة

7. Il gère une entreprise.
   - **A** موظّف
   - **B** ممرّض
   - **C** مدير

8. Elle prépare les plats dans un restaurant.
   - **A** ممرّضة
   - **B** طبّاخة
   - **C** فنّانة

9. Il sert les clients dans un restaurant.
   - **A** كاتب
   - **B** بائع
   - **C** نادل

10. Il enseigne à des étudiants.
    - **A** معلّم
    - **B** بائع
    - **C** لحّام

**Astuce** Les noms de métiers au féminin finissent par **tâ' marbûṭa**.

# Module 7
## LES BASES

**Focus** Les chiffres de 1 à 10 (en toutes lettres)

*Corrigé page 78*

*Comptez de 1 à 10 en écrivant les chiffres en toutes lettres.*

1. un
   - **A** واحدة
   - **B** صفر
   - **C** واحد

2. deux
   - **A** اثنان
   - **B** اثنتان
   - **C** خمسة

3. trois
   - **A** أربعة
   - **B** ثلاثة
   - **C** ستّة

4. quatre
   - **A** ستّة
   - **B** صفر
   - **C** أربعة

5. cinq
   - **A** خمسة
   - **B** عشرة
   - **C** سبعة

6. six
   - **A** سبعة
   - **B** ستّة
   - **C** سبع

7. sept
   - **A** ثمانية
   - **B** سبعة
   - **C** صفر

8. huit
   - **A** ثمانية
   - **B** تسعة
   - **C** عشرة

9. neuf
   - **A** اثنان
   - **B** تسع
   - **C** تسعة

10. dix
    - **A** عشرة
    - **B** عشر
    - **C** صفر

**Astuce** Pour compter de 1 à 10 en arabe, on emploie les formes masculines pour واحد et اثنان, puis les formes féminines, c'est-à-dire avec la **tâ' marbûṭa** de ثلاثة à عشرة.

# Module 7
## LES BASES

**Focus** Les chiffres de 1 à 10 et le nom compté

*Traduisez ce qui suit.*

**Corrigé page 78**

1. dix femmes
   - A: عشر نساء
   - B: عشرة نساء

2. sept écoles
   - A: سبع مدارس
   - B: سبعة مدارس

3. deux grands-pères
   - A: اثنان جدّان
   - B: جدّان

4. huit avocates
   - A: ثماني محاميات
   - B: ثمانية محاميات

5. un médecin
   - A: واحد طبيب
   - B: طبيب

6. neuf livres
   - A: تسعة كتب
   - B: تسع كتب

7. cinq poèmes
   - A: خمس قصائد
   - B: خمسة قصائد

8. six noms
   - A: ستّة أسماء
   - B: ستّ أسماء

9. trois étudiants
   - A: ثلاث طلّاب
   - B: ثلاثة طلّاب

10. quatre pays
    - A: أربع بلدان
    - B: أربعة بلدان

**Astuce** Il n'est pas nécessaire d'utiliser le chiffre 1 avec un nom en arabe à moins de vouloir insister sur l'unicité de ce dernier et dans ce cas le chiffre se place après le nom. Dans le cas contraire, l'emploi du singulier suffit. Il en va de même pour le chiffre 2, puisque l'emploi du duel désigne d'emblée deux éléments. Quant aux chiffres de 3 à 10, ils prennent toujours le genre opposé du nom compté. Si ce dernier est masculin, nous gardons la **tâ' marbûṭa** du chiffre, s'il est féminin, nous la supprimons. Le nom compté après les chiffres de 3 à 10 est au pluriel.

## Module 7
## LES BASES

**Focus** **Les nombres de 11 à 19**

*Corrigé page 78*

*Traduisez les nombres et répondez à la dernière question.*

1. onze ingénieurs

   **B** أحد عشر مهندساً     **A** أحد عشر مهندس

2. douze employées

   **B** اثنا عشر موظّفة     **A** اثنتا عشرة موظّفة

3. treize écrivains

   **B** ثلاث عشرة كاتباً     **A** ثلاثة عشر كاتباً

4. quatorze artistes (féminin)

   **B** أربع عشرة فنّانة     **A** أربعة عشر فنّانة

5. quinze directrices

   **B** خمسة عشر مديرة     **A** خمس عشرة مديرة

6. seize hommes

   **B** ستّ عشرة رجلاً     **A** ستّة عشر رجلاً

7. dix-sept collègues (masculin)

   **B** سبعة عشر زميلاً     **A** سبع عشرة زميلاً

8. dix-huit bureaux

   **B** ثماني عشرة مكتباً     **A** ثمانية عشر مكتباً

9. dix-neuf entreprises

   **B** تسع عشرة شركة     **A** تسعة عشر شركة

10. Le nom compté après 11 et jusqu'à 19 doit être :

    **A** au singulier et au cas direct     **B** au pluriel et au cas sujet

**Astuce** De 11 à 19, avec un nom masculin, nous utilisons la forme féminine de l'unité (c'est-à-dire le chiffre avec la **tâ' marbûṭa**), suivie de عشر, et avec un nom féminin, nous utilisons la forme masculine de l'unité (c'est-à-dire le chiffre sans la **tâ' marbûṭa**), suivie de عشرة. Seuls dans les nombres 11 et 12, les deux chiffres qui les composent s'accordent tous les deux en genre avec le nom compté.
Après les nombres de 11 à 19, le nom est employé au singulier et au cas direct.

**Module 7**
LES BASES

## Focus  Les dizaines

*Quel est l'équivalent des nombres suivants ?*

**Corrigé page 78**

1. vingt

   **A** تسعون   **B** سبعون   **C** عشرون

2. trente

   **A** ثلاثون   **B** ثمانون   **C** خمسون

3. quarante

   **A** سبعون   **B** أربعون   **C** تسعون

4. cinquante

   **A** خمسون   **B** سبعون   **C** تسعون

5. soixante

   **A** سبعون   **B** ثلاثون   **C** ستّون

**Astuce** Pour compter de 20 à 90, nous rajoutons le suffixe du masculin pluriel ون ـ à la forme masculine de l'unité correspondante (c'est-à-dire sans **tâ' marbûṭa**).

## Focus  Les nombres composés de 21 à 99

*Comptez en arabe, en toutes lettres, les nombres composés suivants.*

1. 21

   **A** واحد وأربعون   **B** واحد وعشرون

2. 33

   **A** ثلاثة وثمانون   **B** ثلاثة وثلاثون

3. 42

   **A** اثنان وأربعون   **B** اثنان وتسعون

4. 58

   **A** ثمانية وخمسون   **B** ثمانية وسبعون

# Module 7
## LES BASES

Corrigé page 78

5. 67

A سبعة وستّون   B أربعة وستّون

6. 75

A تسعة وسبعون   B خمسة وسبعون

7. 49

A تسعة وأربعون   B تسعة وعشرون

8. 86

A ستّة وثلاثون   B ستّة وثمانون

9. 94

A أربعة وأربعون   B أربعة وتسعون

10. 73

A ثلاثة وسبعون   B ثلاثة وستّون

**Astuce** Pour compter à partir de 21, nous mettons d'abord l'unité dans sa forme féminine (c'est-à-dire avec la **tâ' marbûṭa**), sauf pour les unités *un* et *deux* qui sont utilisées au masculin, puis la dizaine et nous coordonnons les deux éléments avec la conjonction و.

*Et maintenant, traduisez ces nombres composés suivis d'un nom.*

1. trente-sept bibliothèques

A سبعة وثلاثون مكتبة
B سبع وثلاثون مكتبات
C سبع وثلاثون مكتبة

2. quarante-cinq fenêtres

A خمسة وأربعون نافذة
B خمس وأربعون نافذة
C خمس وأربعون نوافذ

# Module 7
## LES BASES

3. cinquante-trois chiens

   A ثلاثة وخمسون كلباً
   B ثلاث وخمسون كلباً
   C ثلاثة وخمسون كلبٍ

4. soixante-deux bouchers

   A اثنتان وستّون لحّاماً
   B اثنان وستّون لحّاماً
   C اثنان وستّون لحّامين

5. soixante-seize informations

   A ستّ وسبعون معلومة
   B ستّة وسبعون معلومة
   C ستّ وسبعون معلومات

**Astuce** Dans les nombres composés aussi, le genre de l'unité est toujours opposé à celui du nom compté sauf pour les unités *un-e* et *deux* qui s'accordent en genre avec ce dernier. De même, comme avec les nombres de 11 à 19, le nom compté qui suit les nombres composés se met au singulier et au cas direct.

## Focus  Les chiffres indiens

*Transformez les chiffres arabes en chiffres indiens.*

Corrigé page 78

1. 1

   A ٢    B ١    C ٠

2. 2

   A ٣    B ١٠    C ٢

3. 3

   A ٧    B ٣    C ٩

4. 4

   A ٤    B ٥    C ٨

## Module 7
## LES BASES

*Corrigé page 78*

5. 5
   - ٦ C
   - ٨ B
   - ٥ A

6. 6
   - ٩ C
   - ٦ B
   - ٨ A

7. 7
   - ٩ C
   - ٧ B
   - ٨ A

8. 8
   - ٨ C
   - ٤ B
   - ٧ A

9. 9
   - ٣ C
   - ١٠ B
   - ٩ A

10. 10
    - ٠ C
    - ٢٠ B
    - ١٠ A

**Astuce** Les chiffres connus en Occident, ou *chiffres arabes*, ne sont utilisés que dans les pays du Maghreb. Au Moyen-Orient, on utilise *les chiffres indiens*.

*Et maintenant, quelques additions et soustractions en chiffres indiens !*

1. ..... = ٨ + ٩   ١
   - ١٨ D
   - ١٧ C
   - ٨١ B
   - ٧١ A

2. ..... = ٣٦ - ٩٤   ٢
   - ٤٨ D
   - ٥٧ C
   - ٥٨ B
   - ٥٣ A

3. ..... = ١٣ + ٢٦   ٣
   - ٣٩ D
   - ٣٧ C
   - ٧٣ B
   - ٩٣ A

4. ..... = ٨ − ١٦   ٤
   - ٤ D
   - ٧ C
   - ٨ B
   - ١٠ A

5. ..... = ٩ + ٧٧   ٥
   - ٨٦ D
   - ٨٢ C
   - ٢٨ B
   - ٦٨ A

## Module 7
## VOCABULAIRE

**Astuce** Les chiffres indiens s'écrivent dans le même sens que les chiffres arabes (exemple : 23 ٢٣).

*Poursuivez vos efforts avec quelques multiplications et divisions.*

1. ١) ٩ x ٧ = .....
   A) ٣٦   B) ٢٣   C) ٦٣   D) ٣٢

2. ٢) ٧٢ ÷ ٨ = .....
   A) ٩   B) ٧   C) ٢   D) ٨

3. ٣) ١٣ x ٧ = ......
   A) ٩٠   B) ٩١   C) ١٩   D) ١٦

4. ٤) ٢٦ x ٣ = ......
   A) ٩٧   B) ٧٨   C) ٨٧   D) ٩٣

5. ٥) ٩٠ ÷ ١٠ = .......
   A) ٩   B) ٣   C) ٤   D) ٥

### Noms de métiers

| | |
|---|---|
| vendeur - vendeuse | بائع –ة |
| épicier - épicière | بقّال –ة |
| couturier - couturière | خيّاط –ة |
| vétérinaire | طبيب –ة بيطريّ –ة |
| artiste | فنّان –ة |
| écrivain-e | كاتب –ة |
| boucher - bouchère | لحّام –ة |
| infirmier - infirmière | ممرّض –ة |
| ingénieur-e | مهندس –ة |
| employé-e | موظّف –ة |

# Module 7
## CORRIGÉ

### Corrigé

**PAGE 69**
1 **C**  2 **A**  3 **B**  4 **B**  5 **C**  6 **C**  7 **C**  8 **B**  9 **C**  10 **A**

**PAGE 70**
1 **C**  2 **A**  3 **B**  4 **C**  5 **A**  6 **B**  7 **B**  8 **A**  9 **C**  10 **A**

**PAGE 71**
1 **A**  2 **A**  3 **B**  4 **A**  5 **B**  6 **A**  7 **A**  8 **A**  9 **B**  10 **B**

**PAGE 72**
1 **B**  2 **A**  3 **A**  4 **B**  5 **A**  6 **A**  7 **B**  8 **A**  9 **B**  10 **A**

**PAGE 73**
1 **C**  2 **A**  3 **B**  4 **A**  5 **C**
1 **B**  2 **B**  3 **A**  4 **A**  5 **A**  6 **B**  7 **A**  8 **B**  9 **B**  10 **A**

**PAGES 74-75**
1 **C**  2 **B**  3 **A**  4 **B**  5 **A**

**PAGES 75-76**
1 **B**  2 **C**  3 **B**  4 **A**  5 **A**  6 **B**  7 **B**  8 **C**  9 **A**  10 **A**

**PAGE 76**
1 **C**  2 **B**  3 **D**  4 **B**  5 **D**

**PAGE 77**
1 **C**  2 **A**  3 **B**  4 **B**  5 **A**

---

**Vous avez obtenu entre 0 et 19 ?** Reprenez chaque question en regardant les endroits où vous avez fait des erreurs.

**Vous avez obtenu entre 20 et 39 ?** C'est très moyen, mais ne vous découragez pas.

**Vous avez obtenu entre 40 et 59 ?** Formidable ! Analysez les erreurs et, si besoin, révisez la ou les notions que vous ne maîtrisez pas complètement.

**Vous avez obtenu 60 et plus ?** Génial ! Poursuivez vos efforts !

**Module 8**
**LES BASES**

### Focus  Phrase nominale

*Traduisez les phrases nominales suivantes.*

**Corrigé page 89**

١ الباب مفتوح.

- **A** La porte est fermée.
- **B** La porte est ouverte.
- **C** La porte est cassée.

٢ الحبل قصير.

- **A** La corde est longue.
- **B** La corde est cassée.
- **C** La corde est courte.

٣ العصفوران على غصن الشّجرة.

- **A** Les oiseaux sont sur la branche de l'arbre.
- **B** Les deux oiseaux sont sur la branche de l'arbre.
- **C** Les oiseaux sont sur les branches des arbres.

٤ هي ضيفتي.

- **A** Elle est mon invitée.
- **B** Il est mon invité.
- **C** Je suis son invitée.

٥ الجيران يشربون القهوة في غرفة الاستقبال.

- **A** Les voisins boivent le café au salon.
- **B** Les voisins boivent le café dans la salle à manger.
- **C** Les voisins boivent le café sur la terrasse.

**Astuce** La phrase nominale commence par un sujet appelé مبتدأ, suivi d'un prédicat appelé خبر.

## Module 8
### LES BASES

**Focus** | Le sujet dans la phrase nominale

*Corrigé page 89*

*Quel est le sujet dans chacune de ces phrases nominales ?*

١ المحاسب غائب اليوم.
- **A** غائب
- **B** المحاسب

٢ الحفلة في بيت المدير.
- **A** في بيت المدير
- **B** الحفلة

٣ هو في المكتب.
- **A** هو
- **B** في المكتب

٤ الكتابة من هواياتي.
- **A** الكتابة
- **B** من هواياتي

٥ هدى امرأة جميلة.
- **A** امرأة
- **B** هدى

٦ نحن نسكن في الجبل.
- **A** في الجبل
- **B** نحن

٧ أمين لاعب كرة قدم.
- **A** أمين
- **B** لاعب كرة قدم

٨ الدّرس صعب!
- **A** صعب
- **B** الدّرس

٩ دميةُ البنت مكسورة.
- **A** دميةُ البنت
- **B** مكسورة

١٠ مكتبةُ الجامعة مغلقة
- **A** مغلقة
- **B** مكتبةُ الجامعة

**Astuce** Le sujet de la phrase nominale peut être un nom commun ou propre mais aussi un pronom personnel, un nom d'action, etc.

**Module 8**
LES BASES

**Focus** Le prédicat dans la phrase nominale

*Corrigé page 89*

*Quel est le prédicat dans chacune de ces phrases nominales ?*

١ السّيّارة المعطّلة في المرآب.
Ⓐ في المرآب    Ⓑ المعطّلة

٢ كميل رجلٌ قويّ.
Ⓐ كميل    Ⓑ رجلٌ قويّ

٣ ليلى تحبُّ الكرز.
Ⓐ ليلى    Ⓑ تحبُّ الكرز

٤ السّفر طويل!
Ⓐ السّفر    Ⓑ طويل

٥ أنتم لطفاء.
Ⓐ لطفاء    Ⓑ أنتم

٦ المعلّمة تشرح الدّرس.
Ⓐ المعلّمة    Ⓑ تشرح الدّرس

٧ هذه الفنّانة مشهورة.
Ⓐ مشهورة    Ⓑ الفنّانة

٨ هذا العقد ثمين.
Ⓐ هذا العقد    Ⓑ ثمين

٩ الامتحان اليوم!
Ⓐ اليوم    Ⓑ الامتحان

١٠ المجوهرات في الصّندوق.
Ⓐ المجوهرات    Ⓑ في الصّندوق

**Astuce** Le prédicat de la phrase nominale apporte une information sur le sujet. Il peut être un adjectif, un complément circonstanciel de temps ou de lieu, une phrase nominale ou verbale, etc. Attention ! Si le prédicat est un adjectif, il doit obligatoirement être indéfini.

## Module 8
## LES BASES

**Focus** **Phrase verbale**

*Corrigé page 89*

*Traduisez les phrases verbales suivantes.*

---

١ استقبلت الموظفات زميلتهنّ الجديدة.

**A** L'employée a accueilli sa nouvelle collègue.

**B** L'employé a accueilli ses nouvelles collègues.

**C** Les employées ont accuellli leur nouvelle collègue.

---

٢ كتبَ الصّحافيّون المقال في الجريدة.

**A** Les journalistes écrivent l'article dans le journal.

**B** Les journalistes ont écrit l'article dans le journal.

**C** Le journaliste a écrit les articles dans le journal.

---

٣ تدافعُ المحاميات عن المتّهم.

**A** Les avocates défendent l'accusé.

**B** L'avocate a défendu l'accusé.

**C** Les avocates ont défendu les accusés.

---

٤ ساعدت البنات أمّهنّ في تحضير الطّعام.

**A** La fille a aidé sa mère à préparer le repas.

**B** Les filles ont aidé leurs mères à préparer le repas.

**C** Les filles ont aidé leur mère à préparer le repas.

---

٥ استقالَ الموظّفون من مناصبهم.

**A** Les employés ont démissionné de leurs postes.

**B** L'employé a démissionné de son poste.

**C** Les employés démissionnent de leurs postes.

---

**Astuce** La phrase verbale commence par un verbe. Ce dernier s'accorde en genre mais pas en nombre avec le nom qui lui sert de sujet.

# Module 8
## LES BASES

### Focus  Les particules de négation

*Quelle particule sert à :*

**Corrigé page 89**

1. la négation du présent ?

   **A)** ما    **B)** لا    **C)** لن

2. la négation du futur ?

   **A)** لن    **B)** لم    **C)** لا

3. la négation du passé (1) ?

   **A)** لن    **B)** ما    **C)** لا

4. la négation du passé (2) ?

   **A)** لن    **B)** لا    **C)** لم

5. dire « non » ?

   **A)** لا    **B)** نعم    **C)** ربّما

**Astuce** La particule de négation du verbe marque la dimension temporelle de l'action : passée, présente ou future.

### Focus  Négation du verbe au présent

Conjuguez ces verbes au présent, à la forme négative.

١ رحلَ (أنتما)
**A)** لا يرحلان    **B)** لا ترحلون    **C)** لا ترحلان

٢ لعبَ (هم)
**A)** لا يلعبون    **B)** لا تلعبون    **C)** لا تلعبان

٣ درسَ (نحن)
**A)** لا أدرسُ    **B)** لا ندرسُ    **C)** لا تدرسُ

٤ شربَ (هنّ)
**A)** لا تشربنَ    **B)** لا يشربنَ    **C)** لا تشربينَ

**Module 8**
LES BASES

Corrigé page 89

٥ ذهبَ (أنتنَّ)

**A** لا تذهبنَ   **B** لا يذهبنَ   **C** لا تذهبونَ

> **Astuce** Pour mettre un verbe à l'inaccompli (présent) à la forme négative, on le fait précéder de la particule de négation لا.

**Focus** Négation du verbe au passé avec ما

*Mettez ces phrases au passé et à la forme négative, avec ما.*

١ أستقيلُ من منصبي.
**A** ما استقلتِ من منصبي.
**B** ما استقلتُ من منصبي.
**C** ما استقالَ من منصبي.

٢ يعتذرُ رامي من رانية.
**A** اعتذرَ رامي من رانية.
**B** لا يعتذرُ رامي من رانية.
**C** ما اعتذرَ رامي من رانية.

٣ نقرأُ مقالكَ.
**A** ما قرأنا مقالكَ.
**B** ما قرأ مقالكَ.
**C** ما قرأتُ مقالكَ.

٤ ننجحُ في الامتحان.
**A** ما نجحتم في الامتحان.
**B** ما نجحتما في الامتحان.
**C** ما نجحنا في الامتحان.

# Module 8
## LES BASES

○ تسمعين كلامهم.
**A** ما سمعتُ كلامهم.
**B** ما سمعتَ كلامهم.
**C** ما سمعتِ كلامهم.

**Astuce** La négation du verbe au passé peut se faire par le rajout de la particule de négation ما devant le verbe conjugué à l'accompli.

**Focus** Négation du verbe régulier sain au passé avec لم

*Traduisez les phrases suivantes.*

1. Il n'a pas écrit cette lettre.

**A** لم يكتبْ هذه الرّسالة.
**B** لم نكتبْ هذه الرّسالة.
**C** لم يكتبْ مقالاً.

2. Souha n'a pas bu son café.

**A** سهى لم تشربْ قهوتها.
**B** سهى لا تشربُ قهوتها.
**C** سهى تشربُ قهوتها.

3. Samir n'est pas parti.

**A** لا يرحلُ سمير.
**B** يرحلُ سمير.
**C** لم يرحلْ سمير.

4. Les étudiants n'ont pas compris la leçon.

**A** التّلاميذ لم يفهموا الدّرس.
**B** التّلاميذ يفهمون الدّرس.
**C** التّلاميذ لا يفهمون الدّرس.

## Module 8
## LES BASES

5. Tu (féminin) n'es pas monté dans l'avion.

**A** لم تصعدْ إلى الطّائرة.
**B** لم تصعدوا إلى الطّائرة.
**C** لم تصعدي إلى الطّائرة.

**Astuce** La négation du verbe au passé peut se faire également par l'emploi de la particule de négation لم suivie du verbe conjugué à l'apocopé.

**Focus** Négation du verbe régulier sain au futur

*Mettez ces verbes à la forme négative.*

١ سيعملون
**A** لم يعملوا   **B** لا يعملون   **C** لن يعملوا

٢ سترسمان
**A** ما رسمتما   **B** لا ترسمان   **C** لن ترسما

٣ ستدفعون
**A** لم تدفعوا   **B** لن تدفعوا   **C** لا تدفعون

٤ ستدرسين
**A** لن تدرسي   **B** ما درستِ   **C** لن تدرسَ

٥ سنلعبُ
**A** لن يلعبَ   **B** لن نلعبَ   **C** لا نلعبُ

**Astuce** La négation du verbe au futur se fait par l'utilisation de la particule لن suivi du verbe conjugué au subjonctif.

*Et maintenant mettez ces phrases à la forme négative !*

١ سيسكنون في باريس.
**A** لا يسكنون في باريس.
**B** لن يسكنوا في باريس.
**C** لم يسكنوا في باريس.

Corrigé page 89

## Module 8
### VOCABULAIRE

**Corrigé page 89**

٢ كسرتَ الكأس.
- A لا تكسر الكأس!
- B لن تكسرَ الكأس.
- C ما كسرتَ الكأس.

٣ تجلسون في غرفة الاستقبال.
- A لا تجلسون في غرفة الاستقبال.
- B لم تجلسوا في غرفة الاستقبال.
- C لن تجلسوا في غرفة الاستقبال.

٤ نستقبلُ الضّيوف في البيت.
- A لا نستقبلُ الضّيوف في البيت.
- B لا تستقبلُ الضّيوف في البيت.
- C لا أستقبلُ الضّيوف في البيت.

٥ ضحكَ مِن كلامها.
- A لم يضحكْ مِن كلامها.
- B لن يضحكَ مِن كلامها.
- C لا يضحكُ مِن كلامها.

**Noms et adjectifs**

| préparation | تحضير |
| --- | --- |
| journal | جريدة |
| poupée | دمية |
| voyage | سفر |
| arbre | شجرة |
| coffre | صندوق |
| invité-e | ضيف-ـة |

## Module 8
## VOCABULAIRE

| | |
|---|---|
| avion | طائرة |
| nourriture / repas | طعام |
| collier | عقد |
| absent-e | غائب-ة |
| salon | غرفة الاستقبال |
| branche | غصن |
| fort-e | قويّ-ة |
| écriture | كتابة |
| football | كرة قدم |
| paroles / discours | كلام |
| joueur - joueuse | لاعب-ة |
| bijoux | مجوهرات |
| comptable | محاسب-ة |
| garage | مرآب |
| article | مقال |
| poste | منصب |
| loisirs / hobbies | هوايات |

### Verbes

| | |
|---|---|
| démissionner | استقالَ – يستقيلُ |
| accueillir / recevoir | استقبلَ – يستقبلُ |
| présenter des excuses | اعتذرَ – يعتذرُ |
| s'asseoir | جلسَ – يجلسُ |
| défendre | دافعَ عن – يُدافعُ عن |
| aider | ساعدَ – يُساعدُ |
| monter / monter à bord | صعدَ – يصعدُ |
| rire | ضحكَ – يضحكُ |
| réussir | نجحَ – ينجحُ |

**Module 8**
CORRIGÉ

## Corrigé

VOTRE SCORE :

**PAGE 79**
1 **B**  2 **C**  3 **B**  4 **A**  5 **A**

**PAGE 80**
1 **B**  2 **B**  3 **A**  4 **A**  5 **B**  6 **B**  7 **A**  8 **B**  9 **A**  10 **B**

**PAGE 81**
1 **A**  2 **B**  3 **B**  4 **B**  5 **A**  6 **B**  7 **A**  8 **B**  9 **A**  10 **B**

**PAGE 82**
1 **C**  2 **B**  3 **A**  4 **C**  5 **A**

**PAGE 83**
1 **B**  2 **A**  3 **B**  4 **C**  5 **A**

**PAGE 83**
1 **C**  2 **A**  3 **B**  4 **B**  5 **A**

**PAGE 84**
1 **B**  2 **C**  3 **A**  4 **C**  5 **C**

**PAGE 85**
1 **A**  2 **A**  3 **C**  4 **A**  5 **C**

**PAGE 86**
1 **C**  2 **C**  3 **B**  4 **A**  5 **B**
1 **B**  2 **C**  3 **A**  4 **A**  5 **A**

---

**Vous avez obtenu entre 0 et 15 ?** Reprenez chaque question en regardant les endroits où vous avez fait des erreurs.

**Vous avez obtenu entre 16 et 31 ?** C'est très moyen, mais ne vous découragez pas.

**Vous avez obtenu entre 32 et 47 ?** Formidable ! Analysez les erreurs et, si besoin, révisez la ou les notions que vous ne maîtrisez pas complètement.

**Vous avez obtenu 48 et plus ?** Très bien ! Continuez comme ça !

## Module 9
### VOCABULAIRE

**Focus** Les ordinaux de 1 à 10

*Quel est l'équivalent en arabe des ordinaux suivants ?*

*Corrigé page 100*

1. première ?
   **A** رابعة     **B** أوّل     **C** أولى

2. deuxième (masculin) ?
   **A** ثانية     **B** ثانٍ     **C** ثالث

3. troisième (féminin) ?
   **A** ثالثة     **B** خامسة     **C** عاشرة

4. quatrième (féminin) ?
   **A** تاسعة     **B** رابعة     **C** ثامنة

5. cinquième (masculin) ?
   **A** خامسة     **B** سابع     **C** خامس

6. sixième (masculin) ?
   **A** سادس     **B** تاسع     **C** سابعة

7. septième (féminin) ?
   **A** سادسة     **B** خامسة     **C** سابعة

8. huitième (féminin) ?
   **A** ثامنة     **B** ثامن     **C** عاشر

9. neuvième (masculin) ?
   **A** تاسع     **B** عاشر     **C** سادس

10. dixième (féminin) ?
    **A** عاشر     **B** ثانية     **C** عاشرة

**Astuce** De 3 à 10, les ordinaux sont formés à partir des cardinaux sur les modèles فاعِل pour le masculin et فاعِلة pour le féminin. Pour *premier - première*, on emploie أوّل – أولى. Quant à *deuxième* (au masculin) ثانٍ , il se termine par le **tanwîn** de la **kasra** lorsqu'il est indéfini et par ي lorsqu'il est défini par l'article الـ ou par une annexion.

# Module 9
## VOCABULAIRE

### Focus — Les ordinaux placés avant le nom

*Traduisez ce qui suit.*

**Corrigé page 100**

1. le premier rendez-vous
   - Ⓐ أوّل موعد
   - Ⓑ أوّل الموعد

2. le deuxième rang
   - Ⓐ ثانٍ صفّ
   - Ⓑ ثاني صفّ

3. la troisième fois
   - Ⓐ ثالثة مرّة
   - Ⓑ ثالث مرّة

4. le quatrième étage
   - Ⓐ رابع طابق
   - Ⓑ الرّابع طابق

5. la cinquième page
   - Ⓐ خامس صفحة
   - Ⓑ خامسة صفحة

6. le sixième président
   - Ⓐ السّادس رئيس
   - Ⓑ سادس رئيس

7. le septième livre
   - Ⓐ سابع كتاب
   - Ⓑ السّابع كتاب

8. la huitième tentative
   - Ⓐ ثامن محاولة
   - Ⓑ ثامنة محاولة

9. la neuvième représentation
   - Ⓐ التّاسع عرض
   - Ⓑ تاسع عرض

10. la dixième histoire
    - Ⓐ عاشر قصّة
    - Ⓑ عاشرة قصّة

**Astuce** Lorsque l'ordinal précède le nom, aucun des deux mots ne sera défini par l'article الـ et l'ordinal ne s'accordera pas en genre avec le nom.

## Module 9
## LES BASES

*Et maintenant l'ordinal placé après le nom !*

1. le septième art

   **A** الفنّ السّابع   **B** الفنّ سابع   **C** الفنّ السّابعة

2. le huitième jour

   **A** اليوم ثامن   **B** اليوم الثامنة   **C** اليوم الثّامن

3. la sixième année

   **A** السّنة السّادسة   **B** السّنة السّادس   **C** السّنة سادسة

4. la première place

   **A** المرتبة أولى   **B** المرتبة الأولى   **C** المرتبة الأوّل

5. un premier sourire

   **A** ابتسامة أولى   **B** ابتسامة الأولى   **C** ابتسامة أوّل

**Astuce** Lorsque l'ordinal suit le nom, il s'accorde en genre avec lui. De même, l'ordinal dans ce cas portera l'article الـ si le nom qu'il accompagne est défini.

**Focus** Les ordinaux de 11 à 19

*Corrigé page 100*

*Traduisez les phrases suivantes.*

1. La onzième lettre de l'alphabet arabe est « ز ».

   **A** الحرف الحادي العشر من الأبجديّة العربيّة هو «ز».
   **B** الحرف الأوّل عشر من الأبجديّة العربيّة هو «ز».
   **C** الحرف الحادي عشر من الأبجديّة العربيّة هو «ز».

2. Je suis monté au seizième étage.

   **A** صعدتُ إلى الطّابق الخامس عشر.
   **B** صعدتُ إلى الطّابق السّادس عشر.
   **C** صعدتُ إلى الطّابق السّادس عشرة.

# Module 9
## LES BASES

3. Il a lu la treizième page de son livre.

   **A** قرأ الصّفحة الثّالثة عشر من كتابه.

   **B** قرأ الصّفحة الثّالثة عشرة من كتابه.

   **C** قرأ الصّفحة ثالثة عشرة من كتابه.

4. Elle a écrit la quatorzième ligne de son article.

   **A** كتبت السّطر الرّابع عشر من مقالها.

   **B** كتبت السّطر الرّابع العشر من مقالها.

   **C** كتبت السّطر التّاسع عشر من مقالها.

5. C'est la douzième fois !

   **A** هذه المرّة التّاسعة عشرة!

   **B** هذه المرّة الثّامنة عشرة!

   **C** هذه المرّة الثّانية عشرة!

**Astuce** Les ordinaux de 11 à 19 sont formés des ordinaux des unités suivis de عشر pour le masculin et de عشرة pour le féminin sauf pour 11e où l'on utilise حاد – حادية au lieu de أوّل – أولى. Lorsque l'ordinal est défini pour cette catégorie, seule l'unité prend l'article.

## Focus — Les ordinaux de 20 à 99

*Quel est l'équivalent en arabe des ordinaux suivants ?*

**Corrigé page 100**

1. la soixante-seizième

   **A** السّادسة والتّسعون
   **B** السّادسة والخمسون
   **C** السّادس والسّبعون
   **D** السّادسة والسّبعون

2. le vingt-neuvième

   **A** التّاسع والعشرون
   **B** السّادسة والعشرون
   **C** التّاسعة والعشرون
   **D** التّاسع والثّلاثون

3. la trente-huitième

   **A** الثّامن والثّلاثون
   **B** الثّالثة والثّمانون
   **C** الثّالث والثّمانون
   **D** الثّامنة والثّلاثون

## Module 9
## LES BASES

4. la cinquante-deuxième

   **A** الواحد والخمسون   **C** الثّانية والخمسون

   **B** الرّابعة والخمسون   **D** الثّاني والخمسون

5. le quatre-vingt-dixième

   **A** التّسعون   **C** الأربعون

   **B** السّبعون   **D** السّتّون

**Astuce** Pour cette catégorie, on emploie les ordinaux des unités et les cardinaux des dizaines, tous les deux définis par l'article الـ, et on les coordonne avec la conjonction و.

## Focus  L'heure en arabe

*Choisissez la bonne réponse.*

*Corrigé page 100*

1. Comment demander l'heure ?

   **A** كم السّاعة؟   **B** أين السّاعة؟   **C** في أيّ ساعة؟

2. Comment dit-on « à quelle heure » ?

   **A** بكم السّاعة؟   **B** في أيّ ساعة؟   **C** أين السّاعة؟

3. Quel est l'équivalent arabe de « et demie » ?

   **A** والثّلث   **B** والرّبع   **C** والنّصف

4. Quel est l'équivalent arabe de « et quart » ?

   **A** والرّبع   **B** إلّا الرّبع   **C** والثّلث

5. Comment dit-on « minute » ?

   **A** ساعة   **B** ثانية   **C** دقيقة

6. Quel est l'équivalent arabe de « moins vingt » ?

   **A** إلّا الثّلث   **B** والثّلث   **C** إلّا الرّبع

7. Comment dit-on « heure » ?

   **A** دقيقة   **B** ثانية   **C** ساعة

## Module 9
## LES BASES

8. Comment dit-on « du soir » ?

   **A** مساءً   **B** ليلاً   **C** صباحاً

9. Comment dit-on « du matin » ?

   **A** صباحاً   **B** ليلاً   **C** ظهراً

10. Comment dit-on « de l'après-midi » ?

    **A** عندَ منتصف اللّيل   **B** بعدَ الظّهر   **C** ظهراً

### Focus  Les ordinaux et l'heure

*Quelle heure est-il en arabe ?*

Corrigé page 100

1. Il est midi.

   **A** السّاعة الثّانية عشرة ليلاً.
   **B** السّاعة الثّانية عشرة ظهراً.
   **C** السّاعة الحادية عشرة ليلاً.

2. Il est treize heures dix.

   **A** السّاعة الواحدة وعشر دقائق بعد الظّهر.
   **B** السّاعة الخامسة وعشر دقائق بعد الظّهر.
   **C** السّاعة الواحدة وعشر دقائق صباحاً.

3. Il est dix-huit heures vingt.

   **A** السّاعة السّادسة والثّلث صباحاً.
   **B** السّاعة السّادسة والثّلث مساءً.
   **C** السّاعة الرّابعة والثّلث صباحاً.

4. Il est huit heures trente.

   **A** السّاعة الثّانية والنّصف صباحاً.
   **B** السّاعة الثّامنة والنّصف صباحاً.
   **C** السّاعة الثّانية والرّبع صباحاً.

# Module 9
## LES BASES

5. Il est vingt-trois heures et quart.

**A** السّاعة الثّانية عشرة والرّبع ليلاً.

**B** السّاعة الحادية عشرة والرّبعِ ليلاً.

**C** السّاعة الواحدة والرّبع ليلاً.

**Astuce** On exprime l'heure en arabe en utilisant le mot السّاعة suivi des formes féminines des ordinaux, définies par l'article الـ, sauf pour dire *il est une heure* où l'on emploie le cardinal de *une*. Contrairement au français, en arabe on compte par 12 heures et non par 24 heures. Pour lever l'ambiguïté sur le moment exact de la journée, nous pouvons rajouter des adverbes temporels tel que ليلاً (*de la nuit*), عصراً ou بعد الظّهر (*de l'après-midi*), etc.

## Focus  Les mois du calendrier solaire grégorien

**Corrigé page 100**

*Quel est l'équivalent de ces mois en arabe ?*

1. janvier

**A** أكتوبر  **B** يناير  **C** فبراير

2. février

**A** مايو  **B** فبراير  **C** يوليو

3. mars

**A** مارس  **B** مايو  **C** ديسمبر

4. avril

**A** أغسطس  **B** أكتوبر  **C** أبريل

5. mai

**A** مايو  **B** سبتمبر  **C** أغسطس

6. juin

**A** يوليو  **B** يونيو  **C** نوفمبر

7. juillet

**A** سبتمبر  **B** أكتوبر  **C** يوليو

8. août

**A** ديسمبر  **B** أغسطس  **C** يوليو

## Module 9
## LES BASES

9. septembre

**A** سبتمبر    **B** ديسمبر    **C** نوفمبر

10. octobre

**A** نوفمبر    **B** أكتوبر    **C** ديسمبر

**Astuce** Nous avons dans les pays arabes le calendrier lunaire, formé de 354 jours, qui est surtout utilisé pour les usages religieux et traditionnels musulmans. Pour les usages civils, on utilise habituellement le calendrier solaire. Un exemple de calendrier solaire c'est le calendrier grégorien (utilisé en Égypte ou au Soudan par exemple).

**Focus** Les mois du calendrier solaire syriaque

*Corrigé page 100*

Quel est l'équivalent de ces mois en arabe ?

1. octobre

**A** تشرين الأوّل    **B** كانون الثّاني

2. novembre

**A** كانون الثّاني    **B** تشرين الثّاني

3. décembre

**A** كانون الأوّل    **B** كانون الثّاني

4. janvier

**A** كانون الثّاني    **B** آب

5. février

**A** نيسان    **B** شباط

6. mars

**A** آذار    **B** آب

7. avril

**A** تمّوز    **B** نيسان

8. mai

**A** آب    **B** أيّار

## Module 9
### LES BASES

Corrigé page 100

9. juin

A) أيلول    B) حزيران

10. juillet

A) تمّوز    B) أيلول

> **Astuce** Un autre exemple de calendrier solaire arabe, c'est le calendrier syriaque, utilisé dans les pays du Levant.

*Et maintenant, traduisez ces dates en arabe en utilisant les chiffres indiens.*

1. 21 novembre 1947

A) ٢١ نوفمبر / تشرين الثّاني ١٩٤٧
B) ٢١ أكتوبر / تشرين الأوّل ١٩٤٧
C) ٢١ نوفمبر / تشرين الثّاني ١٩٤٨

2. 29 octobre 2014

A) ٢٩ أكتوبر / تشرين الأوّل ٢٠١٤
B) ٢٩ سبتمبر / أيلول ٢٠١٤
C) ٢٩ مارس / آذار ٢٠١٤

3. 4 décembre 1880

A) ٤ ديسمبر / كانون الأوّل ١٨٨٠
B) ٤ ديسمبر / كانون الأوّل ١٧٧٠
C) ٥ ديسمبر / كانون الأوّل ١٨٨٠

4. 30 janvier 2015

A) ٢٠ يناير / كانون الثّاني ٢٠١٥
B) ٣٠ يناير / كانون الثّاني ٢٠١٥
C) ٣٠ مايو / أيّار ٢٠١٥

5. 9 avril 1510

A) ٩ أبريل / نيسان ١٣٠١
B) ٦ أبريل / نيسان ١٥١٠
C) ٩ أبريل / نيسان ١٥١٠

# Module 9
## VOCABULAIRE

**Noms**

| | |
|---|---|
| août | آب |
| sourire | ابتسامة |
| septembre | أيلول |
| lettre (d'un alphabet) | حرف |
| président-e | رئيس – ة |
| ligne | سطر |
| rangée / classe | صفّ |
| page | صفحة |
| étage | طابق |
| représentation | عرض |
| art | فنّ |
| histoire | قصّة |
| tentative | محاولة |
| fois | مرّة |
| place (dans un classement) | مرتبة |
| rendez-vous | موعد |
| promesse | وعد |

**L'heure**

| | |
|---|---|
| moins vingt | إلّا الثّلث |
| moins le quart | إلّا الرّبع |
| seconde | ثانية |
| minute | دقيقة |
| heure / montre | ساعة |
| vingt | والثّلث |
| et quart / quinze | والرّبع |
| et demie / trente | والنّصف |

# Module 9
## CORRIGÉ

## Corrigé

**PAGE 90**
1 **C** 2 **B** 3 **A** 4 **B** 5 **C** 6 **A** 7 **C** 8 **A** 9 **A** 10 **C**

**PAGE 91**
1 **A** 2 **B** 3 **B** 4 **A** 5 **A** 6 **B** 7 **A** 8 **A** 9 **B** 10 **A**

**PAGE 92**
1 **A** 2 **C** 3 **A** 4 **B** 5 **A**

**PAGES 92-93**
1 **C** 2 **B** 3 **B** 4 **A** 5 **C**

**PAGE 93**
1 **D** 2 **A** 3 **D** 4 **C** 5 **A**

**PAGE 94**
1 **A** 2 **B** 3 **C** 4 **A** 5 **C** 6 **A** 7 **C** 8 **A** 9 **A** 10 **B**

**PAGE 95**
1 **B** 2 **A** 3 **B** 4 **B** 5 **B**

**PAGE 96**
1 **B** 2 **B** 3 **A** 4 **C** 5 **A** 6 **B** 7 **C** 8 **B** 9 **A** 10 **B**

**PAGE 97**
1 **A** 2 **B** 3 **A** 4 **A** 5 **B** 6 **A** 7 **B** 8 **B** 9 **B** 10 **A**

**PAGE 98**
1 **A** 2 **A** 3 **A** 4 **B** 5 **C**

---

**Vous avez obtenu entre 0 et 19 ?** Reprenez chaque question en regardant les endroits où vous avez fait des erreurs.

**Vous avez obtenu entre 20 et 39 ?** C'est très moyen, mais ne vous découragez pas.

**Vous avez obtenu entre 40 et 59 ?** Formidable ! Analysez les erreurs et, si besoin, révisez la ou les notions que vous ne maîtrisez pas complètement.

**Vous avez obtenu 60 et plus ?** Très très bien ! Continuez ainsi !

**Module 10**
**LES BASES**

## Focus  Les jours de la semaine

*Quel est le nom de ces jours en arabe ?*

1. lundi

   **A** الأربعاء   **B** الأحد   **C** الإثنين

2. mardi

   **A** الخميس   **B** الثّلاثاء   **C** الجمعة

3. samedi

   **A** الأربعاء   **B** الخميس   **C** السّبت

4. dimanche

   **A** الأربعاء   **B** الأحد   **C** الخميس

5. vendredi

   **A** الجمعة   **B** الخميس   **C** الأربعاء

> **Astuce**  Les noms de jours sont dérivés des chiffres et rappellent leur ordre dans la semaine (le dimanche étant considéré comme le premier jour). Seul le vendredi déroge à cette règle car son nom signifie *le rassemblement* puisque c'est le jour du rassemblement pour la prière chez les musulmans.

## Focus  Prendre et donner un rendez-vous

*Quel est l'équivalent de ces expressions en arabe ?*

*Corrigé page 111*

1. J'ai rendez-vous avec le directeur.

   **A** عندي موعد مع المديرة.
   **B** عندي موعد مع المحاسب.
   **C** عندي موعد مع المدير.

2. Je vais noter le rendez-vous dans mon agenda.

   **A** سأدوّن الموعد في كتابي.
   **B** سأدوّن الموعد في دفتري.
   **C** سأدوّن الموعد في مفكّرتي.

# Module 10
## LES BASES

3. Nous allons fixer un rendez-vous.

A. سندوّن موعداً.

B. سنحدّد موعداً.

C. سنلغي موعداً.

4. Est-ce que cette date te (f.) convient ?

A. هل تناسبكِ هذه السّاعة؟

B. هل يناسبكِ هذا التّاريخ؟

C. هل يناسبكِ هذا اليوم؟

5. Je suis disponible le mardi.

A. أنا غير مرتبط يوم الأربعاء.

B. أنا غير مرتبط يوم الجمعة.

C. أنا غير مرتبط يوم الثّلاثاء.

*Et maintenant, quelles sont la date et l'heure pour ces rendez-vous ?*

1. Jeudi 9 décembre, à dix heures.

A. الخميس ٩ ديسمبر، السّاعة العاشرة صباحاً.

B. الخميس ٩ أكتوبر، السّاعة العاشرة صباحاً.

C. الخميس ٩ ديسمبر، السّاعة الثّامنة صباحاً.

2. Mercredi 16 septembre, à quinze heures.

A. الأربعاء ١٢ أيلول، السّاعة الثّالثة بعد الظّهر.

B. الأربعاء ١٢ أيلول، السّاعة الثّانية بعد الظّهر.

C. الأربعاء ١٦ أيلول، السّاعة الثّالثة بعد الظّهر.

3. Lundi 11 mai, à onze heures.

A. الخميس ١١ أيّار، السّاعة الحادية عشرة صباحاً.

B. الإثنين ١١ أيّار، السّاعة الحادية عشرة صباحاً.

C. السّبت ١١ أيّار، السّاعة الحادية عشرة صباحاً.

# Module 10
## LES BASES

4. Samedi 18 avril, à vingt heures.

   **A** السّبت ١٨ نيسان، السّاعة الثّامنة مساءً.
   **B** السّبت ١٨ أيلول، السّاعة الثّامنة مساءً.
   **C** السّبت ١٧ نيسان، السّاعة الثّامنة مساءً.

5. Vendredi 28 février, à vingt-deux heures trente.

   **A** الجمعة ٢٨ شباط، السّاعة العاشرة والنّصف صباحاً.
   **B** الجمعة ٢٧ شباط، السّاعة العاشرة والنّصف ليلاً.
   **C** الجمعة ٢٨ شباط، السّاعة العاشرة والنّصف ليلاً.

## Focus — Quelques prépositions

*Corrigé page 111*

*Précisez de quelle préposition il s'agit.*

1. On la traduit par « sur » :

   **A** إلى   **B** في   **C** مِن   **D** على

2. Elle exprime la possession :

   **A** في   **B** لِـ   **C** حتّى   **D** بِـ

3. On peut la traduire par « avec », « au moyen de » :

   **A** كـ   **B** بِـ   **C** عن   **D** إلى

4. Elle indique la provenance, l'origine :

   **A** مِن   **B** كـ   **C** إلى   **D** حتّى

5. Elle est opposée à مِن et indique la destination :

   **A** إلى   **B** في   **C** كـ   **D** عن

6. On la traduit par « dans » :

   **A** في   **B** مع   **C** حتّى   **D** عن

7. Elle signifie « jusqu'à » :

   **A** عند   **B** عن   **C** كـ   **D** حتّى

8. Elle signifie « avec » :

   **A** عن   **B** كـ   **C** مع   **D** عند

# Module 10
## LES BASES

**9.** Elle permet d'établir une comparaison :

**A** عن     **B** منذُ     **C** عند     **D** كـ

**10.** Utilisée avec certains verbes, elle se traduit par « de » :

**A** حتّى     **B** عن     **C** عند     **D** منذُ

---

**Focus**   **Les prépositions dans les phrases.**

*Corrigé page 111*

*Quelle préposition manque pour compléter chacune de ces phrases ?*

١ تكلّم .... مشكلته.
**A** حتّى     **B** عن

٢ هذا العقد .... ليلى.
**A** لِـ     **B** بِـ

٣ ذهبوا .... البحر.
**A** إلى     **B** مِن

٤ تكلّمتُ .... صديقتي ..... الرّحلة.
**A** مِن / إلى     **B** مع / عن

٥ وضعتِ الجريدة ..... الطّاولة.
**A** في     **B** على

٦ شربل ..... لبنان.
**A** مِن     **B** إلى

٧ عندي موعد .... المدير.
**A** مع     **B** حتّى

٨ هو شجاع .... الأسد.
**A** في     **B** كـ

٩ الشّرابات ...... الجارور.
**A** حتّى     **B** في

١٠ رسمتما .... قلم رصاص.
**A** بِـ     **B** لِـ

# Module 10
## LES BASES

**Focus** Les pronoms interrogatifs

*Corrigé page 111*

*Quel pronom interrogatif permet de se renseigner sur :*

1. la destination ?

   **A** متى؟   **B** إلى أين؟   **C** ماذا؟   **D** كم؟

2. quelqu'un ?

   **A** مِن أين؟   **B** كم؟   **C** مَن؟   **D** لماذا؟

3. le lieu ?

   **A** متى؟   **B** أين؟   **C** كم؟   **D** كيف؟

4. la quantité ?

   **A** مِن أين؟   **B** لماذا؟   **C** كيف؟   **D** كم؟

5. la date / l'horaire ?

   **A** متى؟   **B** لماذا؟   **C** مَن؟   **D** أيّ؟

6. la cause de quelque chose ?

   **A** مَن؟   **B** لِمَن؟   **C** لماذا؟   **D** كيف؟

7. quelque chose ?

   **A** لماذا؟   **B** مَن؟   **C** لِمَن؟   **D** ماذا؟

8. la manière ?

   **A** أيّ؟   **B** لِمَن؟   **C** كيف؟   **D** مِن أين؟

9. un choix ?

   **A** أيّ؟   **B** مَن؟   **C** كم؟   **D** متى؟

10. la provenance ?

    **A** كيف؟   **B** أين؟   **C** مِن أين؟   **D** إلى أين؟

## Module 10
### LES BASES

Corrigé page 111

**Focus** Poser une question ouverte.

*Formulez la question à laquelle répond l'élément souligné dans chaque phrase.*

١  الموعد <u>في السّاعة العاشرة والنّصف</u>.
   **A** أين الموعد؟
   **B** متى الموعد؟
   **C** مع مَن الموعد؟

٢  أكلتُ <u>أربع</u> تفّاحات.
   **A** كم تفّاحة أكلتَ؟
   **B** لماذا أكلتَ أربع تفّاحات؟
   **C** من أكلَ أربع تفّاحات؟

٣  وصلَ اليوم <u>من باريس</u>.
   **A** متى وصلَ مِن باريس؟
   **B** مَن وصلَ مِن باريس؟
   **C** مِن أين وصلَ اليوم؟

٤  <u>المساعدة التّنفيذيّة</u> ستحدّد موعداً مع مدير الشّركة.
   **A** مَن سيحدّد موعداً مع مدير الشّركة؟
   **B** مع مَن ستحدّد المساعدة التّنفيذيّة موعداً؟
   **C** ماذا ستحدّد المساعدة التّنفيذيّة؟

٥  سأتناول الغداء <u>في المطعم</u>.
   **A** متى ستتناول الغداء؟
   **B** أينَ ستتناول الغداء؟
   **C** مع مَن ستتناول الغداء؟

**Astuce** Pour poser des questions ouvertes, on emploie les pronoms interrogatifs qui se placent généralement au début de la phrase.

# Module 10
## LES BASES

**Focus** Poser une question fermée

*Complétez la question par* هل *ou* أ.

**Corrigé page 111**

١. ...ما رأيته؟
**A** هل **B** أ

٢. .... اشتريتِ الفستان؟
**A** هل **B** أ

٣. .... حدّدتم موعداً؟
**A** هل **B** أ

٤. .....لن تخبرها بالحقيقة؟
**A** هل **B** أ

٥. .... تسافرون بالقطار؟
**A** هل **B** أ

٦. ....لم تكلّمه؟
**A** هل **B** أ

٧. ..... أغلقتَ النّافذة؟
**A** هل **B** أ

٨. ..... تسكنين في باريس؟
**A** هل **B** أ

٩. .... ستتناول الغداء مع زميلك؟
**A** هل **B** أ

١٠. .... لن يعتذر عن غلطته؟
**A** هل **B** أ

**Astuce** Pour poser une question fermée, en principe, la particule interrogative هل est utilisée lorsque la question commence par un verbe à la forme affirmative et la **hamza** interrogative أ est, quant à elle, utilisée notamment lorsque la question débute par une négation.

## Module 10
## LES BASES

Corrigé page 111

*Et maintenant, traduisez les questions suivantes !*

١   أيّ فستان تفضّلين؟

- **A** Quelle robe préfères-tu ?
- **B** Pourquoi tu préfères cette robe ?
- **C** Est-ce que tu préfères cette robe ?

٢   لماذا استقالَ من منصبه؟

- **A** Est-ce qu'il a démissionné de son poste ?
- **B** Quand a-t-il démissionné de son poste ?
- **C** Pourquoi a-t-il démissionné de son poste ?

٣   لِمن هذا المعطف؟

- **A** Où est le manteau ?
- **B** À qui appartient ce manteau ?
- **C** Qui a pris le manteau ?

٤   ماذا اشتريتِ من السّوق؟

- **A** Pourquoi tu es allée au marché ?
- **B** Est-ce que tu es allée au marché ?
- **C** Qu'as-tu acheté au marché ?

٥   ألم تدوّن الموعد في المفكّرة؟

- **A** N'as-tu pas noté le rendez-vous dans l'agenda ?
- **B** As-tu noté le rendez-vous dans l'agenda ?
- **C** Pourquoi tu as noté le rendez-vous dans l'agenda ?

## Module 10
## LES BASES

*Continuez en répondant à ces questions !*

١   أين وضعتِ نظاراتي؟
   **A** بقلم الرّصاص.
   **B** مِن المتجر.
   **C** في الجارور.

٢   كيفَ ستسافر إلى باريس؟
   **A** بالطّائرة.
   **B** مع أبي.
   **C** في المكتبة.

٣   هل ستبيع منزلك في الرّيف؟
   **A** في الطّابق الرّابع.
   **B** نعم!
   **C** مِن السّاعة الواحدة إلى السّاعة الثّالثة صباحاً.

٤   متى موعدك مع الطّبيب؟
   **A** في الشّركة.
   **B** الخميس، السّاعة العاشرة صباحاً.
   **C** بالسّيّارة.

٥   ماذا أكلتَ؟
   **A** تبّولة لبنانيّة!
   **B** اليوم!
   **C** لا!

**Astuce**  Pour répondre à une question fermée, on utilise نعم *oui* ou لا *non*.

Corrigé page 111

# Module 10
## VOCABULAIRE

### Noms et adjectifs

| | |
|---|---|
| lion | أسد |
| Beyrouth | بيروت |
| date / Histoire | تاريخ |
| tiroir | جارور |
| voyage | رحلة |
| marché | سوق |
| courageux - courageuse / brave | شجاع-ة |
| chaussettes | شرابات |
| déjeuner | غداء |
| erreur | غلطة |
| train | قطار |
| crayon | قلم رصاص |
| magasin | متجر |
| assistante de direction | مساعدة تنفيذيّة |
| problème | مشكلة |
| manteau | معطف |
| agenda | مفكّرة |
| lunettes | نظارات |

### Verbes

| | |
|---|---|
| informer | أخبرَ – يُخبِرُ |
| acheter | اشترى – يشتري |
| fermer | أغلقَ – يُغلِقُ |
| annuler | ألغى – يُلغي |
| prendre | تناولَ – يتناولُ |
| fixer | حدّدَ – يُحدِّدُ |
| marquer / noter | دوّنَ – يُدوّنُ |
| voyager | سافرَ – يُسافِرُ |
| préférer | فضّلَ – يُفضِّلُ |
| convenir | ناسبَ – يُناسبُ |
| mettre | وضعَ – يضعُ |

**Module 10**
CORRIGÉ

## Corrigé

**PAGE 101**
1 **C**  2 **B**  3 **C**  4 **B**  5 **A**
1 **C**  2 **C**  3 **B**  4 **B**  5 **C**

**PAGE 102**
1 **A**  2 **C**  3 **B**  4 **A**  5 **C**

**PAGE 103**
1 **D**  2 **B**  3 **B**  4 **B**  5 **A**  6 **A**  7 **D**  8 **C**  9 **D**  10 **B**

**PAGE 104**
1 **B**  2 **A**  3 **A**  4 **B**  5 **B**  6 **A**  7 **A**  8 **B**  9 **B**  10 **A**

**PAGE 105**
1 **B**  2 **C**  3 **B**  4 **D**  5 **A**  6 **C**  7 **D**  8 **C**  9 **A**  10 **C**

**PAGE 106**
1 **B**  2 **A**  3 **C**  4 **A**  5 **B**

**PAGE 107**
1 **B**  2 **A**  3 **A**  4 **B**  5 **A**  6 **B**  7 **A**  8 **A**  9 **A**  10 **B**

**PAGE 108**
1 **A**  2 **C**  3 **B**  4 **C**  5 **A**

**PAGE 109**
1 **C**  2 **A**  3 **B**  4 **B**  5 **A**

VOTRE SCORE :

---

**Vous avez obtenu entre 0 et 19 ?** Reprenez chaque question en regardant les endroits où vous avez fait des erreurs.

**Vous avez obtenu entre 20 et 34 ?** C'est très moyen, mais ne vous découragez pas.

**Vous avez obtenu entre 35 et 54 ?** Formidable ! Analysez les erreurs et, si besoin, révisez la ou les notions que vous ne maîtrisez pas complètement.

**Vous avez obtenu 55 et plus ?** Bravo ! Vous êtes sur la bonne voie.

# Module 11
## LES BASES

**Focus** | Vocabulaire : les transports

*Corrigé page 121*

*Choisissez la bonne traduction. Dans certains cas, plusieurs réponses sont possibles.*

1. voiture
   - A سفينة
   - B طائرة
   - C سيّارة

2. bus
   - A حافلة
   - B باص
   - C سيّارة سباق

3. métro
   - A مترو
   - B حافلة
   - C قطار أنفاق

4. moto
   - A درّاجة
   - B درّاجة ناريّة
   - C قطار أنفاق

5. vélo
   - A سفينة
   - B بطاقة
   - C درّاجة

6. avion
   - A طائرة
   - B طائر
   - C مطار

7. train
   - A مطار
   - B قطار
   - C محطّة

8. transports en commun
   - A سيّارة أجرة
   - B سفر
   - C نقل عام

9. billet
   - A تذكرة
   - B محطّة
   - C بطاقة

10. taxi
    - A سيّارة سباق
    - B سيّارة أجرة
    - C درّاجة

# Module 11
## LES BASES

**Focus** La graphie de la hamza au milieu du mot

*Choisissez la bonne orthographe pour la traduction des mots suivants.*

1. lecture
   - **A** قرائة
   - **B** قرآة
   - **C** قرأة
   - **D** قراءة

2. question
   - **A** سُوَال
   - **B** سُئال
   - **C** سُوأل
   - **D** سُأل

3. convenir
   - **A** لاأَم
   - **B** لاءَم
   - **C** لاؤَم
   - **D** لائَم

4. famille
   - **A** عائلة
   - **B** عاءلة
   - **C** عاؤِلة
   - **D** عاإلة

5. président
   - **A** رَوِيس
   - **B** رَئِيس
   - **C** رَأس
   - **D** رَؤس

6. catégorie
   - **A** فِءَة
   - **B** فِؤَة
   - **C** فِئَة
   - **D** فِأَة

7. tête
   - **A** رَءْس
   - **B** رَأْس
   - **C** رَئْس
   - **D** رَؤْس

8. optimisme
   - **A** تفاأُل
   - **B** تفاءُل
   - **C** تفاؤُل
   - **D** تفاوُل

9. perle
   - **A** لُؤلُؤة
   - **B** لُئلُئة
   - **C** لُألُأة
   - **D** لُؤلُئة

10. innocence
    - **A** برائة
    - **B** براأة
    - **C** برآة
    - **D** براءة

## Module 11
## LES BASES

**Astuce** Au milieu du mot, la **hamza** s'écrit en accord avec la règle de « force des voyelles ». En effet, en arabe, la voyelle la plus forte est la **kasra**, suivie de la **ḍamma** puis de la **fatḥa**, et en dernière position vient la **sukûn**. Pour écrire correctement la **hamza** dans le mot, nous comparons donc la voyelle qu'elle porte avec celle portée par la consonne qui la précède et la plus forte des deux imposera le support qui lui correspond. À la **kasra** correspond le support ئــ, à la **ḍamma** le support ؤ et à la **fatḥa** le support أ.
De même, si la **hamza** au milieu du mot est vocalisée par une **fatḥa** et qu'elle est précédée par une **'alif**, elle s'écrira sans support, c'est-à-dire à la ligne.

**Focus** La graphie de la hamza en fin de mot

*Corrigé page 121*

*Trouvez la bonne graphie de la réponse à chacune de ces devinettes.*

1. La covid-19 en est une.
   **A** وباء       **B** وباء       **C** وبأ

2. Les bateaux y accostent.
   **A** ميناً      **B** ميناء      **C** ميناؤ

3. C'est le synonyme de la réponse de la question 2.
   **A** مرفَأ      **B** مرفَء      **C** مرفَى

4. C'est le contraire de l'obscurité.
   **A** ضوء       **B** ضوْؤ       **C** ضوْأ

5. C'est la parité, l'égalité.
   **A** تكافُؤ     **B** تكافوء     **C** تكافُئ

6. L'optimiste voit le verre à moitié…
   **A** مملوئ     **B** مملوؤ      **C** مملوء

7. C'est l'absence de bruit.
   **A** هدوئ      **B** هدوؤ       **C** هدوء

8. On aime s'y rendre l'été pour se baigner.
   **A** شاطِئ     **B** شاطِيء     **C** شاطِء

9. C'est le contraire de « rapide ».
   **A** بطيئ      **B** بطيء       **C** بطيؤ

**Module 11**
LES BASES

10. Elle peut être plate ou gazeuse.

**A** مائ     **B** ماؤ     **C** ماء

> **Astuce** En fin de mot, si la **hamza** est précédée par une lettre vocalisée avec la **kasra**, elle s'écrira ئ, si elle est précédée par une lettre vocalisée par la **ḍamma**, elle s'écrira ؤ et si elle est précédée par une lettre vocalisée par la **fatḥa**, elle s'écrira أ. En revanche, si la lettre précédant la **hamza** est une consonne muette (c'est-à-dire portant une **sukûn**) ou une voyelle de prolongation ا و ي, la **hamza** sera notée sur la ligne.

**Focus** hamza stable et hamza instable

*Complétez chacune de ces phrases avec la bonne orthographe du mot manquant.*

١. ........ بيته غالٍ.
**A** ايجار     **B** إيجار

٢. سيبدأ ........ بعد ربع ساعة.
**A** الاجتماع     **B** الإجتماع

٣. ما ........ هذا الدّواء؟
**A** إسم     **B** اسم

٤. ........ المستشفى ماهرون.
**A** اطبّاء     **B** أطبّاء

٥. ........ زوجها هديّة لها.
**A** اشترى     **B** إشترى

٦. ........ البائع البضاعة.
**A** إستلَم     **B** استلَم

٧. ما ........ عمّك؟
**A** اخبار     **B** أخبار

٨. رفضَ الموظّفون ........ المدير.
**A** إقتراح     **B** اقتراح

٩. ........ سامي زميلته.
**A** أحبَّ     **B** احبَّ

Corrigé page 121

# Module 11
## LES BASES

*Corrigé page 121*

١٠ ........ المسكين في القفص.
- Ⓐ العصفور
- Ⓑ ألعصفور

> **Astuce** La **hamza** stable initiale se prononce toujours et se note à l'écrit comme une **'alif** accompagnée du signe diacritique ء → أ إ أ. Quant à la **hamza** instable, elle s'écrit comme une **'alif** ا (c'est-à-dire sans le signe ء) et ne se prononce que lorsqu'elle débute la phrase. Dans le cas contraire, elle est élidée à l'oral au profit d'une liaison. On retrouve par exemple la **hamza** instable au début de l'article indéfini الـ.

**Focus** Les participes actif et passif des verbes trilitères réguliers sains

*Quel est le participe actif des verbes suivants ?*

١ طلَبَ
- Ⓐ طالب
- Ⓑ مطلوب
- Ⓒ طلَب

٢ ركِبَ
- Ⓐ مركبة
- Ⓑ رُكوب
- Ⓒ راكِب

٣ كَتَبَ
- Ⓐ كاتِب
- Ⓑ مكتوبة
- Ⓒ مكتوب

٤ زَرَعَ
- Ⓐ مزرعة
- Ⓑ زارِع
- Ⓒ مزروع

٥ حرَسَ
- Ⓐ حارِس
- Ⓑ محروسة
- Ⓒ محروس

*Et maintenant quel est le participe passif des verbes suivants ?*

١ كسَرَ
- Ⓐ كِسر
- Ⓑ مكسور
- Ⓒ كاسِر

٢ شرِبَ
- Ⓐ شُرب
- Ⓑ شارِب
- Ⓒ مشروب

## Module 11
## LES BASES

٣ سمَع
- (A) مسموع
- (B) سامِعة
- (C) سامِع

٤ ربَط
- (A) رابِطة
- (B) رابِط
- (C) مربوط

٥ شكَر
- (A) شُكر
- (B) مشكور
- (C) شاكِر

**Astuce** Le participe actif des verbes de base se construit sur le modèle فاعِل et le participe passif sur le modèle مَفعول.

*Choisissez la bonne réponse.*

Corrigé page 121

1. Quel participe actif est au masculin duel ?
   - (A) جالِستان
   - (B) جالِسان
   - (C) جالِسون

2. Quel est le pluriel du participe actif كاتِب ?
   - (A) كاتِبة
   - (B) كُتُبٌ
   - (C) كُتّاب

3. Quel participe passif est au féminin singulier ?
   - (A) مدفوعان
   - (B) مدفوع
   - (C) مدفوعة

4. Quel participe passif est au masculin pluriel ?
   - (A) مفقودة
   - (B) مفقودون
   - (C) مفقود

5. Quel participe passif est au féminin duel ?
   - (A) مرسومتان
   - (B) مرسومة
   - (C) مرسومان

*Choisissez la bonne traduction pour les participes actifs et passifs proposés.*

١ مكسورة
1.
   - (A) cassé
   - (B) fracture
   - (C) cassure
   - (D) cassée

٢ راكِبان
2.
   - (A) passagère
   - (B) passagères
   - (C) passager
   - (D) deux passagers

**Module 11**
LES BASES

3. ٣ مشروب

   soupe **D**   nourriture **C**   dessert **B**   boisson **A**

4. ٤ طالِبة

   étudiants **D**   étudiantes **C**   étudiant **B**   étudiante **A**

5. ٥ سارقون

   deux voleuses **D**   voleuses **C**   voleurs **B**   voleuse **A**

> **Astuce** Les participes actif et passif peuvent se former aux deux genres, féminin et masculin et avoir un singulier, un duel et un pluriel. Les participes actif et passif peuvent être employés comme noms ou comme adjectifs.

*Corrigé page 121*

*Donnez la traduction exacte de ces phrases qui comprennent des participes actifs et passifs.*

١ التقى بجاره وهو داخل إلى البناية.

**A** Il a croisé son voisin en entrant dans l'immeuble.

**B** Il a croisé son voisin en sortant de l'immeuble.

**C** Il a croisé son voisin en descendant de l'immeuble.

٢ قرأتُ الكلمة المكتوبة في الدّفتر.

**A** J'ai lu les mots écrits dans le cahier.

**B** J'ai lu les phrases écrites dans le cahier.

**C** J'ai lu le mot écrit dans le cahier.

٣ هذه الدّراجة مسروقة.

**A** Ce vélo est acheté.

**B** Ce vélo est volé.

**C** Ce vélo est vendu.

٤ خسرَ اللاعبون المباراة.

**A** Les danseurs ont perdu la compétition.

**B** Les joueuses ont perdu la compétition.

**C** Les joueurs ont perdu la compétition.

# Module 11
## LES BASES

٥ كلامه مفهوم.

**A** Son discours est confus.
**B** Son discours est compréhensible.
**C** Son discours est long.

**Astuce** Le participe actif peut se traduire par un gérondif en français quand il est dérivé par exemple d'un verbe de mouvement.

*Et maintenant, quel est le bon verbe dont est dérivé chacun des participes actifs et passifs suivants ?*

**Corrigé page 121**

١ مقبول
**A** قبَل   **B** قبِلَ   **C** استقبلَ

٢ راقِص
**A** رقّصَ   **B** راقصَ   **C** رقصَ

٣ رابح
**A** أربحَ   **B** ربِحَ   **C** ربّحَ

٤ مصنوع
**A** صنع   **B** صنّعَ   **C** تصنّعَ

٥ معلوم
**A** علّمَ   **B** علمَ   **C** تعلّمَ

### Noms et adjectifs

| | |
|---|---|
| nouvelles | أخبار |
| proposition | اقتراح |
| loyer | إيجار |
| bateau / navire | باخرة / سفينة |
| marchandise | بضاعة |
| médicament | دواء |
| voyage | سفر |
| voiture de rallye | سيارة سباق |

# Module 11
## VOCABULAIRE

| | |
|---|---|
| cher – chère | غالٍ – غالية |
| cage | قفص |
| compétent-e | ماهر -ة |
| compétition | مباراة |
| gare / station | محطّة |
| payé-e | مدفوع-ة |
| pauvre | مسكين-ة |
| aéroport | مطار |
| porté-e disparu-e | مفقود-ة |
| cadeau | هديّة |
| épidémie | وباء |

### Verbes

| | |
|---|---|
| réceptionner / recevoir | استلمَ – يستلمُ |
| rencontrer / croiser le chemin de | التقى بـ – يلتقي بـ |
| commencer | بدأَ – يبدأُ |
| monter la garde | حرسَ – يحرسُ |
| perdre | خسرَ – يخسرُ |
| gagner | ربحَ – يربحُ |
| faire un nœud / attacher | ربطَ – يربطُ |
| refuser | رفضَ – يرفضُ |
| danser | رقصَ – يرقصُ |
| monter (dans un moyen de transport) | ركبَ – يركبُ |
| cultiver | زرعَ – يزرعُ |
| remercier | شكرَ – يشكرُ |
| fabriquer | صنعَ – يصنعُ |
| savoir | علمَ – يعلمُ |
| accepter | قبلَ – يقبلُ |

**Module 11**
CORRIGÉ

## Corrigé

**PAGE 112**
1 **C**  2 **A** et **B**  3 **A** et **C**  4 **B**  5 **C**  6 **A**  7 **B**  8 **C**  9 **A/C**  10 **B**

**VOTRE SCORE :**

**PAGE 113**
1 **D**  2 **B**  3 **B**  4 **A**  5 **B**  6 **C**  7 **B**  8 **D**  9 **A**  10 **D**

**PAGE 114**
1 **B**  2 **B**  3 **A**  4 **A**  5 **A**  6 **C**  7 **C**  8 **A**  9 **B**  10 **C**

**PAGE 115**
1 **B**  2 **A**  3 **B**  4 **B**  5 **A**  6 **B**  7 **B**  8 **B**  9 **A**  10 **A**

**PAGES 116**
1 **A**  2 **C**  3 **A**  4 **B**  5 **A**

**PAGE 116-117**
1 **B**  2 **C**  3 **A**  4 **C**  5 **B**

**PAGE 117**
1 **B**  2 **C**  3 **C**  4 **B**  5 **A**

**PAGES 117-118**
1 **D**  2 **D**  3 **A**  4 **A**  5 **B**

**PAGE 118**
1 **A**  2 **C**  3 **B**  4 **C**  5 **B**

**PAGE 119**
1 **A**  2 **C**  3 **B**  4 **A**  5 **B**

---

**Vous avez obtenu entre 0 et 19 ?** Reprenez chaque question en regardant les endroits où vous avez fait des erreurs.

**Vous avez obtenu entre 20 et 34 ?** C'est très moyen, mais ne vous découragez pas.

**Vous avez obtenu entre 35 et 54 ?** Formidable ! Analysez les erreurs et, si besoin, révisez la ou les notions que vous ne maîtrisez pas complètement.

**Vous avez obtenu 55 et plus ?** Bravo ! Continuez vos efforts !

# Module 12
## LES BASES

**Focus** Vocabulaire : le logement

*Choisissez la bonne traduction.*

Corrigé page 132

1. habiter
   - **A** سافَرَ
   - **B** سكَنَ
   - **C** جلسَ

2. maison
   - **A** بيت
   - **B** شاليه
   - **C** قصر

3. appartement
   - **A** قصر
   - **B** فندق
   - **C** شقّة

4. loyer
   - **A** إيجار
   - **B** ثمن
   - **C** حساب

5. propriétaire
   - **A** مُستأجِر
   - **B** مالِك
   - **C** بائع

6. locataire
   - **A** نزيل
   - **B** مُشترٍ
   - **C** مُستأجِر

7. annonces immobilières
   - **A** إعلانات عقاريّة
   - **B** إعلانات تجاريّة
   - **C** إعلانات مبوّبة

8. préavis
   - **A** استقالة
   - **B** إنذار مُسبق
   - **C** امتحان

9. voisins
   - **A** أصدقاء
   - **B** زملاء
   - **C** جيران

10. résidence secondaire
    - **A** مسكن ثانويّ
    - **B** مسكن رئيسيّ
    - **C** مسكن ريفيّ

# Module 12
## LES BASES

**Focus** Les pronoms relatifs

*Corrigé page 132*

*Choisissez la bonne réponse.*

1. Quel est le pronom relatif au masculin singulier ?
   **A** الّتي    **B** الّذي    **C** الّذين

2. Quel est le pronom relatif au féminin singulier ?
   **A** اللّاتي    **B** اللّتان    **C** الّتي

3. Quel est le pronom relatif au masculin pluriel ?
   **A** الّذين    **B** اللّذان    **C** اللّذَيْن

4. Quel sont les pronoms relatifs au féminin duel ?
   **A** اللّواتي / اللّاتي    **B** اللّتان / اللّتَيْن    **C** اللّذان / اللّذَيْن

5. Quels sont les pronoms relatifs au féminin pluriel ?
   **A** اللّتان / اللّتَيْن    **B** اللّذان / اللّذَيْن    **C** اللّواتي / اللّاتي

**Astuce** Pour le pluriel féminin, nous avons deux variantes du pronom relatif mais اللّواتي reste celle qui est la plus usitée. Pour le duel, nous employons la terminaison ان lorsque le pronom relatif est au cas sujet et يْن lorsqu'il est au cas direct ou indirect.

Quel est le bon pronom relatif qui manque dans la phrase ?

١ الشّقة ...... اشتريتها صغيرة.
   **A** الّذي    **B** الّتي    **C** اللّواتي

٢ دعونا الجيران ...... يسكنون في حيّنا.
   **A** اللّذَيْن    **B** اللّتَيْن    **C** الّذين

٣ زُرتُ القصر ..... كلّمتَني عنه.
   **A** الّذي    **B** الّتي    **C** اللّاتي

٤ اطّلعتِ على الإعلانات العقاريّة ..... تُهمّكِ في الجريدة.
   **A** اللّاتي    **B** اللّواتي    **C** الّتي

# Module 12
## LES BASES

٥ المُستأجران ...... لم يدفعا الإيجار استلما إنذاراً من المالك.
- **A** اللّذان
- **B** الّذين
- **C** اللّتان

> **Astuce** Le pronom relatif ne s'emploie qu'après un nom défini (appelé l'antécédent) et s'accorde en genre et en nombre avec ce dernier. Attention, lorsque l'antécédent est un pluriel non-humain, le pronom relatif employé doit être au féminin singulier, c'est-à-dire الّتي.

*Réécrivez les deux phrases en une seule, en employant un pronom relatif.*

١ تدافعين عن قضيّتيْن. القضيّتان خاسرتان.
- **A** القضيّتان اللّتيْن تدافعين عنهما خاسرتان.
- **B** القضيّتان اللّتان تدافعين عنهما خاسرتان.
- **C** القضيّتان اللّواتي تدافعين عنهما خاسرتان.

٢ دفعتَ الإيجار. الإيجار غالٍ.
- **A** الإيجار الّتي دفعتَه غالٍ.
- **B** الإيجار الّذي دفعتَه غالٍ.
- **C** الإيجار الّذي دفعتَ غالٍ.

*Corrigé page 132*

٣ درستُ للامتحانات. الامتحانات صعبة.
- **A** الامتحانات الّتي درستُ لها صعبة.
- **B** الامتحانات اللّواتي درستُ لها صعبة.
- **C** الامتحانات اللّتان درستُ لها صعبة.

٤ سكنوا في البيت الجديد. البيت الجديد جميل.
- **A** البيت الجديد الّتي سكنوا فيه جميل.
- **B** البيت الجديد الّذي سكنوا فيه جميل.
- **C** البيت الجديد الّذين سكنوا فيه جميل.

٥ اجتمعنا مع المدراء. المدراء وقّعوا العقد مع شركتنا.
- **A** اجتمعنا مع المدراء الّذين وقّعوا العقد مع شركتنا.
- **B** اجتمعنا مع المدراء اللّذَيْن وقّعوا العقد مع شركتنا.
- **C** اجتمعنا مع المدراء الّذي وقّعوا العقد مع شركتنا.

# Module 12
## LES BASES

**Astuce** Si l'antécédent est le COD du verbe qui suit le pronom relatif, nous rajoutons au verbe un pronom affixe, appelé « pronom de rappel », qui se réfère à l'antécédent.

*Corrigé page 132*

*Quel pronom de rappel manque pour compléter chacune de ces phrases ?*

١ الكتب الّتي قرأتـ... أعجبتني.
- **A** ـهم
- **B** ـها
- **C** ـه

٢ المقالان اللذان كتبتـ..... طويلان.
- **A** ـهنّ
- **B** ـها
- **C** ـهما

٣ العصير الّذي تشربينـ..... هو عصير برتقال.
- **A** ـه
- **B** ـها
- **C** ـهم

٤ المضيفات اللّواتي تعرفـ..... يعملنَ في المطار.
- **A** ـها
- **B** ـهم
- **C** ـهنّ

٥ الحقيبة الّتي أحملـ..... خفيفة.
- **A** ـه
- **B** ـها
- **C** ـهما

**Astuce** Le pronom de rappel est le pronom personnel affixe qui renvoie à l'antécédent du pronom relatif. Lorsque l'antécédent est un pluriel non-humain, le pronom de rappel sera ـها.

*Quelle réponse correspond au duel de la phrase proposée ?*

١ النّزيل الّذي وصلَ الآن هو رجل أعمال معروف.
- **A** النّزلاء الّذين وصلوا الآن هم رجال أعمال معروفون.
- **B** النّزيلان اللّذان وصلا الآن هما رجلا أعمال معروفان.
- **C** النّزيلتان اللّتان وصلتا الآن هما سيّدتا أعمال معروفتان.

٢ التّفاحة الّتي أكلتها لذيذة.
- **A** التّفاحتان اللّتان أكلتهما لذيذتان.
- **B** التّفاحتان اللّتَين أكلتهما لذيذتان.
- **C** التّفاحات الّتي أكلتها لذيذة.

125

# Module 12
## LES BASES

٣ الهديّة الّتي قدّمها لأمّه جميلة.
- A الهديّتان اللّتان قدّمهما لأمّه جميلتان.
- B الهدايا الّتي قدّمها لأمّه جميلة.
- C الهديّتان اللّتَيْن قدّمهما لأمّه جميلتان.

٤ الشّاب الّذي سرقَ المال سلّمَ نفسه للشّرطة.
- A الشّباب الّذين سرقوا المال سلّموا نفسهم للشّرطة.
- B الشّابتان اللّتان سرقتا المال سلّمتا نفسهما للشّرطة.
- C الشّابان اللّذان سرقا المال سلّما نفسهما للشّرطة.

٥ البلد الّذي زاره رائع.
- A البُلدان الّتي زارها رائعة.
- B البَلدان اللّذان زارهما رائعان.
- C البَلدان اللّتان زارهما رائعان.

Corrigé page 132

*Quelle réponse correspond au pluriel de la phrase proposée ?*

١ الطّالبة الّتي درستْ نجحتْ.
- A الطّالبات اللّواتي درسنَ نجحنَ.
- B الطّالبتان اللّتان درستا نجحتا.
- C الطّلاب الّذين درسوا نجحوا.

٢ الكرسي الّذي كسرته لونه أبيض.
- A الكراسي الّتي كسرتها لونها أبيض.
- B الكراسي اللّواتي كسرتهنّ لونهنّ أبيض.
- C الكراسي الّذين كسرتهم لونهم أبيض.

٣ المستأجر الّذي سكنَ في شقّتي القديمة هو من بيروت.
- A المستأجران اللّذان سكنا في شقّتي القديمة هما من بيروت.
- B المستأجرات اللّواتي سكنّ في شقّتي القديمة هنّ من بيروت.
- C المستأجرون الّذين سكنوا في شقّتي القديمة هم من بيروت.

# Module 12
## LES BASES

٤ البيت الّذي اشتريناه كبير.

**A** البيوت الّتي اشتريناها كبيرة.

**B** البيتان اللّذان اشتريناهما كبيران.

**C** البيوت الّذين اشتريناهم كبار.

٥ المحامية الّتي دافعت عن المتّهم هي صديقتي.

**A** المحاميتان اللّتان دافعتا عن المتّهم هما صديقتاي.

**B** المحاميات اللّواتي دافعنَ عن المتّهم هنّ صديقاتي.

**C** المحامي الّذي دافع عن المتّهم هو صديقي.

---

*Pour la phrase au masculin, quelle est la bonne réponse au féminin ?*

١ البائع الّذي اشتريتُ الفستان منه لطيف.

**A** البائعون الّذين اشتريتُ الفستان منهم لطفاء.

**B** البائعتان اللّتان اشتريتُ الفستان منهما لطيفتان.

**C** البائعة الّتي اشتريتُ الفستان منها لطيفة.

٢ الرّجال الّذين عرّفتكَ عليهم هم زملائي في المكتب.

**A** النّساء اللّواتي عرّفتكَ عليهنّ هنّ زميلاتي في المكتب.

**B** المرأة الّتي عرّفتكَ عليها هي زميلتي في المكتب.

**C** المرأتان اللّتان عرّفتكَ عليهما هما زميلتاي في المكتب.

٣ المديران اللّذان وقّعا العقد استقالا.

**A** المديرة الّتي وقّعت العقد استقالت.

**B** المديرات اللّواتي وقّعنَ العقد استقلنَ.

**C** المديرتان اللّتان وقّعتا العقد استقالتا.

٤ الفنّانون الّذين رقصوا في الحفلة ماهرون.

**A** الفنّانات اللّواتي رقصنَ في الحفلة ماهرات.

**B** الفنّانة الّتي رقصت في الحفلة ماهرة.

**C** الفنّانتان اللّتان رقصتا في الحفلة ماهرتان.

Corrigé page 132

# Module 12
## LES BASES

٥ الصّديق الّذي رسمَ هذه اللّوحة سافرَ إلى بلجيكا.
- Ⓐ الصّديقتان اللّتان رسمتا هذه اللّوحة سافرتا إلى بلجيكا.
- Ⓑ الصّديقة الّتي رسمت هذه اللّوحة سافرت إلى بلجيكا.
- Ⓒ الأصدقاء الّذين رسموا هذه اللّوحة سافروا إلى بلجيكا.

Corrigé page 132

*Choisissez la phrase correcte réécrite lorsque le mot souligné est remplacé par celui proposé entre parenthèses.*

١ القلم (المسطرة) الّذي أستعمله أزرق.
- Ⓐ المسطرة الّذي أستعمله أزرق.
- Ⓑ المسطرة الّتي أستعمله أزرق.
- Ⓒ المسطرة الّتي أستعملها زرقاء.

٢ الحديقة (الشّارع) الّتي أمشي فيها صغيرة.
- Ⓐ الشّارع الّتي أمشي فيها صغيرة.
- Ⓑ الشّارع الّذي أمشي فيه صغير.
- Ⓒ الشّارع الّذي فيها صغير.

٣ القصيدة (القصائد) الّتي كتبتها لك أعجبتك.
- Ⓐ القصائد الّذين كتبتهم لك أعجبوك.
- Ⓑ القصائد اللّواتي كتبتهنّ لك أعجبنك.
- Ⓒ القصائد الّتي كتبتها لك أعجبتك.

٤ المرأتان (الرّجلان) اللّتان تتكلّمان مع مدير المدرسة هما معلّمتاي.
- Ⓐ الرّجلان اللّذان يتكلّمان مع مدير المدرسة هما معلّماي.
- Ⓑ الرّجلان الّذين يتكلّمان مع مدير المدرسة هما معلّماي.
- Ⓒ الرّجلان اللّذَيْن يتكلّمان مع مدير المدرسة هما معلّماي.

٥ المهندسون (المهندسات) الّذين نفّذوا المشروع نجحوا في عملهم.
- Ⓐ المهندسات اللّتان نفّذنَ المشروع نجحنَ في عملهنّ.
- Ⓑ المهندسات اللّواتي نفّذنَ المشروع نجحنَ في عملهنّ.
- Ⓒ المهندسات الّتي نفّذنَ المشروع نجحنَ في عملهنّ.

# Module 12
## LES BASES

*Et maintenant, choisissez la bonne traduction !*

١  الفندق الّذي حجزنا فيه غرفة فاخر.

- **A** L'hôtel que nous avons réservé est luxueux.
- **B** L'hôtel qui nous a réservé une chambre est luxueux.
- **C** L'hôtel où nous avons réservé une chambre est luxueux.

٢  الموسيقى الّتي أحبُّ الاستماع إليها هي الموسيقى الكلاسيكيّة.

- **A** La musique qui me rend heureux c'est la musique classique.
- **B** La musique que j'aime écouter c'est la musique classique.
- **C** La musique dont je t'ai parlé c'est la musique classique.

٣  الزّميلان اللّذان استقالا سافرا إلى إسبانيا.

- **A** Les deux collègues qui ont démissionné ont voyagé en Espagne.
- **B** Les deux collègues que j'appréciais ont voyagé en Espagne.
- **C** Les deux collègues qui ont été licenciés ont voyagé en Espagne.

٤  المقال الّذي كلّمتك عنه من كتابة أخي.

- **A** L'article que tu lis a été écrit par mon frère.
- **B** L'article qui a été publié est celui de mon frère.
- **C** L'article dont je t'ai parlé a été écrit par mon frère.

٥  صديقاتها اللّواتي حضّرنَ لها المفاجأة لطيفات.

- **A** Ses amies que tu as vues à la soirée sont sympathiques.
- **B** Ses amies dont j'ai oublié le nom, sont invitées à la soirée.
- **C** Ses amies qui lui ont préparé la surprise sont gentilles.

**Astuce** Les pronoms relatifs arabes se traduisent par « *qui, que, dont* ou *où* » selon le contexte.

**Corrigé page 132**

# Module 12
## VOCABULAIRE

**Noms et adjectifs**

| | |
|---|---|
| démission | استقالة |
| annonces commerciales | إعلانات تجاريّة |
| petites annonces | إعلانات مبوّبة |
| avertissement | إنذار |
| pays | بلد |
| prix | ثمن |
| quartier | حيّ |
| perdant-e | خاسر –ة |
| homme d'affaires | رجل أعمال |
| jeune homme - jeune fille | شابّ –ـة |
| chalet | شاليه |
| police | شرطة |
| contrat | عَقد |
| chambre | غرفة |
| luxueux - luxueuse | فاخر –ة |
| hôtel | فندق |
| château | قصر |
| procès / cause | قضيّة |
| accusé-e | متّهم –ـة |
| règle | مسطرة |
| résidence principale | مسكن رئيسيّ |
| acheteur - acheteuse | مُشترٍ – مُشترية |

## Module 12
## VOCABULAIRE

| | |
|---|---|
| projet | مشروع |
| hôtesses | مضيفات |
| connu-e | معروف –ة |
| client-e (d'un hôtel) | نزيل –ة |

**Verbes**

| | |
|---|---|
| utiliser | استعملَ – يستعملُ |
| plaire | أعجبَ – يُعجبُ |
| réserver | حجزَ – يحجزُ |
| visiter | زارَ – يزورُ |
| se rendre | سلَّمَ نفسه – يُسلِّمُ نفسه |
| présenter / faire connaître | عرَّفَ – يُعرِّفُ |
| offrir / présenter | قدَّمَ – يُقدِّمُ |
| parler (avec quelqu'un) | كلَّمَ – يُكلِّمُ |
| exécuter | نفَّذَ – يُنفِّذُ |
| intéresser | همَّه (الأمر) – يُهمُّهُ (الأمر) |
| signer | وقَّعَ – يُوَقِّعُ |

131

# Module 12
## CORRIGÉ

### Corrigé

**PAGE 122**
1 B  2 A  3 C  4 A  5 B  6 C  7 A  8 B  9 C  10 A

**VOTRE SCORE :**

**PAGE 123**
1 B  2 C  3 A  4 B  5 C
1 B  2 C  3 A  4 C  5 A

**PAGE 124**
1 B  2 B  3 A  4 B  5 A

**PAGE 125**
1 B  2 C  3 A  4 C  5 B

**PAGES 125-126**
1 B  2 A  3 A  4 C  5 B

**PAGES 126-127**
1 A  2 A  3 C  4 A  5 B

**PAGE 127**
1 C  2 A  3 C  4 A  5 B

**PAGE 128**
1 C  2 B  3 C  4 A  5 B

**PAGE 129**
1 C  2 B  3 A  4 C  5 C

---

**Vous avez obtenu entre 0 et 15 ?** Reprenez chaque question en regardant les endroits où vous avez fait des erreurs.

**Vous avez obtenu entre 16 et 30 ?** C'est très moyen, mais ne vous découragez pas.

**Vous avez obtenu entre 31 et 44 ?** Formidable ! Analysez les erreurs et, si besoin, révisez la ou les notions que vous ne maîtrisez pas complètement.

**Vous avez obtenu 45 et plus ?** Excellent ! Continuez ainsi !

# Module 13
## LES BASES

**Focus** Vocabulaire : le shopping

*Choisissez la bonne traduction. Attention, dans certains cas, deux réponses sont possibles.*

Corrigé page 143

1. centre commercial
   - Ⓐ بيت
   - Ⓑ مركز تجاريّ
   - Ⓒ صيدليّة

2. boutique de vêtements
   - Ⓐ محلّ أحذية
   - Ⓑ محلّ ملابس
   - Ⓒ محلّ نظّارات

3. jupe
   - Ⓐ تنّورة
   - Ⓑ فستان
   - Ⓒ معطف

4. chemise
   - Ⓐ سوار
   - Ⓑ قميص
   - Ⓒ بذلة

5. sac à main
   - Ⓐ حقيبة يد
   - Ⓑ محفظة
   - Ⓒ كيس

6. prix
   - Ⓐ ثمن
   - Ⓑ سعر
   - Ⓒ متجر

7. client
   - Ⓐ زبون
   - Ⓑ بائع
   - Ⓒ موظّف

8. chaussures
   - Ⓐ مجوهرات
   - Ⓑ أحذية
   - Ⓒ نظّارات

9. pantalon
   - Ⓐ سروال
   - Ⓑ سوار
   - Ⓒ بنطال

10. soldes
    - Ⓐ تخفيضات
    - Ⓑ أسعار
    - Ⓒ تنزيلات

## Module 13
## LES BASES

**Focus** L'élatif

*Corrigé page 143*

*Quel est l'élatif des adjectifs suivants ?*

١ كبير
**A** كبيرة   **B** كبار   **C** أكبَر

٢ رخيص
**A** أرخَص   **B** رخيصة   **C** رخائص

٣ صعب
**A** أصعَب   **B** صعبة   **C** صعاب

٤ جميل
**A** جميلة   **B** جميلات   **C** أجمَل

٥ قبيح
**A** قبيحات   **B** أقبَح   **C** قباح

**Astuce** L'élatif est la forme donnée à un adjectif, sur le modèle أفعَل pour construire le comparatif ou le superlatif.

**Focus** L'élatif employé comme comparatif.

*Choisissez, à chaque fois, la phrase comparative qui correspond le mieux aux données mentionnées dans les phrases proposées.*

١ أنا عمري أربعة وثلاثون عاماً وأختي عمرها أربعون عاماً.
**A** أنا أكبَرِ مِن أختي.
**B** أنا أطوَل مِن أختي.
**C** أنا أصغَر مِن أختي.

٢ مساحة شقّته خمسون متراً مربّعاً ومساحة بيتنا مئة متر.
**A** بيتنا أكبَر مِن شقّته.
**B** شقّته أكبَر مِن بيتنا.
**C** بيتنا أجمَل مِن شقّته.

# Module 13
## LES BASES

٣ شعر سارة طويل جدّاً. شعر حنان متوسّط الطّول.
- (A) شعر حنان أطوَل مِن شعر سارة.
- (B) شعر حنان أقصَر مِن شعر سارة.
- (C) شعر سارة أقصَر مِن شعر حنان.

٤ سعر السّوار ألف جنيه وسعر العقد ألفان جنيه.
- (A) العقد أرخَص مَن السِّوار.
- (B) السّوار أرخَص مِن العقد.
- (C) السّوار أغلى مِن العقد.

٥ المسافة قريبة مِن المدينة إلى المطار وبعيدة مِن الرّيف إلى المطار.
- (A) المدينة أقرَب إلى المطار مِن الرّيف.
- (B) المدينة أبعَد إلى المطار مِن الرّيف.
- (C) الرّيف أقرَب إلى المطار مِن المدينة.

*Corrigé page 143*

*Et maintenant, choisissez la bonne traduction !*

1. Ce vendeur est plus gentil que l'autre.
   - (A) هذا البائع ألطَف مِن الآخر.
   - (B) هذا البائع أفضَل مِن الآخر.
   - (C) هذا البائع أسوأ مِن الآخر.

2. La voiture bleue est plus chère que la voiture blanche.
   - (A) السّيّارة البيضاء أكبَر مِن السّيّارة الزّرقاء.
   - (B) السّيّارة الزّرقاء أغلى مِن السّيّارة البيضاء.
   - (C) السّيّارة الزّرقاء أكبَر مِن السّيّارة البيضاء.

3. Cette jupe est plus courte que l'autre.
   - (A) هذه التّنّورة أطوَل مِن الأخرى.
   - (B) هذه التّنّورة أضيَق مِن الأخرى.
   - (C) هذه التّنّورة أقصَر مِن الأخرى.

**Module 13**
LES BASES

4. La chemise est moins chère que la robe.

A القميص أرخَص مِن الفستان.
B القميص أغلى مِن الفستان.
C الفستان أرخَص مِن القميص.

5. Leïla est plus intelligente que sa sœur.

A ليلى أجمَل مِن أختها.
B أخت ليلى أذكى منها.
C ليلى أذكى مِن أختها.

**Astuce** L'élatif, utilisé comme comparatif, ne varie ni en genre ni en nombre et nous utilisons la préposition مِن pour coordonner les deux éléments comparés.

**Focus** L'élatif employé comme superlatif

*Corrigé page 143*

*Quel est l'équivalent arabe des superlatifs suivants ?*

1. le meilleur

C الأغنى   B الأقدَم   A الأفضَل

2. le plus beau

C الأضيَق   B الأجمَل   A الأقبَح

3. le plus gentil

C الألطَف   B الأجوَد   A الأحسَن

4. le pire

C الأسوَأ   B الأحسَن   A الأفضَل

5. le plus cher

C الأغلى   B الأجوَد   A الأرخَص

# Module 13
## LES BASES

*Et maintenant, choisissez la bonne traduction !*

١ ‎ هذا الدّرس هو الأسهَل !

**A** Cette leçon est très difficile.

**B** Cette leçon est la plus facile.

**C** Cette leçon est la plus difficile.

٢ ‎ تعرّفتُ على أختها الكُبرى.

**A** J'ai fait la connaissance de sa plus petite sœur.

**B** J'ai fait la connaissance de sa sœur cadette.

**C** J'ai fait la connaissance de sa plus grande sœur.

٣ ‎ أسعار هذا المحلّ هي الأرخَص في السّوق.

**A** Les prix de cette boutique sont les moins chers du marché.

**B** Les prix de cette boutique sont les plus chers du marché.

**C** Les prix de cette boutique sont les moins attractifs du marché.

٤ ‎ القميص الّذي اخترته هو الأجمل !

**A** La chemise que tu as choisie est la plus chère.

**B** La chemise que tu as choisie est la moins chère.

**C** La chemise que tu as choisie est la plus jolie.

٥ ‎ البائع الّذي نصحكِ هو الألطَف !

**A** Le vendeur qui t'a conseillée est le plus agréable !

**B** Le vendeur qui t'a conseillée est le plus antipathique !

**C** Le vendeur qui t'a conseillée est le plus incompétent !

**Astuce** Pour former le superlatif, nous pouvons rajouter au comparatif l'article défini. Le superlatif peut avoir une forme féminine qui se construit sur le modèle فُعلى.

*Corrigé page 143*

**Module 13**
LES BASES

*Quelle est la bonne réponse à chacune de ces devinettes ?*

١ ما هو أطوَل نهر في إفريقيا؟
**A** نهر النّيجر   **B** نهر السّنغال   **C** نهر النّيل

٢ ما هي أكبَر القارّات؟
**A** آسيا   **B** أوروبا   **C** إفريقيا

٣ ما هي أعلى قمّة في العالم؟
**A** كليمنجارو   **B** الألب   **C** إيفرست

٤ ما هو أكبَر الحيوانات في العالم؟
**A** الأسد   **B** الحوت الأزرق   **C** الفيل

٥ ما هو أصغر البلدان الأوروبيّة؟
**A** الفاتيكان   **B** إسبانيا   **C** بلجيكا

*Et maintenant, choisissez la bonne traduction !*

1. Elle est la plus belle fille de la famille.

**A** هي أقبَح بنت في العائلة.
**B** هي أجمَل بنت في العائلة.
**C** هي أكبَر بنت في العائلة.

2. C'est le plus long pont du pays.

**A** هذا أقصَر جسر في البلد.
**B** هذا أضيَق جسر في البلد.
**C** هذا أطوَل جسر في البلد.

3. Fumer fait partie de ses pires habitudes.

**A** التّدخين مِن أسوَأ عاداته.
**B** التّدخين مِن أفضَل عاداته.
**C** التّدخين مِن أقدَم عاداته.

**Module 13**
**LES BASES**

4. C'est la meilleure professeure de l'université.

   **A** هي أجمَل أستاذة في الجامعة.

   **B** هي أجدَد أستاذة في الجامعة.

   **C** هي أفضَل أستاذة في الجامعة.

5. C'est le médecin le plus réputé dans sa spécialisation.

   **A** هو أشهَر الأطبّاء في اختصاصه.

   **B** هو أذكى الأطبّاء في اختصاصه.

   **C** هو أمهَر الأطبّاء في اختصاصه.

---

**Astuce** Pour former le superlatif, nous pouvons également annexer à l'élatif un complément de nom.

*Corrigé page 143*

*Quelle est la bonne traduction en français ?*

١. نبيع في متجرنا أجوَد أنواع القماش.

   **A** Nous vendons dans notre magasin les tissus les plus chers.

   **B** Nous vendons dans notre magasin la meilleure qualité de tissu.

   **C** Nous vendons dans notre magasin les tissus les plus rares.

٢. إيجار الشّقق في المدينة أغلى من إيجار الشّقق في الرّيف.

   **A** Le loyer des appartements en ville est plus cher que celui des appartements à la campagne.

   **B** Le loyer des appartements en ville est moins cher que celui des appartements à la campagne.

   **C** Le loyer des appartements à la campagne est plus cher que celui des appartements en ville.

٣. التّنورة الصّفراء أقصَر من التّنورة السّوداء.

   **A** La jupe jaune est plus longue que la jupe noire.

   **B** La jupe jaune est plus évasée que la jupe noire.

   **C** La jupe jaune est plus courte que la jupe noire.

## Module 13
## LES BASES

٤ ‏هذا أجمَل بلد زرتُه!

- A ‏C'est le plus beau pays que j'aie visité !
- B ‏C'est le plus grand pays que j'aie visité !
- C ‏C'est le pays le plus exotique que j'aie visité !

٥ ‏السّروال المخمليّ أضيَق من السّروال الحريريّ.

- A ‏Le pantalon en velours est plus large que le pantalon en soie.
- B ‏Le pantalon en velours est plus long que le pantalon en soie.
- C ‏Le pantalon en velours est plus étroit que le pantalon en soie.

*Et maintenant, quelle est la bonne traduction en arabe ?*

**Corrigé page 143**

1. Cet élève est le plus intelligent de la classe !
   - A ‏هذا التّلميذ هو الأفضل في الصّفّ!
   - B ‏هذا التّلميذ هو الأسوَأ في الصّفّ!
   - C ‏هذا التّلميذ هو الأذكى في الصّفّ!

2. C'est le plat le plus savoureux que j'aie mangé de ma vie.
   - A ‏هذا ألذّ طبق أكلته في حياتي.
   - B ‏هذا أفضَل طبق أكلته في حياتي.
   - C ‏هذا أسْوَأ طبق أكلته في حياتي.

3. La fête des mères est l'une des plus belles fêtes.
   - A ‏عيد الأمّهات مِن أقدَم الأعياد.
   - B ‏عيد الأمّهات مِن أجمَل الأعياد.
   - C ‏عيد الأمّهات مِن أغلى الأعياد.

4. Son explication est plus claire que la mienne.
   - A ‏شرحه أفضَل مِن شرحي.
   - B ‏شرحه أطوَل مِن شرحي.
   - C ‏شرحه أوضَح مِن شرحي.

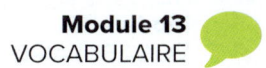

**Module 13**
VOCABULAIRE

5. Elle est plus gentille que sa sœur.

А هي أجمَل مِن أختها.
B هي ألطَف مِن أختها.
C هي أكبَر مِن أختها.

### Noms et adjectifs

| | |
|---|---|
| spécialisation | اختصاص |
| lion | أسد |
| l'Asie | آسيا |
| plus riche(s) | أغنى |
| Everest | إفرست |
| l'Afrique | إفريقيا |
| les Alpes | الألب |
| l'Europe | أوروبا |
| plus clair-e(s) | أوضَح |
| costume | بذلة |
| loin | بعيد-ة |
| (action de) fumer | تدخين |
| shopping | تسوّق |
| livre égyptienne | جنيه |
| en soie | حريريّ-ــة |
| baleine bleue | حوت أزرق |
| animaux | حيوانات |
| intelligent-e | ذكيّ-ــة |
| bracelet | سوار |

## Module 13
### VOCABULAIRE

| | |
|---|---|
| explication | شرح |
| pharmacie | صيدليّة |
| habitudes | عادات |
| le monde | العالم |
| le Vatican | الفاتيكان |
| éléphant | فيل |
| continents | قارات |
| proche | قريب – ة |
| sommet | قمّة |
| Kilimandjaro | كليمنجارو |
| sac | كيس |
| magasin | متجر |
| mètre carré | متر مربّع |
| mi-long - mi-longue | متوسّط – ة الطّول |
| portefeuille | محفظة |
| en velours | مخمليّ – ة |
| superficie | مساحة |
| distance | مسافة |
| le fleuve du Sénégal | نهر السّنغال |
| le fleuve du Niger | نهر النّيجر |
| le Nil | النّيل |
| hobbies | هوايات |

**Verbes**

| | |
|---|---|
| choisir | اختارَ – يختارُ |
| conseiller | نصَحَ – ينصحُ |

**Module 13**
CORRIGÉ

## Corrigé

**PAGE 133**
1 **B**  2 **B**  3 **A**  4 **B**  5 **A**  6 **A** et **B**  7 **A**  8 **B**  9 **A** et **C**  10 **A** et **C**

**PAGE 134**
1 **C**  2 **A**  3 **A**  4 **C**  5 **B**

**PAGES 134-135**
1 **C**  2 **A**  3 **B**  4 **B**  5 **A**

**PAGES 135-136**
1 **A**  2 **B**  3 **C**  4 **A**  5 **C**

**PAGE 136**
1 **A**  2 **B**  3 **C**  4 **C**  5 **C**

**PAGE 137**
1 **B**  2 **C**  3 **A**  4 **C**  5 **A**

**PAGE 138**
1 **C**  2 **A**  3 **C**  4 **B**  5 **A**

**PAGES 138-139**
1 **B**  2 **C**  3 **A**  4 **C**  5 **A**

**PAGES 139-140**
1 **B**  2 **A**  3 **C**  4 **A**  5 **C**

VOTRE SCORE :

**PAGE 140**
1 **C**  2 **A**  3 **B**  4 **C**  5 **B**

---

**Vous avez obtenu entre 0 et 15 ?** Reprenez chaque question en regardant les endroits où vous avez fait des erreurs.

**Vous avez obtenu entre 16 et 29 ?** C'est très moyen, mais ne vous découragez pas.

**Vous avez obtenu entre 30 et 44 ?** Formidable ! Analysez les erreurs et, si besoin, révisez la ou les notions que vous ne maîtrisez pas complètement.

**Vous avez obtenu 45 et plus ?** Excellent ! Poursuivez vos efforts !

# Module 14
## LES BASES

### Focus — Vocabulaire : la vaisselle et les couverts

*Choisissez la bonne traduction.*

**Corrigé page 151**

1. assiette
   - A سكّين
   - B صحن
   - C شوكة

2. cuillère
   - A مغرفة
   - B شوكة
   - C ملعقة

3. fourchette
   - A شوكة
   - B مبرشة الجبن
   - C سكّين

4. couteau
   - A إبريق
   - B سكّين
   - C مقلاة

5. poêle
   - A مقلاة
   - B طنجرة
   - C وعاء

6. cocotte-minute
   - A طبق
   - B إبريق
   - C طنجرة الضّغط

7. théière
   - A إبريق الشّاي
   - B إبريق العصير
   - C إبريق الماء

8. louche
   - A مغرفة
   - B مبرشة الجبن
   - C ملعقة خشب

9. cafetière
   - A ركوة القهوة
   - B إبريق الماء
   - C إبريق العصير

10. saladier
    - A الصّحن الرّئيسي
    - B صحن السّلطة
    - C وعاء الحساء

### Focus — L'impératif

*Quelle est la personne à laquelle est conjugué chacun des verbes à l'impératif suivants ?*

١ اِشرَبْ !
- A أنتَ
- B أنتِ
- C أنتما

# Module 14
## LES BASES

٢ اُكتُبي!

Ⓐ هي     Ⓑ أنتنّ     Ⓒ أنتِ

٣ اِلعبوا!

Ⓐ أنتما     Ⓑ أنتم     Ⓒ هم

٤ اِجلسنَ!

Ⓐ هنّ     Ⓑ أنتنّ     Ⓒ أنتما

٥ اُسكتا!

Ⓐ أنتما     Ⓑ نحن     Ⓒ هنّ

> **Astuce** L'impératif en arabe ne se conjugue qu'à la 2ᵉ personne du singulier, du duel et du pluriel.

### Focus — L'impératif des verbes réguliers, sains

*Corrigé page 151*

*Quelle est la bonne forme de l'impératif à la deuxième personne du masculin singulier pour chacun de ces verbes ?*

١ طبَخَ – يطبُخُ

Ⓐ اُطبُخْ!     Ⓑ اَطبُخْ!     Ⓒ اِطبُخْ!

٢ فعَلَ – يفعَلُ

Ⓐ اُفعَلْ!     Ⓑ اَفعَلْ!     Ⓒ اِفعَلْ!

٣ حمَلَ – يحمِلُ

Ⓐ اُحمِلْ!     Ⓑ اَحمِلْ!     Ⓒ اِحمِلْ!

٤ طلَبَ – يطلُبُ

Ⓐ اُطلُبْ!     Ⓑ اَطلُبْ!     Ⓒ اِطلُبْ!

٥ ذهَبَ – يذهَبُ

Ⓐ اُذهَبْ!     Ⓑ اَذهَبْ!     Ⓒ اِذهَبْ!

> **Astuce** Pour conjuguer un verbe régulier et sain à l'impératif, nous prenons comme base sa conjugaison à l'inaccompli et nous remplaçons le préfixe de ce dernier par une **hamza** instable qui sera vocalisée par une **ḍamma** lorsque la deuxième lettre de la racine porte aussi une **ḍamma** et par une **kasra** dans les autres cas.

## Module 14
### LES BASES

*Choisissez la bonne phrase avec le verbe réécrit à l'impératif.*

١ أنتم تغسِلون الصّحون.
Ⓐ اِغسِلوا الصّحون! Ⓑ اِغسِلا الصّحون! Ⓒ اِغسِلنَ الصّحون!

٢ أنتِ تركُضين بسرعة.
Ⓐ اُركُضا بسرعة! Ⓑ اُركُضْ بسرعة! Ⓒ اُركُضي بسرعة!

٣ أنتَ تعمَلُ بنشاط.
Ⓐ اِعمَلْ بنشاط! Ⓑ اِعمَلي بنشاط! Ⓒ اِعمَلوا بنشاط!

٤ أنتما تدرُسان بانتظام.
Ⓐ اُدرُسنَ بانتظام! Ⓑ اُدرُسا بانتظام! Ⓒ اُدرُسوا بانتظام!

٥ أنتنّ تذهَبْنَ معه إلى السّينما.
Ⓐ اِذهَبوا معه إلى السّينما! Ⓑ اِذهَبا معه إلى السّينما! Ⓒ اِذهَبنَ معه إلى السّينما!

> **Astuce** La marque de l'impératif est la **sukûn** à la deuxième personne du masculin singulier. Pour les autres personne, le **nûn** final de l'inaccompli disparaît sauf pour le pluriel féminin. Pour le pluriel masculin, nous remplaçons le **nûn** supprimé par un **'alif** muet.

### Focus  L'impératif des verbes hamzés

*Corrigé page 151*

*Quelle est la bonne traduction des impératifs suivants ?*

1. Prenez (duel) !
Ⓐ خُذْ! Ⓑ خُذا! Ⓒ خذنَ!

2. Mange (féminin) !
Ⓐ كُلْ! Ⓑ كُلي! Ⓒ كُلنَ!

3. Demandez (féminin)
Ⓐ اِسأَلْ! Ⓑ اِسأَلوا! Ⓒ اِسأَلنَ!

4. Lisez (masculin)
Ⓐ اِقرؤوا! Ⓑ اِقرئي! Ⓒ اِقرأَنَ!

# Module 14
## LES BASES

5. Remplis (masculin) !

   **A** اِملأْ!   **B** اِملآ!   **C** اِملأْنَ!

> **Astuce** Certains verbes commençant par une **hamza** voient cette dernière disparaître à l'impératif.

### Focus — L'impératif des verbes sourds

*Corrigé page 151*

*Quelle est la bonne traduction des impératifs suivants ?*

1. Réponds (masculin) !

   **A** رُدَّ! / اُرْدُدْ!   **B** اُرْدُدْنَ!   **C** رُدًّا!

2. Doutez (masculin) !

   **A** شُكّوا!   **B** شُكِّي!   **C** اُشْكُكْنَ!

3. Passe (féminin) !

   **A** مُرِّي!   **B** مُرَّ! / اُمْرُرْ!   **C** اُمْرُرْنَ!

4. Travaillez dur (duel) !

   **A** كُدِّي!   **B** كُدّوا!   **C** كُدَّا!

5. Appuyez (féminin) !

   **A** شُدِّي!   **B** اُشْدُدْنَ!   **C** شُدّوا!

> **Astuce** Pour conjuguer l'impératif d'un verbe sourd, comme nous ne pouvons pas placer une **sukûn** sur une **šadda**, soit nous supprimons cette dernière et séparons les deux consonnes identiques, soit nous la gardons en mettant une **fatḥa** à la place de la **sukûn**. C'est cette deuxième solution qui est la plus usitée en général.

### Focus — L'impératif des verbes assimilés

*Quelle est la bonne traduction des impératifs suivants ?*

1. Trouve (féminin) !

   **A** جِدْ!   **B** جِدي!   **C** جِدْنَ!

147

## Module 14
### LES BASES

2. Arrêtez-vous (duel) !

   **A** قِفوا!     **B** قِفا!     **C** قِفنَ!

3. Promets (masculin) !

   **A** عِدي!     **B** عِدوا!     **C** عِدْ!

4. Pesez (féminin) !

   **A** زِنْ!     **B** زِنَّ!     **C** زِنوا!

5. Arrivez (masculin) !

   **A** صِلنَ!     **B** صِلي!     **C** صِلوا!

> **Astuce** Pour les verbes assimilés, la première radicale tombe à l'impératif.

### Focus  L'impératif des verbes concaves

*Corrigé page 151*

*Quelle est la bonne traduction des impératifs suivants ?*

1. Dormez (duel) !

   **A** ناما!     **B** ناموا!     **C** نامي!

2. Dis (masculin) !

   **A** قُلْ!     **B** قولي!     **C** قولا!

3. Tournez (masculin) !

   **A** دوري!     **B** دوروا!     **C** دُرنَ!

4. Vends (féminin) !

   **A** بِعْ!     **B** بيعا!     **C** بيعي!

5. Ayez peur (féminin) !

   **A** خَفنَ!     **B** خافوا!     **C** خَفْ!

> **Astuce** Pour les verbes concaves, la voyelle longue médiane tombe à l'impératif à la deuxième personne du masculin singulier et du féminin pluriel.

# Module 14
## LES BASES

**Focus** — L'impératif des verbes défectueux

*Quelle est la bonne forme de l'impératif à la deuxième personne du masculin singulier pour chacun de ces verbes ?*

**Corrigé page 151**

١ ‏بقِيَ – يبقى

A ‏اِبقَ!    B ‏اِبقَيْ!    C ‏اِبقَيا!

٢ ‏دعا – يدعو

A ‏اُدعي!    B ‏اُدعونَ!    C ‏اُدعُ!

٣ ‏شكا – يشكو

A ‏اُشكوا!    B ‏اُشكونَ!    C ‏اُشكُ!

٤ ‏مشى – يمشي

A ‏اِمشِ!    B ‏اِمشي!    C ‏اِمشِيا!

٥ ‏رمى – يرمي

A ‏اِرمي!    B ‏اِرمِ!    C ‏اِرمينَ!

**Astuce** — Pour les verbes défectueux, la dernière radicale tombe à l'impératif.

*Et maintenant, quelle est la bonne traduction en arabe de ces phrases ?*

1. Fais (masculin) ce que tu veux !

   A ‏اِفعلي ما تشائين!    B ‏اِفعَلْ ما تشاءُ!    C ‏اِفعلنَ ما تشأنَ!

2. Restez (duel) à la maison !

   A ‏اِبقَيا في البيت!    B ‏اِبقَيْ في البيت!    C ‏اِبقَوا في البيت!

3. Mange (féminin) avec la fourchette et le couteau !

   A ‏كُلنَ بالشّوكة والسّكّين!    B ‏كُلْ بالشّوكة والسّكّين!    C ‏كُلي بالشّوكة والسّكّين!

4. Répondez (féminin) à ma question !

   A ‏اُردُدْنَ على سؤالي!    B ‏رُدّوا على سؤالي!    C ‏اُردُدْ على سؤالي!

5. Essuyez (masculin) la poêle lavée !

   A ‏اِمسحنَ المقلاة المغسولة!    B ‏اِمسحوا المقلاة المغسولة!    C ‏اِمسحي المقلاة المغسولة!

## Module 14
### VOCABULAIRE

**Noms et adjectifs**

| | |
|---|---|
| régularité | انتظام |
| sérieux | جِدّ |
| couteau économe | سكِّين مُقشَّر |
| cinéma | سينما |
| râpe à fromage | مبرشة الجبن |
| lavé-e | مغسول – ـة |
| cuillère en bois | ملعقة خشب |
| dynamisme | نشاط |
| récipient | وعاء |
| soupière | وعاء الحساء |

**Verbes**

| | |
|---|---|
| porter | حمَلَ – يحمِلُ |
| tourner | دارَ – يدورُ |
| vouloir | شاءَ – يشاءُ |
| douter / soupçonner | شكَّ – يشكُّ |
| cuisiner | طبخَ – يطبخُ |
| laver / nettoyer | غسلَ – يغسِلُ |
| faire | فعلَ – يفعلُ |
| travailler dur | كدَّ – يكدُّ |
| essuyer | مسحَ – يمسحُ |
| s'arrêter / se mettre debout | وقفَ – يقفُ |

# Module 14
## CORRIGÉ

## Corrigé

**PAGE 144**
1 B  2 C  3 A  4 B  5 A  6 C  7 A  8 A  9 A  10 B

**VOTRE SCORE :**

**PAGES 144-145**
1 A  2 C  3 B  4 B  5 A

**PAGE 145**
1 A  2 C  3 C  4 A  5 C

**PAGE 146**
1 A  2 C  3 A  4 B  5 C

**PAGE 146**
1 B  2 B  3 C  4 A  5 A

**PAGE 147**
1 A  2 A  3 A  4 C  5 B

**PAGES 147-148**
1 B  2 B  3 C  4 B  5 C

**PAGE 148**
1 A  2 A  3 B  4 C  5 A

**PAGE 149**
1 A  2 C  3 C  4 A  5 B
1 B  2 A  3 C  4 A  5 B

---

**Vous avez obtenu entre 0 et 15 ?** Reprenez chaque question en regardant les endroits où vous avez fait des erreurs.

**Vous avez obtenu entre 16 et 29 ?** C'est très moyen, mais ne vous découragez pas.

**Vous avez obtenu entre 30 et 44 ?** Formidable ! Analysez les erreurs et, si besoin, révisez la ou les notions que vous ne maîtrisez pas complètement.

**Vous avez obtenu 45 et plus ?** Toujours très bien ! Continuez !

## Module 15
## LES BASES

**Focus** **Vocabulaire : La santé**

*Corrigé page 162*

*Choisissez la bonne traduction.*

1. fièvre
   - **A** صداع
   - **B** زكام
   - **C** حمّى
   - **D** غثيان

2. toux
   - **A** زكام
   - **B** سعال
   - **C** صداع
   - **D** التهاب

3. rhume
   - **A** غثيان
   - **B** حساسيّة
   - **C** تعب
   - **D** زكام

4. fracture
   - **A** كسر
   - **B** حرق
   - **C** ألم
   - **D** جرح

5. maladie
   - **A** شفاء
   - **B** مرض
   - **C** صحّة
   - **D** علاج

6. santé
   - **A** تعب
   - **B** صحّة
   - **C** نشاط
   - **D** طاقة

7. médicament
   - **A** صيدليّة
   - **B** دواء
   - **C** ممرّض
   - **D** طبيب

8. nausée
   - **A** حرق
   - **B** أرق
   - **C** جرح
   - **D** غثيان

9. fatigue
   - **A** تعب
   - **B** ألم
   - **C** طاقة
   - **D** نشاط

10. Prompt rétablissement !
    - **A** شفاء عاجل!
    - **B** شهية طيّبة!
    - **C** رحلة سعيدة!
    - **D** عيد سعيد!

# Module 15
## LES BASES

**Focus** Le nom d'action

*Corrigé page 162*

*Quel est le nom d'action dérivé des verbes suivants ?*

١ نجَحَ
- **A** ناجحة
- **B** نجاح
- **C** ناجح

٢ كتَبَ
- **A** كتاب
- **B** مكتبة
- **C** كتابة

٣ أكلَ
- **A** أكْل
- **B** مأكول
- **C** أكلة

٤ شرِبَ
- **A** شُرب
- **B** مشروب
- **C** شراب

٥ لعبَ
- **A** لَعِب
- **B** لعبة
- **C** لاعب

**Astuce** Le **maṣdar** *nom verbal* ou *nom d'action* est un substantif dérivé d'un verbe et qui exprime l'action associée à ce dernier. Il rend le sens de : *le fait de faire quelque chose, l'action de ....* et peut se traduire en français par un substantif ou par un infinitif selon le contexte.

*De quel verbe est dérivé chacun des noms d'action suivants ?*

١ جرْح
- **A** جَرَحَ
- **B** رجَعَ
- **C** شرَحَ

٢ سُعال
- **A** سأَلَ
- **B** سعَلَ
- **C** سالَ

٣ مرَض
- **A** رفَضَ
- **B** رقَصَ
- **C** مرِضَ

٤ كسْر
- **A** كسَرَ
- **B** رسَمَ
- **C** درَسَ

٥ صُداع
- **A** صاحَ
- **B** صدَعَ
- **C** صامَ

## Module 15
## LES BASES

*Et maintenant, choisissez la bonne traduction en arabe des phrases suivantes !*

1. Fumer nuit à la santé.

   A الأكل مضرّ بالصّحّة.
   B الرّياضة مفيدة للصّحّة.
   C التّدخين مضرّ بالصّحّة.

2. La toux est un symptôme de la grippe.

   A السّعال هو أحد عوارض الإنفلونزا.
   B الزّكام هو أحد عوارض الإنفلونزا.
   C الغثيان هو أحد عوارض الإنفلونزا.

3. La marche est un bon exercice.

   A الرّكض تمرين جيّد.
   B المشي تمرين جيّد.
   C الرّقص تمرين جيّد.

4. Manger sain est important.

   A النّوم الصحيّ مهمّ.
   B الشّرب الصحيّ مهمّ.
   C الأكل الصحيّ مهمّ.

5. Dîner tôt est une bonne habitude.

   A تناوُل العشاء باكراً عادة جيّدة.
   B التّدخين عادة جيّدة.
   C النّوم باكراً عادة جيّدة.

**Focus** Conjugaison de كانَ au passé

*Corrigé page 162*

*Choisissez la bonne traduction.*

1. il était

   C كانتْ   B كانَ   A كُنتُ

# Module 15
## LES BASES

2. elle était

   **A** كانتْ    **B** كانتا    **C** كُنتِ

3. j'étais

   **A** كُنّا    **B** كُنتُ    **C** كانا

4. nous étions

   **A** كانوا    **B** كُنتم    **C** كُنّا

5. vous (féminin) étiez

   **A** كانتا    **B** كُنتم    **C** كُنتنَّ

6. ils étaient

   **A** كُنتما    **B** كانتا    **C** كانوا

7. elles étaient

   **A** كُنتنَّ    **B** كُنَّ    **C** كانتْ

8. vous (masculin) étiez

   **A** كُنتم    **B** كُنتما    **C** كُنتنَّ

9. ils (eux deux) étaient

   **A** كانتا    **B** كانوا    **C** كانا

10. tu (féminin) étais

    **A** كُنتِ    **B** كُنَّ    **C** كُنتنَّ

**Astuce** كانَ rend le sens du verbe *être* au passé.

**Corrigé page 162**

*Choisissez la bonne traduction française pour les phrases suivantes.*

١  كانَ معي في المكتبة.

**A** Elle était avec moi à la bibliothèque.

**B** Elles étaient avec moi à la bibliothèque.

**C** Il était avec moi à la bibliothèque.

## Module 15
## LES BASES

٢   كنّا في القاهرة السّنة الماضية.

- **A** Vous étiez au Caire l'année passée.
- **B** Nous étions au Caire l'année passée.
- **C** J'étais au Caire l'année passée.

٣   كنتما معاً في نفس الصّف.

- **A** Vous (deux) étiez ensemble dans la même classe.
- **B** Ils (eux deux) étaient ensemble dans la même classe.
- **C** Elles (deux) étaient ensemble dans la même classe.

٤   كنتِ في المتحف مع تلاميذك.

- **A** Tu (féminin) étais au musée avec tes élèves.
- **B** Elle était au musée avec ses élèves.
- **C** Tu (masculin) étais au musée avec tes élèves.

٥   كانت وحدها في البيت.

- **A** Elles étaient seules à la maison.
- **B** Il était seul à la maison.
- **C** Elle était seule à la maison.

*Corrigé page 162*

*Traduisez en arabe les phrases suivantes.*

1. Tu (masculin) étais à l'hôtel avec tes collègues.

- **A** كُنتَ في الفندق مع زملائك.
- **B** كُنتِ في الفندق مع زملائك.
- **C** كُنتُ في الفندق مع زملائك.

2. Vous (masculin) étiez dans le jardin.

- **A** كُنتنَّ في الحديقة.
- **B** كانتا في الحديقة.
- **C** كُنتم في الحديقة.

## Module 15
## LES BASES

3. Vous (féminin) étiez au restaurant du centre commercial.

   Ⓐ كُنَّ في مطعم المركز التّجاريّ.
   Ⓑ كُنتنَّ في مطعم المركز التّجاريّ.
   Ⓒ كانتا في مطعم المركز التّجاريّ.

4. Elles étaient à la campagne l'été dernier.

   Ⓐ كُنَّ في الرّيف الصّيف الماضي.
   Ⓑ كُنتما في الرّيف الصّيف الماضي.
   Ⓒ كانا في الرّيف الصّيف الماضي.

5. Ils étaient à l'université à Paris.

   Ⓐ كانتْ في الجامعة في باريس.
   Ⓑ كُنَّ في الجامعة في باريس.
   Ⓒ كانوا في الجامعة في باريس.

**Focus** L'imparfait

*Choisissez la bonne traduction.*

Corrigé page 162

1. il étudiait

   Ⓐ كانوا يدرسون   Ⓑ كانتْ تدرسُ   Ⓒ كانَ يدرسُ

2. je riais

   Ⓐ كنتَ تضحكُ   Ⓑ كُنتُ أضحكُ   Ⓒ كانتْ تضحكُ

3. vous chantiez

   Ⓐ كُنتم تغنّون   Ⓑ كانتْ تغنّي   Ⓒ كانا يغنّيان

4. elle dansait

   Ⓐ كُنتِ ترقصين   Ⓑ كُنتما ترقصان   Ⓒ كانتْ ترقصُ

5. vous (masculin) écriviez

   Ⓐ كُنتنَّ تكتبنَ   Ⓑ كانوا يكتبون   Ⓒ كُنتم تكتبون

# Module 15
## LES BASES

**Astuce** Lorsque كانَ, conjugué à la personne du sujet, est suivi par un verbe à l'inaccompli, il donne un sens temporel à *l'imparfait* à l'action exprimée par ce dernier.

*Choisissez la phrase correcte réécrite avec le verbe à l'imparfait.*

١ هو يحبُّ الرّياضة والقراءة.
 A كانتْ تحبُّ الرّياضة والقراءة.
 B كانَ يحبُّ الرّياضة والقراءة.
 C كانتا تحبّان الرّياضة والقراءة.

٢ هما يسكنان في حيّنا.
 A كانتا تسكنان في حيّنا.
 B كانوا يسكنون في حيّنا.
 C كانا يسكنان في حيّنا.

٣ أنتما تلعبان مع سلوى.
 A كُنتم تلعبون مع سلوى.
 B كنتنَّ تلعبنَ مع سلوى.
 C كُنتما تلعبان مع سلوى.

٤ نحن نذهبُ إلى البحر كلّ صيف.
 A كُنتما تذهبان إلى البحر كلّ صيف.
 B كُنّا نذهبُ إلى البحر كلّ صيف.
 C كانتا تذهبان إلى البحر كلّ صيف.

٥ هم ينامون باكراً.
 A كُنَّ ينمنَ باكراً.
 B كُنتم تنامون باكراً.
 C كانوا ينامون باكراً.

Corrigé page 162

# Module 15
## LES BASES

*Et maintenant, choisissez la bonne traduction française pour les phrases suivantes !*

١  كُنتِ تفضّلين الرّيف على البحر.

- **A** Tu (masculin) préférais la campagne à la mer.
- **B** Tu (féminin) préférais la campagne à la mer.
- **C** Je préférais la campagne à la mer.

٢  كُنتم تعيشون في مدينة كبيرة.

- **A** Vous (masculin) viviez dans une grande ville.
- **B** Elles vivaient dans une grande ville.
- **C** Vous (féminin) viviez dans une grande ville.

٣  كُنتَ تشربُ قهوتك بدون سكّر.

- **A** Tu (féminin) buvais ton café sans sucre.
- **B** Je buvais mon café sans sucre.
- **C** Tu (masculin) buvais ton café sans sucre.

٤  كانتا ترسمان لوحات جميلة.

- **A** Elles dessinaient de beaux tableaux.
- **B** Elle dessinait de beaux tableaux.
- **C** Elles (deux) dessinaient de beaux tableaux.

٥  كانا يعملان في شركة معروفة.

- **A** Ils travaillaient dans une entreprise connue.
- **B** Ils (eux deux) travaillaient dans une entreprise connue.
- **C** Elles travaillaient dans une entreprise connue.

Corrigé page 162

## Module 15
VOCABULAIRE

**Noms et adjectifs**

| | |
|---|---|
| insomnie | أرق |
| plat | أكلة |
| douleur | ألم |
| grippe | إنفلونزا |
| exercice | تمرين |
| inflammation | التهاب |
| blessure | جرح |
| bien / bon | جيّد |
| brûlure | حرق |
| allergie | حساسيّة |
| Bon voyage ! | رحلة سعيدة! |
| sport | رياضة |
| année | سنة |
| sirop | شراب |
| guérison | شفاء |
| Bon appétit ! | شهيّة طيّبة! |
| sain-e | صحيّ -ــة |
| énergie | طاقة |
| dîner | عشاء |
| traitement | علاج |
| symptômes | عوارض |
| Bonne fête ! | عيد سعيد! |
| nausée | غثيان |
| le Caire | القاهرة |
| jouet / jeu | لعبة |

## Module 15
### VOCABULAIRE

| | |
|---|---|
| passé-e | ماضٍ – ماضية |
| aliment | مأكول |
| musée | متحف |
| boisson | مشروب |
| important-e | مهمّ –ـة |
| réussite | نجاح |

**Verbes**

| | |
|---|---|
| revenir | رجعَ – يرجعُ |
| couler | سالَ – يسيلُ |
| tousser | سعلَ – يسعلُ |
| fissurer | صدَعَ – يصدعُ |
| vivre | عاشَ – يعيشُ |
| chanter | غنّى – يغنّي |
| tomber malade | مرضَ – يمرضُ |

# Module 15
## CORRIGÉ

### Corrigé

**PAGE 152**
1 **C**  2 **B**  3 **D**  4 **A**  5 **B**  6 **B**  7 **B**  8 **D**  9 **A**  10 **A**

**PAGE 153**
1 **B**  2 **C**  3 **A**  4 **A**  5 **A**
1 **A**  2 **B**  3 **C**  4 **A**  5 **B**

**PAGE 154**
1 **C**  2 **A**  3 **B**  4 **C**  5 **A**

**PAGES 154-155**
1 **B**  2 **A**  3 **B**  4 **C**  5 **C**  6 **C**  7 **B**  8 **A**  9 **C**  10 **A**

**PAGES 155-156**
1 **C**  2 **B**  3 **A**  4 **A**  5 **C**

**PAGES 156-157**
1 **A**  2 **C**  3 **B**  4 **A**  5 **C**

**PAGE 157**
1 **C**  2 **B**  3 **A**  4 **C**  5 **C**

**PAGE 158**
1 **B**  2 **C**  3 **C**  4 **B**  5 **C**

**PAGE 159**
1 **B**  2 **A**  3 **C**  4 **C**  5 **B**

VOTRE SCORE :

---

**Vous avez obtenu entre 0 et 15 ?** Reprenez chaque question en regardant les endroits où vous avez fait des erreurs.

**Vous avez obtenu entre 16 et 29 ?** C'est très moyen, mais ne vous découragez pas.

**Vous avez obtenu entre 30 et 49 ?** Formidable ! Analysez les erreurs et, si besoin, révisez la ou les notions que vous ne maîtrisez pas complètement.

**Vous avez obtenu 50 et plus ?** Bravo ! Vous êtes sur la bonne voie.

# Module 16
## LES BASES

**Focus** | **Vocabulaire : Au restaurant**

*Choisissez la bonne traduction.*

*Corrigé page 172*

1. menu
   - **A** لائحة المنتوجات
   - **B** لائحة الطّعام
   - **C** لائحة الأسعار

2. entrées
   - **A** مقبّلات
   - **B** أطباق رئيسيّة
   - **C** عشاء

3. plat principal
   - **A** فطور
   - **B** طبق اليوم
   - **C** طبق رئيسيّ

4. dessert
   - **A** غداء
   - **B** فطور
   - **C** تحلية

5. boissons
   - **A** مشروبات
   - **B** شاي
   - **C** قهوة

6. réservation
   - **A** ثمن
   - **B** إيجار
   - **C** حجز

7. restaurant
   - **A** مطعم
   - **B** منزل
   - **C** مكتبة

8. table
   - **A** طاولة
   - **B** كرسيّ
   - **C** مكتب

9. serveur
   - **A** طبّاخ
   - **B** نادل
   - **C** زبون

10. cuisinier
    - **A** زبون
    - **B** نزيل
    - **C** طبّاخ

# Module 16
## LES BASES

**Corrigé page 172**

**Focus** Le subjonctif

*Répondez aux questions suivantes.*

1. Quelle est la marque du subjonctif avec أَنتَ ؟

   **C** la sukûn     **B** la ḍamma     **A** la fatḥa

2. Quel est le suffixe du subjonctif avec أنتم ؟

   **C** ـو     **B** ـوا     **A** ـون

3. Quel est le suffixe du subjonctif avec أَنتِ ؟

   **C** ـي     **B** ـين     **A** ـا

4. Quel est le suffixe du subjonctif avec أنتما ؟

   **C** ـي     **B** ـان     **A** ـا

5. Quel est le suffixe du subjonctif avec أَنتنّ ؟

   **C** ـا     **B** il n'y a pas de suffixe     **A** ـنَ

> **Astuce** Le subjonctif se conjugue en arabe comme l'inaccompli (présent), c'est-à-dire avec les mêmes préfixes rajoutés à la racine mais il présente les différences suivantes au niveau des suffixes : là où l'inaccompli se termine par une ḍamma, nous mettons une fatḥa au subjonctif et le nûn final des suffixes disparaît avec le subjonctif sauf pour le pluriel féminin. Attention : avec le pluriel masculin, le nûn du suffixe cède la place à un 'alif muet, qui s'écrit mais qui ne se prononce pas.

*Quelle est la bonne forme négative de chacune de ces phrases ?*

١ سيحجزان طاولة في المطعم.
   **A** لن يحجزوا طاولة في المطعم.
   **B** لن تحجزا طاولة في المطعم.
   **C** لن يحجزا طاولة في المطعم.

٢ ستدفعُ حساب العشاء.
   **A** لن تدفعَ حساب العشاء.
   **B** لن تدفعي حساب العشاء.
   **C** لن أدفعَ حساب العشاء.

# Module 16
## LES BASES

٣   سيشربون القهوة بعد الغداء.
- **A** لن تشربوا القهوة بعد الغداء.
- **B** لن يشربوا القهوة بعد الغداء.
- **C** لن يشربنَ القهوة بعد الغداء.

٤   ستشكرين فؤاد على الدّعوة على الغداء.
- **A** لن تشكري فؤاد على الدّعوة على الغداء.
- **B** لن تشكرَ فؤاد على الدّعوة على الغداء.
- **C** لن تشكرنَ فؤاد على الدّعوة على الغداء.

٥   سأذهبُ إلى المطعم مع أصدقائي.
- **A** لن أذهبَ إلى المطعم مع أصدقائي.
- **B** لن يذهبَ إلى المطعم مع أصدقائي.
- **C** لن نذهبَ إلى المطعم مع أصدقائي.

**Astuce** La négation du futur en arabe s'opère avec la particule لن qui implique l'emploi du subjonctif au verbe qui la suit.

*Choisissez la bonne traduction arabe pour chacune des phrases suivantes.*

1. Tu (féminin) ne danseras pas à la soirée.

- **A** لن ترقصنَ في الحفلة.
- **B** لن ترقصي في الحفلة.
- **C** لن ترقصَ في الحفلة.

2. Vous (féminin) ne monterez pas dans le bus.

- **A** لن تصعدنَ في الباص.
- **B** لن تصعدوا في الباص.
- **C** لن يصعدنَ في الباص.

Corrigé page 172

# Module 16
## LES BASES

3. Ils ne réussiront pas dans leur projet.

**A** لن ينجحوا في مشروعهم.

**B** لن تنجحا في مشروعهم.

**C** لن تنجحوا في مشروعهم.

4. Elle ne te décevra pas.

**A** لن يخذلَك.

**B** لن نخذلَك.

**C** لن تخذلَك.

5. Je n'accepterai pas son invitation.

**A** لن تقبلَ دعوته.

**B** لن أقبلَ دعوته.

**C** لن نقبلَ دعوته.

## Focus  Le subjonctif après أن

*Corrigé page 172*

*Complétez les phrases avec la bonne forme du subjonctif.*

١  يجبُ أن ....... المشكلة.
**A** تفهمين   **B** تفهمان   **C** تفهما

٢  أريدُ أن ....... أكلة لبنانيّة.
**A** أطبخُ   **B** تطبخُ   **C** أطبخَ

٣  أتمنّى أن ....... المباراة.
**A** يربحوا   **B** يربحون   **C** تربحون

٤  يُمكنكم أن ..... المقبّلات في لائحة الطّعام.
**A** يختاروا   **B** تختاروا   **C** تختارون

٥  عليكِ أن ....... المدير.
**A** تُكلّمي   **B** تُكلّمين   **C** يُكلّمَ

**Astuce**  Certains verbes s'accompagnent de la particule أن et cette dernière entraîne l'emploi du subjonctif au verbe qui la suit.

**Module 16**
**LES BASES**

*Choisissez la bonne traduction française pour chacune des phrases suivantes.*

١ يريدان أن يرحلا مِن البيت.

- **A** Ils (eux deux) veulent partir de la maison.
- **B** Elles (deux) veulent partir de la maison.
- **C** Elle veut partir de la maison.

٢ يجبُ أن تتذوّقوا طبق اليوم.

- **A** Vous (masculin) devez déguster le plat du jour.
- **B** Vous (féminin) devez déguster le plat du jour.
- **C** Vous (deux) devez déguster le plat du jour.

٣ أتمنّى أن ترجعي.

- **A** Je souhaite qu'elle revienne.
- **B** Je souhaite que tu (masculin) reviennes.
- **C** Je souhaite que tu (féminin) reviennes.

٤ نحبُّ أن نمضيَ معهم أوقاتاً جميلة.

- **A** Nous aimons passer avec eux de bons moments.
- **B** Nous aimons que vous passiez avec eux de bons moments.
- **C** Nous aimons que tu (masculin) passes avec eux de bons moments.

٥ عليكنّ أن تقُلنَ الحقيقة.

- **A** Vous (masculin) devez dire la vérité.
- **B** Vous (féminin) devez dire la vérité.
- **C** Elles doivent dire la vérité.

**Astuce** La particule أنْ *que* et le verbe qui la suit peuvent être traduits en français par le subjonctif ou par l'infinitif. D'ailleurs, en arabe, ils peuvent être tous les deux remplacés par le **maṣdar** *nom d'action* du verbe.

*Corrigé page 172*

## Module 16
### LES BASES

**Focus** Le subjonctif après كي / لكي

*Corrigé page 172*

Complétez les phrases suivantes avec la bonne forme du verbe.

١ أنتَ تدرسُ لكي ......
- A ننجحَ
- B تنجحَ
- C تنجحي

٢ أنتما تتكلّمان كي ...... المشكلة.
- A تحلّي
- B تحلّوا
- C تحلّا

٣ هم يعملون كي ...... على علاوة.
- A يحصلون
- B يحصلوا
- C تحصلي

٤ أنتم تساعدون سامي كي ...... مشروعه.
- A تُنجزَ
- B يُنجزَ
- C نُنجزَ

٥ أنتِ تكلّمين المدير كي ...... موعداً معه.
- A تُحدّدي
- B تُحدّدين
- C يُحدّدَ

**Astuce** كي / لكي qui signifient *pour que / pour* sont aussi des particules qui entraînent l'emploi du subjonctif.

**Focus** Le subjonctif après لِـ

Complétez les phrases suivantes avec la bonne conjugaison du verbe.

١ اشتريتُ هديّة لِـ ...... لأمّي.
- A أقدّمها
- B أقدّمَها
- C أقدّمُها

٢ بعنا البيْت الكبير لِـ ......
- A نسافرُ
- B نسافرْ
- C نسافرَ

٣ تقرئين الجريدة لِـ ...... آخر الأخبار.
- A تعرفي
- B تعرفين
- C تعرفان

٤ جاءَ إلى المكتب اليوم لِـ ...... استقالته.
- A يقدّمَ
- B يقدّمْ
- C يقدّمْ

٥ ذهبوا إلى المطعم لِـ ...... الغداء.
- A يتناولا
- B يتناولوا
- C تتناولوا

# Module 16
## LES BASES

**Astuce** لِـ est également une particule qui entraîne l'emploi du subjonctif lorsqu'elle est utilisée dans le sens de *pour que / pour*.

*Choisissez la bonne conjugaison : inaccompli (présent) ou subjonctif !*

١ طلبتُ أن ......... في تحضير الغداء.
**A** أساعدُها   **B** أساعدَها

٢ ......... العشاء كلّ مساء في نفس المطعم.
**A** نتناولُ   **B** نتناولَ

٣ تستطيعون أن ......... خمس لغات.
**A** تتكلّمون   **B** تتكلّموا

٤ ......... عن الكتاب الّذي أضاعه.
**A** يبحثُ   **B** يبحثَ

٥ ......... المقبّلات الشّرقيّة.
**A** يحبّان   **B** يحبّا

٦ يجب أن ......... الرّيشة في الرّسم.
**A** تستعملين   **B** تستعملي

٧ ...... إلى النّادي الرّياضي مرّة في الأسبوع.
**A** نذهبُ   **B** نذهبَ

٨ ......... دمية لابنتك.
**A** تشترين   **B** تشتري

٩ أخذتُ رقم هاتفها لِـ......... غداً.
**A** أكلّمُها   **B** أكلّمَها

١٠ نمتم باكراً لكي ............
**A** تستريحون   **B** تستريحوا

*Corrigé page 172*

# Module 16
## LES BASES

**Astuce** Après les particules telles que أن، كي، لكي، لـِ etc., c'est le subjonctif qui est employé et non l'inaccompli (présent).

*Et maintenant, quelle est la bonne traduction arabe des phrases suivantes ?*

1. Il est venu pour lui (féminin) présenter ses excuses.

   A. جاءَتْ لتعتذرَ منها.
   B. جاءَ ليعتذرَ منها.
   C. جاءا ليعتذرا منها.

2. Nous allons à la bibliothèque pour étudier.

   A. نذهبُ إلى المكتبة لتدرسَ.
   B. نذهبُ إلى المكتبة لندرسَ.
   C. نذهبُ إلى المكتبة ليدرسوا.

3. Il faut que vous (masculin) partiez tout de suite !

   A. يجب أن يرحلوا فوراً!
   B. يجب أن ترحلنَ فوراً!
   C. يجب أن ترحلوا فوراً!

4. Elles (deux) n'écriront pas la lettre.

   A. لن يكتبا الرّسالة.
   B. لن تكتبا الرّسالة.
   C. لن تكتبَ الرّسالة.

5. Je souhaite qu'il comprenne ma position.

   A. أتمنّى أن يتفهّمَ موقفي.
   B. أتمنّى أن أتفهّمَ موقفي.
   C. أتمنّى أن تتفهّمَ موقفي.

Corrigé page 172

# Module 16
## VOCABULAIRE

### Noms et adjectifs

| | |
|---|---|
| semaine | أسبوع |
| invitation | دعوة |
| client | زبون –ـة |
| oriental-e | شرقيّ –ـة |
| plat du jour | طبق اليوم |
| dîner | عشاء |
| augmentation (de salaire) | علاوة |
| déjeuner | غداء |
| petit déjeuner | فطور |
| chaise | كرسيّ |
| liste des prix | لائحة الأسعار |
| liste des produits | لائحة المنتوجات |
| langues | لغات |
| soir | مساء |
| position | موقف |
| club sportif | نادٍ رياضيّ |

### Verbes

| | |
|---|---|
| passer (du temps) | أمضى – يُمضي |
| accomplir / réaliser | أنجزَ – يُنجِزُ |
| chercher | بحثَ – يبحثُ |
| déguster | تذوّقَ – يتذوّقُ |
| comprendre | تفهّمَ – يتفهّمُ |
| venir | جاءَ – يجيءُ |
| obtenir | حصلَ – يحصلُ |
| demander | طلبَ – يطلبُ |
| connaître | عرفَ – يعرفُ |

# Module 16
## CORRIGÉ

## Corrigé

**VOTRE SCORE :**

**PAGE 163**
1 **B**  2 **A**  3 **C**  4 **C**  5 **A**  6 **C**  7 **A**  8 **A**  9 **B**  10 **C**

**PAGE 164**
1 **A**  2 **B**  3 **C**  4 **A**  5 **A**

**PAGES 164-165**
1 **C**  2 **A**  3 **B**  4 **A**  5 **A**

**PAGES 165-166**
1 **B**  2 **A**  3 **A**  4 **C**  5 **B**

**PAGE 166**
1 **C**  2 **C**  3 **A**  4 **B**  5 **A**

**PAGE 167**
1 **A**  2 **A**  3 **C**  4 **A**  5 **B**

**PAGE 168**
1 **B**  2 **C**  3 **B**  4 **B**  5 **A**

**PAGE 168**
1 **B**  2 **C**  3 **A**  4 **A**  5 **B**

**PAGE 169**
1 **B**  2 **A**  3 **B**  4 **A**  5 **A**  6 **B**  7 **A**  8 **A**  9 **B**  10 **B**

**PAGE 170**
1 **B**  2 **B**  3 **C**  4 **B**  5 **A**

---

**Vous avez obtenu entre 0 et 15 ?** Reprenez chaque question en regardant les endroits où vous avez fait des erreurs.

**Vous avez obtenu entre 16 et 29 ?** C'est très moyen, mais ne vous découragez pas.

**Vous avez obtenu entre 30 et 49 ?** Formidable ! Analysez les erreurs et, si besoin, révisez la ou les notions que vous ne maîtrisez pas complètement.

**Vous avez obtenu 50 et plus ?** Excellent ! Poursuivez ainsi !

# Module 17
## LES BASES

**Focus** Vocabulaire : les sports

*Choisissez la bonne traduction.*

Corrigé page 184

1. natation
   - A غوص
   - B سباحة
   - C مُسايفة

2. football
   - A كرة القدم
   - B كرة السّلّة
   - C كرة اليد

3. handball
   - A كرة المضرب
   - B كرة اليد
   - C كرة السّلّة

4. ski
   - A ركوب الدّرّاجة
   - B تسلُّق
   - C تزلُّج

5. club de sport
   - A نادٍ رياضيّ
   - B حوض سباحة
   - C نادٍ ليليّ

6. basketball
   - A كرة المضرب
   - B ركوب الخيل
   - C كرة السّلّة

7. boxe
   - A مُلاكمة
   - B ركض
   - C مُسايفة

8. tennis
   - A غوص
   - B كرة المضرب
   - C ركض

9. escrime
   - A ركوب الخيل
   - B ركض
   - C مُسايفة

10. match
    - A رياضة
    - B مباراة
    - C اجتماع

## Module 17
## LES BASES

**Focus** Les déclinaisons

*Corrigé page 184*

*Choisissez la bonne réponse.*

1. Combien de cas grammaticaux avons-nous en arabe ?
   - **A** trois
   - **B** deux

2. Quelle est la marque du cas sujet ?
   - **A** la **fatḥa**
   - **B** la **ḍamma**

3. Quelle est la marque du cas direct ?
   - **A** la **fatḥa**
   - **B** la **kasra**

4. Quelle est la marque du cas indirect ?
   - **A** la **sukûn**
   - **B** la **kasra**

5. À la fin d'un mot défini, la vocalisation se fait par :
   - **A** une voyelle brève
   - **B** le **tanwîn**

6. À la fin d'un mot indéfini, la vocalisation se fait par :
   - **A** une voyelle brève
   - **B** le **tanwîn**

7. Pour le duel ou le pluriel externe masculin, le cas grammatical s'exprime par :
   - **A** la vocalisation
   - **B** le rajout d'un suffixe

8. Le cas sujet s'applique, entre autres :
   - **A** au sujet d'une phrase verbale
   - **B** au COI

9. Le cas direct s'applique, entre autres :
   - **A** au COD de la phrase verbale
   - **B** au nom précédé d'une préposition

10. Le cas indirect s'applique, entre autres :
    - **A** au deuxième terme d'un cas d'annexion
    - **B** au complément circonstanciel de temps

> **Astuce** L'arabe est une langue flexionnelle c'est-à-dire que la fonction grammaticale d'un mot dans la phrase a une incidence sur sa morphologie ou sa vocalisation. On appelle ces flexions : les « déclinaisons » ou les « cas grammaticaux ». Pour rappel, les voyelles en arabe ne sont généralement pas notées mais lorsqu'elles le sont, le cas grammatical est généralement exprimé par la voyelle finale du mot.

# Module 17
## LES BASES

**Focus** Le cas sujet : le sujet de la phrase verbale au singulier

*Quel est le sujet des phrases verbales suivantes ?*

١ يحبُّ زوجُها السّباحةَ في البحر.
  **A** زوجُها  **B** السّباحة

٢ يشرحُ المعلّمُ الدّرسَ.
  **A** الدّرسَ  **B** المعلّمُ

٣ يشربُ الطّفلُ الحليبَ.
  **A** الطّفلُ  **B** الحليبَ

٤ ينصحُ الطّبيبُ بممارسةِ الرّياضةِ.
  **A** الرّياضة  **B** الطّبيبُ

٥ زارَ السّائحُ المتحفَ.
  **A** المتحفَ  **B** السّائحُ

٦ جاء زائرٌ إلى بيتِنا.
  **A** زائرٌ  **B** بيتِنا

٧ انتهت العطلةُ سريعاً.
  **A** سريعاً  **B** العطلةُ

٨ صعدَت فتاةٌ في القطارِ.
  **A** فتاةٌ  **B** القطارِ

٩ ربحَت مدرستُنا المباراةَ.
  **A** المباراة  **B** مدرستُنا

١٠ فازَ الفريقُ بالكأسِ.
  **A** الفريقُ  **B** الكأسِ

**Astuce** Lorsque le sujet d'une phrase verbale est un nom, il porte en règle générale une **ḍamma** finale (marque du cas sujet) s'il est défini (par l'article الـ ou par un complément de nom), et le **tanwîn** de la **ḍamma** s'il est indéfini (sauf pour les diptotes qui sont des mots qui, lorsqu'ils sont indéfinis, ne prennent jamais le **tanwîn** d'une part et d'autre part qui ne portent que deux des marques de déclinaison : la **ḍamma** au cas sujet et la **fatḥa** pour les cas direct et indirect).

# Module 17
## LES BASES

**Focus**   Le cas sujet : sujet et prédicat au singulier dans la phrase nominale

*Quelle est la bonne vocalisation du sujet et de son prédicat dans les phrases nominales suivantes ?*

Corrigé page 184

١   الطّقس جميل.
- **A** الطّقسُ جميلٍ.
- **B** الطّقسُ جميلٌ.
- **C** الطّقسَ جميلاً.

٢   الدّرس سهل.
- **A** الدّرسُ سهلٍ.
- **B** الدّرسُ سهلٌ.
- **C** الدّرسُ سهلٌ.

٣   حوض السّباحة كبير في النّادي الرّياضيّ.
- **A** حوضُ السّباحة كبيراً في النّادي الرّياضيّ.
- **B** حوضَ السّباحة كبيرٌ في النّادي الرّياضيّ.
- **C** حوضُ السّباحة كبيرٌ في النّادي الرّياضيّ.

٤   الغوص رياضة ممتعة.
- **A** الغوصَ رياضةً ممتعةً.
- **B** الغوصُ رياضةٌ ممتعةٌ.
- **C** الغوصِ رياضةٍ ممتعةٍ.

٥   هو مُدرّب ماهر.
- **A** هو مُدرّبٌ ماهرٌ.
- **B** هو مُدرّباً ماهراً.
- **C** هو مُدرّبُ ماهرُ.

**Astuce**   Lorsque le sujet d'une phrase nominale est un nom non précédé d'une particule modifiant son cas, il se met au cas sujet. Quant au prédicat, selon sa nature (nom, adjectif, etc.), il se met aussi au cas sujet sous réserve qu'une particule entraînant la modification de ce cas ne soit pas utilisée dans la phrase.

**Module 17**
**LES BASES**

**Focus** Le cas sujet au duel

*Choisissez la phrase correctement réécrite qui met le sujet au duel.*

١ يدفعُ الشّابّ رسوم الاشتراك في النّادي الرّياضيّ.
  A يدفعُ الشّابَّيْن رسوم الاشتراك في النّادي الرّياضيّ.
  B يدفعُ الشّابّان رسوم الاشتراك في النّادي الرّياضيّ.
  C يدفعُ الشّباب رسوم الاشتراك في النّادي الرّياضيّ.

٢ يحضر المشجّعُ مباراة فريقه.
  A يحضر المشجّعون مباراة فريقهم.
  B يحضر المشجّعان مباراة فريقهما.
  C تحضر المشجّعات مباراة فريقهنّ.

٣ يمارسُ زميلٌ الملاكمة.
  A تمارسُ زميلةٌ الملاكمة.
  B يمارسُ زملاءُ الملاكمة.
  C يمارسُ زميلان الملاكمة.

٤ اشترت الفتاة درّاجة.
  A اشترت الفتيات درّاجة.
  B اشترت الفتاتان درّاجة.
  C اشترت الفتاتَيْن درّاجة.

٥ المدرّبُ غائبٌ اليوم.
  A المدرّبان غائبان اليوم.
  B المدرّبَيْن غائبَيْن اليوم.
  C المدرّبتان غائبتان اليوم.

**Astuce** La marque du duel au cas sujet est le suffixe : ـان.

Corrigé page 184

# Module 17
## LES BASES

**Focus** Le cas sujet au pluriel externe masculin

*Choisissez la réponse qui met correctement le sujet de la phrase proposée au pluriel.*

١ وصلَ المُسافرُ إلى المطار.
  Ⓐ وصل المُسافرين إلى المطار.
  Ⓑ وصل المُسافران إلى المطار.
  Ⓒ وصل المُسافرون إلى المطار.

٢ كتبَ الصّحافيُّ مقالاً في الجريدة.
  Ⓐ كتب الصّحافيّون مقالاً في الجريدة.
  Ⓑ كتب الصّحافيّين مقالاً في الجريدة.
  Ⓒ كتب الصّحافيّان مقالاً في الجريدة.

٣ زرعَ الفلّاح الأرض.
  Ⓐ زرعَ الفلّاحين الأرض.
  Ⓑ زرعَ الفلّاحَيْن الأرض.
  Ⓒ زرعَ الفلّاحون الأرض.

٤ الطبّاخُ يُحضّرُ الأطباق اللّذيذة.
  Ⓐ الطبّاخين يُحضّرون الأطباق اللّذيذة.
  Ⓑ الطبّاخون يُحضّرون الأطباق اللّذيذة.
  Ⓒ الطبّاخان يُحضّران الأطباق اللّذيذة.

٥ شاركَ اللّاعبُ بمباراة كرة القدم.
  Ⓐ شارك اللّاعبان بمباراة كرة القدم.
  Ⓑ شارك اللّاعبين بمباراة كرة القدم.
  Ⓒ شارك اللّاعبون بمباراة كرة القدم.

**Astuce** La marque du pluriel externe masculin au cas sujet est le suffixe : ـون

**Module 17**
**LES BASES**

| Focus | Le cas sujet au pluriel externe féminin |

*Choisissez le bon sujet, au pluriel externe féminin, pour chacune des phrases suivantes.*

١ ........ يَنصحنَ الزّبائنَ.
Ⓐ البائعاتِ    Ⓑ البائعاتُ    Ⓒ البائعةُ

٢ تهتمُّ ........ باللّاعب الّذي كسرَ ساقه.
Ⓐ الممرّضةُ    Ⓑ الممرّضاتِ    Ⓒ الممرّضاتُ

٣ تُصحّحُ ........ الامتحانات.
Ⓐ معلّماتٌ    Ⓑ معلّمتان    Ⓒ معلّماتِ

٤ تقصدُ ........ الجبل للتزلّج في الشّتاء.
Ⓐ العائلة    Ⓑ العائلاتِ    Ⓒ العائلاتُ

٥ قدّمت ........ عرضاً جميلاً.
Ⓐ الفنّانتان    Ⓑ الفنّاناتُ    Ⓒ الفنّاناتِ

**Astuce** Le pluriel externe féminin au cas sujet prend une **ḍamma** finale s'il est défini (par l'article الـ ou par un complément de nom), et le **tanwîn** de la **ḍamma** s'il est indéfini.

| Focus | Le cas sujet au pluriel interne |

*Corrigé page 184*

*Quelle est la bonne déclinaison pour les sujets des phrases suivantes ?*

١ ينامُ الأطفال باكراً.
Ⓐ الأطفالِ    Ⓑ الأطفالَ    Ⓒ الأطفالُ

٢ لعبَ أولاد كرة السّلة في ملعب المدرسة.
Ⓐ أولادٍ    Ⓑ أولادٌ    Ⓒ أولادٌ

٣ قصائد هذا الشّاعر رائعة!
Ⓐ قصائدِ    Ⓑ قصائدُ    Ⓒ قصائدَ

٤ الأخبار جيّدة اليوم.
Ⓐ الأخبارِ    Ⓑ الأخبارَ    Ⓒ الأخبارُ

# Module 17
## LES BASES

٥ أشجار الحديقة تُزهر.

A) أشجارُ     B) أشجارٌ     C) أشجارَ

> **Astuce** Le pluriel interne au cas sujet porte en règle générale une **ḍamma** finale- s'il est défini (par l'article الـ ou par un complément de nom), et le **tanwîn** de la **ḍamma** s'il est indéfini (sauf pour les diptotes).

*Choisissez la bonne traduction française pour les phrases suivantes !*

١ ركوبُ الخيل مِن هواياتي.

A) L'équitation fait partie de mes hobbies.
B) L'escrime fait partie de mes hobbies.
C) L'escalade fait partie de mes hobbies.

٢ رسومُ الاشتراك مرتفعة في هذا النّادي الرّياضيّ.

A) Les frais d'abonnement sont bas dans ce club sportif.
B) Les frais d'abonnement sont élevés dans ce club sportif.
C) Les frais d'abonnement sont annulés dans ce club sportif.

٣ الفتاتان تلعبان كرةَ المضرب.

A) Les deux jeunes filles jouent au tennis.
B) La jeune fille joue au tennis.
C) Les deux jeunes filles jouent au handball.

٤ اللّاعبون جاهزون للمباراة.

A) Les joueuses sont prêtes pour le match.
B) Les joueurs sont prêts pour le match.
C) Le joueur est prêt pour le match.

٥ الصديقتان تسبحان كلّ يوم.

A) Les amis nagent tous les jours.
B) Les deux amis nagent tous les jours.
C) Les deux amies nagent tous les jours.

# Module 17
## LES BASES

*Et maintenant, choisissez la bonne traduction arabe pour les phrases suivantes (attention aux déclinaisons !)*

1. La plongée est un sport agréable.

   **A** الغوصُ رياضةً ممتعةً.
   **B** السّباحةُ رياضةٌ ممتعةٌ.
   **C** الغوصُ رياضةٌ ممتعةٌ.

2. Le nouvel entraîneur est très compétent !

   **A** المدرّبَ الجديدَ ماهراً جدّاً!
   **B** المدرّبُ الجديدُ ماهرٌ جدّاً!
   **C** المدرّبِ الجديدِ ماهرٍ جدّاً!

3. Les supporters (masculin) enthousiastes applaudissent leur équipe.

   **A** المشجّعات المتحمّسات يصفّقنَ لفريقهنّ.
   **B** المشجّعان المتحمّسان يصفّقان لفريقهما.
   **C** المشجّعون المتحمّسون يصفّقون لفريقهم.

4. Notre courageuse équipe a remporté la coupe !

   **A** فاز فريقُنا الشّجاعُ بالكأس.
   **B** فاز فريقَنا الشّجاعَ بالكأس.
   **C** فاز فريقِنا الشّجاعِ بالكأس.

5. Son oncle (maternel) médecin court et fait du vélo.

   **A** خالَه الطّبيبِ يركضُ ويركبُ الدّرّاجة.
   **B** خالِه الطّبيبِ يركضُ ويركبُ الدّرّاجة.
   **C** خالُه الطّبيبُ يركضُ ويركبُ الدّرّاجة.

**Astuce** L'adjectif qualificatif s'accorde en genre, en nombre et aussi en déclinaison avec le nom auquel il se rapporte.

*Corrigé page 184*

## Module 17
### VOCABULAIRE

**Noms et adjectifs**

| | |
|---|---|
| terre / sol | أرض |
| participation / abonnement | اشتراك |
| escalade | تسلّق |
| prêts - prêtes | جاهزون – جاهزات |
| piscine | حوض سباحة |
| frais d'abonnement | رسوم الاشتراك |
| course | ركض |
| équitation | ركوب الخيل |
| faire du vélo | ركوب الدّرّاجة |
| sportif - sportive | رياضيّ –ـة |
| visiteur - visiteuse | زائر –ة |
| jambe | ساق |
| touriste | سائح –ـة |
| hiver | شتاء |
| un enfant - une enfant | طفل –ـة |
| familles | عائلات |
| plongée | غوص |
| jeune fille | فتاة |
| équipe | فريق |
| agriculteur | فلاح |
| coupe | كأس |
| enthousiastes | متحمّسون – متحمّسات |
| entraîneur - entraîneuse | مُدرِّب –ـة |
| voyageur - voyageuse | مُسافر –ة |
| supporter (d'une équipe) | مُشجّع –ـة |

# Module 17
## VOCABULAIRE

| | |
|---|---|
| cour de récréation / terrain de jeu | ملعب |
| pratique (d'un sport) | ممارسة (رياضة) |
| agréable | ممتع –ـة |
| boîte de nuit | نادٍ ليليّ |

### Verbes et adverbes

| | |
|---|---|
| fleurir | أزهرَ – يُزهِرُ |
| tôt | باكراً |
| assister à | حضرَ – يحضرُ |
| rapidement | سريعاً |
| corriger | صحّحَ – يُصحِّحُ |
| applaudir | صفّقَ – يُصفِّقُ |
| remporter une victoire | فازَ – يفوزُ |
| pratiquer | مارسَ – يُمارِسُ |

# Module 17
CORRIGÉ

## Corrigé

**PAGE 173**
1 **B**  2 **A**  3 **B**  4 **C**  5 **A**  6 **C**  7 **A**  8 **B**  9 **C**  10 **B**

**PAGE 174**
1 **A**  2 **B**  3 **A**  4 **B**  5 **A**  6 **B**  7 **B**  8 **A**  9 **A**  10 **A**

**PAGE 175**
1 **A**  2 **B**  3 **A**  4 **B**  5 **B**  6 **A**  7 **B**  8 **A**  9 **B**  10 **A**

**PAGE 176**
1 **B**  2 **B**  3 **C**  4 **B**  5 **A**

**PAGE 177**
1 **B**  2 **B**  3 **C**  4 **B**  5 **A**

**PAGE 178**
1 **C**  2 **A**  3 **C**  4 **B**  5 **C**

**PAGE 179**
1 **B**  2 **C**  3 **A**  4 **C**  5 **B**

**PAGE 179**
1 **C**  2 **C**  3 **B**  4 **C**  5 **A**

**PAGE 180**
1 **A**  2 **B**  3 **A**  4 **B**  5 **C**

**PAGE 181**
1 **C**  2 **B**  3 **C**  4 **A**  5 **C**

---

**Vous avez obtenu entre 0 et 19 ?** Reprenez chaque question en regardant les endroits où vous avez fait des erreurs.

**Vous avez obtenu entre 20 et 34 ?** C'est très moyen, mais ne vous découragez pas.

**Vous avez obtenu entre 35 et 54 ?** Formidable ! Analysez les erreurs et, si besoin, révisez la ou les notions que vous ne maîtrisez pas complètement.

**Vous avez obtenu 55 et plus ?** Très très bien ! Continuez comme ça !

# Module 18
## LES BASES

**Focus** Vocabulaire : les fruits et légumes

*Choisissez la bonne traduction. Attention, plusieurs réponses sont possibles dans certains cas.*

Corrigé page 193

1. tomates
   - **A** طماطم
   - **B** بندورة
   - **C** خسّ

2. concombres
   - **A** بصل
   - **B** فجل
   - **C** خيار

3. bananes
   - **A** شمّام
   - **B** موز
   - **C** دلّاع

4. pêches
   - **A** بطّيخ
   - **B** برقوق
   - **C** درّاق

5. prunes
   - **A** خوخ
   - **B** شمّام
   - **C** برقوق

6. aubergines
   - **A** باذنجان
   - **B** ثوم
   - **C** خسّ

7. courgettes
   - **A** بصل
   - **B** فاصولياء
   - **C** كوسا

8. ail
   - **A** ثوم
   - **B** فجل
   - **C** خسّ

9. oignon
   - **A** خسّ
   - **B** شمّام
   - **C** بصل

10. carottes
    - **A** فجل
    - **B** جزر
    - **C** دلّاع

**Astuce** Certains noms de fruits ou de légumes arabes diffèrent d'une région à une autre (d'où l'existence de plusieurs traductions dans certains cas). Généralement, on utilise le nom générique des fruits et des légumes. Pour désigner ces derniers à l'unité, il suffit de rajouter au nom générique la **tâ' marbûta**.

# Module 18
## LES BASES

### Focus — Le cas direct

*Choisissez la (ou les) bonne(s) réponse(s).*

**Corrigé page 193**

1. Quelle est la marque du cas direct en arabe (nom défini) ?
   - **A** la **sukûn**
   - **B** la **fatḥa**
   - **C** la **kasra**

2. Quelle est la marque du cas direct au duel ?
   - **A** ـَيْن
   - **B** ـان
   - **C** ـين

3. Quelle est la marque du cas direct au pluriel externe masculin ?
   - **A** ـين
   - **B** ـَيْن
   - **C** ـون

4. Quelle est la marque du cas direct au pluriel externe féminin ?
   - **A** la **kasra**
   - **B** la **ḍamma**
   - **C** la **fatḥa**

5. Le cas direct s'applique, entre autres, à quelle fonction grammaticale ?
   - **A** le COD
   - **B** le CCT
   - **C** le sujet

**Astuce** Le cas direct ou l'accusatif s'applique en arabe aux compléments en général et en particulier au complément d'objet direct de la phrase verbale. Certaines particules entraînent aussi l'emploi du cas direct au sujet ou au prédicat dans les phrases nominales. Nous ne verrons dans cette leçon que le cas direct avec le COD.

### Focus — Le complément d'objet direct

*Désignez le COD des phrases verbales suivantes.*

١ استلمَ المستوردُ البضاعةَ.
   - **A** المستوردُ
   - **B** البضاعةَ

٢ مِن بين الفواكهِ، يفضّلُ سامي التفّاحَ.
   - **A** التفّاحَ
   - **B** الفواكهِ

٣ زرعَ جارُنا الأزهارَ في حديقتِه.
   - **A** حديقتِه
   - **B** الأزهارَ

٤ اشترتْ أمّي فستاناً جميلاً.
   - **A** فستاناً
   - **B** أمّي

# Module 18
## LES BASES

٥ دفعَ نزيلُ الفندقِ الحسابَ.
- Ⓐ الحسابَ
- Ⓑ الفندقِ

٦ أستعملُ الباذنجانَ في طبخِ هذه الأكلة.
- Ⓐ الباذنجانَ
- Ⓑ طبخِ

٧ وضعنا قطعَ درّاقٍ على قالبِ الحلوى.
- Ⓐ قالبِ الحلوى
- Ⓑ قطعَ درّاقٍ

٨ ساعدَ الموظّفُ زميلَه في عمله.
- Ⓐ زميلَه
- Ⓑ الموظّفُ

٩ قدّمتْ لنا المُضيفةُ القهوةَ العربيّة.
- Ⓐ المُضيفةُ
- Ⓑ القهوةَ

١٠ رسمَ الفنّانُ لوحةً جميلة.
- Ⓐ لوحةً
- Ⓑ الفنّانُ

**Astuce** Le complément d'objet direct d'une phrase verbale est au cas direct : il porte en règle générale une **fatḥa** finale s'il est défini (par l'article الـ ou par un complément de nom), et le **tanwîn** de la **fatḥa** s'il est indéfini (sauf pour les diptotes).

## Focus  Le duel au cas direct

*Corrigé page 193*

Quel est le bon COD au duel pour chacune de ces phrases ?

١ باعَ رامي .........
- Ⓐ سيّارات
- Ⓑ سيّارتَين
- Ⓒ سيّارتان

٢ استقبلَ عمّي .........
- Ⓐ زائرين
- Ⓑ زائران
- Ⓒ زائرَين

٣ كتبتْ صديقتي .........
- Ⓐ رسالتَين
- Ⓑ رسالتان
- Ⓒ رسائل

٤ أضاعتْ جميلة .........
- Ⓐ كُتبًا
- Ⓑ كتابَين
- Ⓒ كتابات

# Module 18
## LES BASES

٥ ألغت المديرة .........

**A** الموعدان     **B** المواعيد     **C** الموعدَيْن

**Astuce** La marque du duel au cas direct est le suffixe : ـَيْن

*Corrigé page 193*

*Choisissez la phrase correctement réécrite qui met le COD au duel.*

١ اشتريتَ بطّيخةً.
- **A** اشتريتَ بطّيختان.
- **B** اشتريتَ بطّيخات.
- **C** اشتريتَ بطّيختَيْن.

٢ حضّرَ الطّبّاخُ طبقاً رئيسيّاً.
- **A** حضّرَ الطّبّاخُ طبقان رئيسيّان.
- **B** حضّرَ الطّبّاخُ طبقَين رئيسيَّيْن.
- **C** حضّرَ الطّبّاخُ أطباقاً رئيسيّة.

٣ ربحت المحامية القضيّة.
- **A** ربحت المحامية القضايا.
- **B** ربحت المحامية القضيّتان.
- **C** ربحت المحامية القضيّتَيْن.

٤ أغلقا النّافذة.
- **A** أغلقا النّافذتان.
- **B** أغلقا النّافذتَيْن.
- **C** أغلقا النّوافذ.

٥ أكلتُ خوخةً بعد الغداء.
- **A** أكلتُ خوخاً بعد الغداء.
- **B** أكلتُ خوختان بعد الغداء.
- **C** أكلتُ خوختَيْن بعد الغداء.

# Module 18
## LES BASES

### Focus — Le pluriel externe masculin au cas direct

*Quel est le bon COD au pluriel externe masculin pour chacune de ces phrases ?*

١ خذلَ مديرُ المدرسةِ الجديد ........

Ⓐ المعلّمين   Ⓑ المعلّمَيْن   Ⓒ المعلّمون

٢ ساعدَ الوزيرُ ..........

Ⓐ الفلّاحَيْن   Ⓑ الفلّاحون   Ⓒ الفلّاحين

٣ استقبلنا ..........

Ⓐ السّائحَ   Ⓑ السّائحَيْن   Ⓒ السّائحين

٤ قادَ السّائق ........ إلى المطار.

Ⓐ المسافرين   Ⓑ المسافراتِ   Ⓒ المسافرون

٥ رأيتُ ........ في النّادي الرّياضيّ.

Ⓐ المدرّبون   Ⓑ المدرّبين   Ⓒ المدرّبَيْن

**Astuce** La marque du pluriel externe masculin au cas direct est le suffixe : ـــين

*Corrigé page 193*

### Focus — Le pluriel externe féminin au cas direct

*Quel est le bon COD au pluriel externe féminin pour chacune de ces phrases ?*

١ رأيتِ ........ اللّواتي يعملنَ معي.

Ⓐ المهندساتِ   Ⓑ المهندساتُ   Ⓒ المهندساتَ

٢ قادوا ........ الفخمة.

Ⓐ السّياراتُ   Ⓑ السّياراتَ   Ⓒ السّياراتِ

٣ كلّمتُ ........ في الجامعة.

Ⓐ الطّالباتِ   Ⓑ الطّالباتَ   Ⓒ الطّالباتُ

٤ حضرنا ........ بسرور.

Ⓐ الحفلاتِ   Ⓑ الحفلاتَ   Ⓒ الحفلاتُ

٥ كويتُ ............

Ⓐ البذلاتُ   Ⓑ البذلاتِ   Ⓒ البذلاتَ

# Module 18
## LES BASES

**Astuce** Attention, la marque du pluriel externe féminin au cas direct est la **kasra** et non la **fatḥa** !

*Corrigé page 193*

*Choisissez la phrase correctement réécrite qui met le COD au pluriel (régulier ou irrégulier).*

١ دفعنا الفاتورةَ.

Ⓐ دفعنا الفاتورتَيْن. Ⓑ دفعنا الفواتيرَ. Ⓒ دفعنا الفاتورتان.

٢ شرحوا الدّرسَ.

Ⓐ شرحوا الدّروسَ. Ⓑ شرحوا الدّرسَيْن. Ⓒ شرحوا الدّرسان.

٣ كسرَ الكأسَ.

Ⓐ كسرَ الكؤوسَ. Ⓑ شرحوا الدّرسَيْن. Ⓒ كسرَ الكأسان.

٤ باعَ أخي المكتبةَ.

Ⓐ باعَ أخي المكتباتِ. Ⓑ باعَ أخي المكتباتَ. Ⓒ باعَ أخي المكتباتِ.

٥ انتظرْنَ العائدَ من السّفر.

Ⓐ انتظرْنَ العائدون من السّفر. Ⓑ انتظرْنَ العائداتِ من السّفر. Ⓒ انتظرْنَ العائدين من السّفر.

*Quelle est la bonne traduction arabe pour chacune des phrases suivantes ?*

1. Nous avons pris le petit-déjeuner.

Ⓐ تناولنا الفطورَ. Ⓑ تناولنا العشاءَ. Ⓒ تناولنا الغداءَ.

2. Il a entendu sa voix (féminin).

Ⓐ سمعَ صوتَهُ. Ⓑ سمعَ صوتَيْن. Ⓒ سمعَ صوتَها.

3. Ils ont mangé du melon.

Ⓐ أكلوا شمّاماً. Ⓑ أكلوا درّاقاً. Ⓒ أكلوا موزاً.

4. Elle a résolu les deux problèmes.

Ⓐ حلّت المشكلةَ. Ⓑ حلّت المشكلتَيْن. Ⓒ حلّت المشاكلَ.

5. Vous avez lu les livres.

Ⓐ قرأتم الكتبَ. Ⓑ قرأتم الكتابَ. Ⓒ قرأتم الكتابَيْن.

# Module 18
## LES BASES

*Et maintenant, quelle est la bonne traduction française pour chacune des phrases suivantes ?*

١  تفهّمَت موقِفَه.

- **A** Elle a compris sa (masculin) position.
- **B** Elle a compris sa (féminin) position.
- **C** Elle a compris leur position.

٢  دوّنَ المَوْعِدَيْن في مفكِّرَتِه.

- **A** Il a noté les rendez-vous dans son agenda.
- **B** Il a noté le rendez-vous dans son agenda.
- **C** Il a noté les deux rendez-vous dans son agenda.

٣  زارَ السّائِحُ المتاحفَ.

- **A** Le touriste a visité les musées.
- **B** Le touriste a visité le musée.
- **C** Le touriste a visité les deux musées.

٤  حضّرتُ السّلطاتِ.

- **A** J'ai préparé les salades.
- **B** J'ai préparé la salade.
- **C** J'ai préparé les deux salades.

٥  قطّعتِ الفواكهَ.

- **A** Tu (féminin) as découpé les légumes.
- **B** Tu (féminin) as découpé les fruits.
- **C** Tu (féminin) as découpé les fromages.

Corrigé page 193

# Module 18
## VOCABULAIRE

### Noms et adjectifs

| | |
|---|---|
| marchandise | بضاعة |
| pastèque | بطّيخ / دلّاع |
| laitue | خسّ |
| légumes | خضار |
| chauffeur - chauffeuse | سائق-ـة |
| salades | سلطات |
| melon | شمّام |
| celui - celle qui revient | عائد-ة |
| facture | فاتورة |
| haricots | فاصولياء |
| radis | فجل |
| luxueux - luxueuse | فخم-ـة |
| fruits | فواكه |
| morceaux / quartiers (d'un fruit) | قطع |
| importateur - importatrice | مُستورِد-ة |
| hôte - hôtesse | مُضيف-ـة |
| ministre | وزير-ة |

### Verbes

| | |
|---|---|
| attendre | انتظرَ - ينتظرُ |
| résoudre | حلّ - يحلّ |
| découper | قطّعَ - يُقطّعُ |
| repasser (des vêtements) | كوى - يكوي |

# Module 18
## CORRIGÉ

## Corrigé

**PAGE 185**
1 **A** et **B**  2 **C**  3 **B**  4 **C**  5 **A** et **C**  6 **A**  7 **C**  8 **A**  9 **C**  10 **B**

**PAGE 186**
1 **B**  2 **A**  3 **A**  4 **A**  5 **A** et **B**

**PAGES 186-187**
1 **B**  2 **A**  3 **B**  4 **A**  5 **A**  6 **A**  7 **B**  8 **A**  9 **B**  10 **A**

**PAGE 187**
1 **B**  2 **C**  3 **A**  4 **B**  5 **C**

**PAGE 188**
1 **C**  2 **B**  3 **C**  4 **B**  5 **C**

**PAGE 189**
1 **A**  2 **C**  3 **C**  4 **A**  5 **B**

**PAGE 189**
1 **A**  2 **C**  3 **B**  4 **A**  5 **B**

**PAGE 190**
1 **B**  2 **A**  3 **A**  4 **C**  5 **C**
1 **A**  2 **C**  3 **A**  4 **B**  5 **A**

**PAGE 191**
1 **A**  2 **C**  3 **A**  4 **A**  5 **B**

---

**Vous avez obtenu entre 0 et 15 ?** Reprenez chaque question en regardant les endroits où vous avez fait des erreurs.

**Vous avez obtenu entre 16 et 31 ?** C'est très moyen, mais ne vous découragez pas.

**Vous avez obtenu entre 32 et 47 ?** Formidable ! Analysez les erreurs et, si besoin, révisez la ou les notions que vous ne maîtrisez pas complètement.

**Vous avez obtenu 48 et plus ?** Bravo ! Continuez comme ça !

# Module 19
## LES BASES

**Focus**   Vocabulaire : les pièces d'un logement

*Choisissez la bonne traduction.*

**Corrigé page 204**

1. salle de séjour
   - Ⓐ غرفة الملابس
   - Ⓑ غرفة الجلوس
   - Ⓒ غرفة النّوم

2. salon
   - Ⓐ غرفة الاستقبال
   - Ⓑ غرفة الطّعام
   - Ⓒ شرفة

3. cuisine
   - Ⓐ مطبخ
   - Ⓑ غرفة الطّعام
   - Ⓒ مدخل

4. salle de bain
   - Ⓐ ممرّ
   - Ⓑ حمّام
   - Ⓒ شرفة

5. toilettes
   - Ⓐ مرحاض
   - Ⓑ ردهة
   - Ⓒ ممرّ

6. balcon
   - Ⓐ ممرّ
   - Ⓑ شرفة
   - Ⓒ ردهة

7. dressing
   - Ⓐ غرفة الملابس
   - Ⓑ ردهة
   - Ⓒ مكتب

8. chambre à coucher
   - Ⓐ غرفة الطّعام
   - Ⓑ شرفة
   - Ⓒ غرفة النّوم

9. bureau
   - Ⓐ ردهة
   - Ⓑ مكتبة
   - Ⓒ مكتب

10. salle à manger
    - Ⓐ شرفة
    - Ⓑ غرفة الطّعام
    - Ⓒ بيت

**Focus**   Le complément de nature

*Quel est le complément de nature dans les phrases suivantes ?*

١ اشترت الخيّاطةُ متراً قماشاً.
   - Ⓐ متراً
   - Ⓑ الخيّاطةُ
   - Ⓒ قماشاً

# Module 19
## LES BASES

٢ يعملُ في المستشفى خمسون طبيباً.

- Ⓐ طبيباً
- Ⓑ خمسون
- Ⓒ المستشفى

٣ ملأت المضيفةُ الكأسَ عصيراً.

- Ⓐ المضيفةُ
- Ⓑ الكأسَ
- Ⓒ عصيراً

٤ هو أكثرُ زملائهِ نشاطاً.

- Ⓐ هو
- Ⓑ نشاطاً
- Ⓒ زملائه

٥ أحتاجُ في هذه الوصفةِ لتراً حليباً.

- Ⓐ حليباً
- Ⓑ لتراً
- Ⓒ الوصفةِ

**Astuce** Le complément de nature se retrouve après un élatif, une unité de poids ou de mesure, après les nombres entre 11 et 99 ou après un verbe dont l'action a besoin d'être précisée. Il est au cas direct.

### Focus — Le complément de cause ou de but

*Corrigé page 204*

*Est-ce que le complément souligné est un complément de but ou de cause dans les phrases suivantes ?*

١ قرؤوا الإعلانات المبوّبة بحثاً عن وظيفة.

- Ⓐ complément de cause
- Ⓑ complément de but

٢ كتمَ الخبرَ خوفاً من ردّةِ فعلها.

- Ⓐ complément de cause
- Ⓑ complément de but

٣ تهلّلَ الفائزُ بالجائزةِ فرحاً.

- Ⓐ complément de cause
- Ⓑ complément de but

٤ صرخَ غضباً.

- Ⓐ complément de cause
- Ⓑ complément de but

٥ اشترى بيتاً في الرّيف طلباً للرّاحة.

- Ⓐ complément de cause
- Ⓑ complément de but

**Astuce** La cause ou le but d'une action peuvent être précisés par l'emploi d'un complément formé par un **maṣdar** *nom d'action* indéfini, employé au cas direct.

**Module 19**
LES BASES

**Focus** Le complément d'état

*Corrigé page 204*

*Quelle est la traduction arabe correcte de chacune des phrases suivantes ?*

1. J'ai bu le thé brûlant.

   A شربتُ الشّايَ حارقاً.
   B شربتُ الشّايَ بارداً.
   C شربتُ الشّايَ مرّاً.

2. Il est entré dans le salon en riant.

   A دخلَ إلى غرفة الاستقبال باكياً.
   B دخلَ إلى غرفة الاستقبال مبتسماً.
   C دخلَ إلى غرفة الاستقبال ضاحكاً.

3. Elle est sortie de la réunion satisfaite.

   A خرجتْ مِن الاجتماع غاضبةً.
   B خرجتْ مِن الاجتماع راضيةً.
   C خرجتْ مِن الاجتماع سعيدةً.

4. Ils ont vécu opprimés.

   A عاشوا سعيدين.
   B عاشوا ظالمين.
   C عاشوا مظلومين.

5. Elles ont répondu à ses accusations en criant.

   A ردَدْنَ على اتّهاماتِه صارخاتٍ.
   B ردَدْنَ على اتّهاماتِه عابساتٍ.
   C ردَدْنَ على اتّهاماتِه بشوشاتٍ.

**Astuce** : Pour exprimer l'état de quelqu'un ou de quelque chose, nous utilisons le complément d'état. Ce dernier peut être un participe actif ou passif indéfini, employé au cas direct.

**Module 19**
**LES BASES**

## Focus — Le complément absolu

*Quel est le bon complément absolu qui manque dans chacune des phrases suivantes ?*

١ مشينا ....... سريعاً.
A نوماً    B ركضاً    C مشياً

٢ ناموا ....... عميقاً.
A شُرباً    B أكلاً    C نوماً

٣ لعبَ ....... جيّداً.
A استقبالاً    B لعباً    C شرحاً

٤ فازوا ....... ساحقاً.
A فوزاً    B ربحاً    C خسارةً

٥ انتظرتْه ....... طويلاً.
A انتظاراً    B صعوداً    C اعتذاراً

**Astuce** Le complément absolu exprime l'intensité d'une action. On le forme avec le **maṣdar** *nom d'action* du verbe principal de la phrase, au cas direct, qu'on fait suivre généralement d'un adjectif employé lui aussi au cas direct.

## Focus — Le complément circonstanciel de temps

*Corrigé page 204*

*Quelle est la bonne traduction du complément circonstanciel de temps souligné dans chacune des phrases suivantes ?*

١ سيعملُ البائعُ يومَ السّبتِ في المحلّ.
A samedi    B vendredi    C lundi

٢ وصلوا ليلاً.
A l'après-midi    B le matin    C la nuit

٣ سيسافران غداً.
A hier    B demain    C aujourd'hui

٤ تناولوا العشاء باكراً.
A tôt    B tard    C bientôt

# Module 19
## LES BASES

كلّمناهُ <u>اليومَ</u>.

- **B** après-demain
- **B** aujourd'hui
- **C** hier

> **Astuce** Le complément circonstanciel de temps répond à la question *quand ?* et se met au cas direct lorsqu'il n'est pas précédé par une préposition. Ainsi, les adverbes de temps français se traduisent généralement en arabe par des mots au cas direct.

**Focus** Le complément circonstanciel de lieu

*Corrigé page 204*

*Quelle est la bonne traduction française des phrases suivantes qui comportent des compléments de lieu ?*

1. Elle s'est dirigée vers le lieu de rendez-vous.

   **A** توجّهتْ نحوَ مكان الموعد.
   **B** وصلتْ إلى مكان الموعد.
   **C** جلستْ في مكان الموعد.

2. Nous habitons près du restaurant.

   **A** نسكنُ بعيداً عن المطعم.
   **B** نسكنُ قربَ المطعم.
   **C** نسكنُ وراءَ المطعم.

3. La bibliothèque se situe devant la mairie.

   **A** تقعُ المكتبة قربَ البلديّة.
   **B** تقعُ المكتبة خلفَ البلديّة.
   **C** تقعُ المكتبة أمامَ البلديّة.

4. Le panier est sous la table.

   **A** السّلّة على الطّاولة.
   **B** السّلّة تحتَ الطّاولة.
   **C** السّلّة قربَ الطّاولة.

# Module 19
## LES BASES

5. Leur appartement est au-dessus d'une boîte de nuit.

   **A** شقّتهم فوقَ نادٍ ليليّ.

   **B** شقّتهم تحتَ نادٍ ليليّ.

   **C** شقّتهم وراءَ نادٍ ليليّ.

**Astuce** Le complément circonstanciel de lieu répond à la question *où ?* et se met au cas direct lorsqu'il n'est pas précédé par une préposition. Ainsi, les adverbes de lieu français se traduisent généralement en arabe par des mots au cas direct.

### Focus  Le complément de concomitance

*Corrigé page 204*

*Précisez par "vrai" ou "faux" si le mot souligné est bien un complément de concomitance.*

١  سافروا والفجرَ.

**A** vrai   **B** faux

٢  دعوتُ ليلى وأختَها إلى حفلتي.

**A** vrai   **B** faux

٣  وصلنا وزوجَكِ.

**A** vrai   **B** faux

٤  جئتُ والخبرَ السّار.

**A** vrai   **B** faux

٥  الياس وجارُه زميلان في نفس الشّركة.

**A** vrai   **B** faux

**Astuce** Le complément de concomitance, qui rend le sens de *en même temps que*, *avec*, etc. est toujours au cas direct et précédé du **wâw** d'accompagnement qu'il ne faut pas confondre avec le **wâw** conjonction de coordination *et*. Le contexte permet généralement de lever l'ambiguïté et il est à noter que le complément de concomitance est <u>toujours</u> au cas direct tandis que le nom qui suit une conjonction de coordination sera au même cas que celui auquel il est coordonné.

199

## Module 19
### LES BASES

*Quelle est la nature du complément souligné dans chacune des phrases suivantes ?*

١. فرمتا البندورة فرماً ناعماً.

- **A** complément absolu
- **B** complément d'état

٢. كتبَ المؤلّف سبعين كتاباً.

- **A** complément de concomitance
- **B** complément de nature

٣. بكى الطفلُ جوعاً.

- **A** complément de cause
- **B** complément de but

٤. رحلتَ واللّيلَ.

- **A** complément de temps
- **B** complément de concomitance

٥. نظّفتِ غرفةَ الجلوس بعدَ غرفةِ النّوم.

- **A** complément de temps
- **B** complément de lieu

٦. جاءَ المُحاميان مُتأخِّرَيْن.

- **A** complément de cause
- **B** complément d'état

٧. التفتنا يساراً.

- **A** complément de lieu
- **B** complément de cause

٨. خرجوا في الشّارع راكضين.

- **A** complément de but
- **B** complément d'état

٩. استقبلوه استقبالاً جميلاً.

- **A** complément absolu
- **B** complément de lieu

١٠. أقلعت الطّائرةُ عصراً.

- **A** complément de temps
- **B** complément d'état

*Corrigé page 204*

# Module 19
## LES BASES

*Choisissez la bonne traduction française pour chacune des phrases suivantes !*

١  دفعنا رسومَ الاشتراك الأسبوعَ الماضي.

- **A** Nous avons payé les frais d'abonnement le mois dernier.
- **B** Nous avons payé les frais d'abonnement la semaine dernière.
- **C** Nous avons payé les frais d'abonnement l'année dernière.

٢  عادَ فريقُ كرةِ القدم إلى بلاده فائزاً.

- **A** L'équipe de football est retournée dans son pays victorieuse.
- **B** L'équipe de football est retournée dans son pays perdante.
- **C** L'équipe de football est retournée dans son pays déçue.

٣  صفّقوا تكريماً لها.

- **A** Ils ont applaudi pour lui (féminin) rendre hommage.
- **B** Ils ont applaudi pour la féliciter.
- **C** Ils ont applaudi pour l'accueillir (féminin).

٤  وصلت المحاميةُ والمتّهمَ.

- **A** L'avocate est arrivée suivie de l'accusé.
- **B** L'avocat et l'accusé sont arrivés.
- **C** L'avocate est arrivée en même temps que l'accusé.

٥  هي أقلّ جمالاً مِن أختها.

- **A** Elle est moins intelligente que sa sœur.
- **B** Elle est moins dynamique que sa sœur.
- **C** Elle est moins belle que sa sœur.

*Corrigé page 204*

# Module 19
## VOCABULAIRE

**Noms et adjectifs**

| | |
|---|---|
| accusation | اتِّهام |
| qui pleure | باكٍ – باكية |
| gai-e | بشوش –ـة |
| mairie | بلديّة |
| action de rendre hommage | تكريم |
| récompense / prix | جائزة |
| faim | جوع |
| brûlant-e | حارق –ـة |
| repos | راحة |
| satisfait-e | راضٍ – راضية |
| lobby | ردهة |
| écrasant-e | ساحق –ـة |
| qui fait plaisir | سارّ –ة |
| panier | سلّة |
| qui crie | صارخ –ـة |
| oppresseur - oppresseuse | ظالِم –ـة |
| grincheux - grincheuse | عابس –ـة |
| profond-e | عميق –ـة |
| colère | غضب |
| tissu | قماش |
| litre | لتر |
| souriant-e | مبتسم –ـة |
| qui est en retard | مُتأخِّر –ة |
| mètre | متر |
| entrée | مدخل |

# Module 19
## VOCABULAIRE

| | |
|---|---|
| amer - amère | مُرّ-ة |
| opprimé-e | مظلوم-ة |
| lieu | مكان |
| couloir | ممرّ |
| auteur-e | مؤلّف-ة |
| emploi | وظيفة |
| gauche | يسار |

### Verbes et adverbes

| | |
|---|---|
| avoir besoin de | احتاجَ - يحتاجُ |
| décoller | أقلعَ - يُقلِعُ |
| devant | أمامَ |
| après | بعدَ |
| sous | تحتَ |
| se tourner | التفتَ - يلتفتُ |
| rayonner | تهلّلَ - يتهلّلُ |
| se diriger | توجّهَ - يتوجّهُ |
| l'après-midi | عصراً |
| demain | غداً |
| hacher | فرمَ - يفرمُ |
| au-dessus de | فوقَ |
| près de | قربَ |
| cacher (une information) | كتمَ - يكتمُ |
| vers | نحوَ |
| nettoyer | نظّفَ - يُنظّفُ |
| derrière | وراءَ / خلفَ |
| se situer (en parlant d'un lieu) | وقعَ - يقعُ |
| aujourd'hui | اليوم |

# Module 19
## CORRIGÉ

### Corrigé

**VOTRE SCORE :**

**PAGE 194**
1 **B**  2 **A**  3 **A**  4 **B**  5 **A**  6 **B**  7 **A**  8 **C**  9 **C**  10 **B**

**PAGES 194-195**
1 **C**  2 **A**  3 **C**  4 **B**  5 **A**

**PAGE 195**
1 **B**  2 **A**  3 **A**  4 **A**  5 **B**

**PAGE 196**
1 **A**  2 **C**  3 **B**  4 **C**  5 **A**

**PAGE 197**
1 **C**  2 **C**  3 **B**  4 **A**  5 **A**

**PAGE 197**
1 **A**  2 **C**  3 **B**  4 **A**  5 **B**

**PAGE 198**
1 **A**  2 **B**  3 **C**  4 **B**  5 **A**

**PAGE 199**
1 **A**  2 **B**  3 **A**  4 **A**  5 **B**

**PAGE 200**
1 **A**  2 **B**  3 **A**  4 **B**  5 **A**  6 **B**  7 **A**  8 **B**  9 **A**  10 **A**

**PAGE 201**
1 **B**  2 **A**  3 **A**  4 **C**  5 **C**

---

**Vous avez obtenu entre 0 et 15 ?** Reprenez chaque question en regardant les endroits où vous avez fait des erreurs.

**Vous avez obtenu entre 16 et 31 ?** C'est très moyen, mais ne vous découragez pas.

**Vous avez obtenu entre 32 et 47 ?** Formidable ! Analysez les erreurs et, si besoin, révisez la ou les notions que vous ne maîtrisez pas complètement.

**Vous avez obtenu 48 et plus ?** Très très bien ! Continuez sur cette voie !

# Module 20
## LES BASES

**Focus** — Vocabulaire : meubles et déco

*Choisissez la bonne traduction.*

Corrigé page 213

1. canapé
   - A طاولة
   - B أريكة
   - C كرسيّ

2. table à manger
   - A مكتب
   - B طاولة منخفضة
   - C طاولة طعام

3. lit
   - A منضدة
   - B مزهريّة
   - C سرير

4. armoire
   - A خزانة
   - B لوحة
   - C مرآة

5. tableau
   - A مرآة
   - B سجّادة
   - C لوحة

6. chaise
   - A مزهريّة
   - B ستار
   - C كرسيّ

7. bibliothèque
   - A مكتبة
   - B مكتب
   - C مزهريّة

8. table basse
   - A طاولة منخفضة
   - B ستار
   - C إطار صورة

9. vase à fleurs
   - A إطار صورة
   - B مزهريّة
   - C مرآة

10. tapis
    - A سجّادة
    - B ستار
    - C إطار صورة

# Module 20
## LES BASES

**Focus** Le cas indirect

*Choisissez la bonne réponse.*

*Corrigé page 213*

1. Quelle est la marque du cas indirect (nom défini) ?

   **A** la fatḥa     **B** la ḍamma     **C** la kasra

2. Le cas indirect s'applique, entre autres :

   **A** au nom précédé d'une préposition     **B** au sujet     **C** au COD

3. Quel est le suffixe du cas indirect au duel ?

   **A** ـَيْن     **B** ـان     **C** ـين

4. Quel est le suffixe du cas indirect au pluriel externe masculin ?

   **A** ـَن     **B** ـون     **C** ـين

5. Quelle est la marque du cas indirect au pluriel externe féminin (nom défini) ?

   **A** la kasra     **B** la ḍamma     **C** la sukûn

**Astuce** Le cas indirect s'applique au mot précédé d'une préposition et au deuxième terme d'une annexion.

*Vocalisez correctement les mots soulignés.*

١ استقالَ الموظّفُ مِن <u>منصبه</u>.

    **A** منصبُهُ     **B** منصبِهِ

٢ اِشتقنا إلى <u>عائلتنا</u>.

    **A** عائلتُنا     **B** عائلتِنا

٣ سلّمتِ على <u>صديق</u>.

    **A** صديقٍ     **B** صديقٌ

٤ سافرْنَ <u>بالقطار</u>.

    **A** قطارٍ     **B** قطارَ

# Module 20
## LES BASES

٥ ذهبتُ إلى المسرح.
- Ⓐ المسرحُ
- Ⓑ المسرحِ

٦ جلستِ على الكرسيّ.
- Ⓐ الكرسيُّ
- Ⓑ الكرسيِّ

٧ نظرتْ إلى نفسها في المرآة.
- Ⓐ نفسُها – المرآةُ
- Ⓑ نفسِها – المرآةِ

٨ اعتذرَ سامي من أخته.
- Ⓐ أختِه
- Ⓑ أختُه

٩ وقعَ كأسُ العصير على السّجادة.
- Ⓐ السّجادةَ
- Ⓑ السّجادةِ

١٠ المزهريّة على طاولة منخفضة.
- Ⓐ طاولةٍ
- Ⓑ طاولةِ

> **Astuce** Un mot précédé d'une préposition se met au cas indirect : il porte en règle générale une **kasra** finale s'il est défini (par l'article الـ ou par un complément de nom), et le **tanwîn** de la **kasra** s'il est indéfini. (Attention, les diptotes prennent une **fatḥa** au cas indirect !)

## Focus  Le duel au cas indirect

*Corrigé page 213*

*Quel mot au duel manque pour compléter chacune de ces phrases ?*

١ وصلَ قبلَ الموعد بـ..........
- Ⓐ دقيقتَين
- Ⓑ دقيقتان
- Ⓒ دقيقةٍ

٢ عملنا مع ........
- Ⓐ مُستوردين
- Ⓑ مُستوردٍ
- Ⓒ مُستوردَين

٣ وضعتما المنضدةَ أمامَ ........
- Ⓐ الأريكتَين
- Ⓑ الأريكتان
- Ⓒ الأريكةِ

٤ رأيتُ إمضاءَها على ........
- Ⓐ اللّوحاتِ
- Ⓑ اللّوحتَين
- Ⓒ اللّوحتان

# Module 20
## LES BASES

٥ رتّبنا الكتبَ في .........
- A المكتبتَيْن
- B المكتبات
- C المكتبتان

**Astuce** La marque du duel au cas indirect est le suffixe : ـَيْن

*Corrigé page 213*

*Choisissez la phrase correctement réécrite qui met le COI au duel.*

١ دافعَ المحامي عن المتّهم.
- A دافعَ المحامي عن المتّهمين.
- B دافعَ المحامي عن المتّهمَيْن.
- C دافعَ المحامي عن المتّهماتِ.

٢ التقى سمير بزميلٍ.
- A التقى سمير بزميلاتٍ.
- B التقى سمير بزملاءَ.
- C التقى سمير بزميلَيْن.

٣ نجحَ المسؤول في المهمّةِ.
- A نجحَ المسؤول في المهمَّتَيْن.
- B نجحَ المسؤول في المهمّاتِ.
- C نجحَ المسؤول في المهمّتان.

٤ تكلّمتُ مع المديرةِ.
- A تكلّمتُ مع المديراتِ.
- B تكلّمتُ مع المدراءِ.
- C تكلّمتُ مع المديرتَيْن.

٥ درسَ الطّلّابُ للامتحانِ.
- A درسَ الطّلّابُ للامتحاناتِ.
- B درسَ الطّلّابُ للامتحانَيْن.
- C درسَ الطّلّابُ للامتحانان.

# Module 20
## LES BASES

**Focus** — Le pluriel externe masculin au cas indirect

*Quel est le bon COI au pluriel externe masculin qui complète chacune de ces phrases ?*

١ أعطى المدير علاوةً للـ..........
  A موظّفين   B موظّفَيْن   C موظّفون

٢ سلّمنا على ..........
  A المدرّباتِ   B المدرّبين   C المدرّبَيْن

٣ استمعتم إلى ..........
  A المعلّماتِ   B المعلّمَيْن   C المعلّمين

٤ اشتريتما السّجاداتِ من .......... في المركز التّجاريّ.
  A البائعاتِ   B البائعين   C البائعَيْن

٥ أقام الجمهور تكريماً للـ..........
  A فنّاناتِ   B فنّانون   C فنّانين

**Astuce** Le suffixe du pluriel externe masculin au cas indirect est : ـين

**Focus** — Le pluriel externe féminin au cas indirect

*Corrigé page 213*

*Quel est le bon COI au pluriel externe féminin qui complète chacune de ces phrases ?*

١ طلبَ من ........ حضورَ الاجتماع.
  A الموظّفَتَيْن   B الموظّفةِ   C الموظّفاتِ

٢ رتّبنا الملابسَ في ........
  A الخزاناتُ   B الخزاناتِ   C الخزانةِ

٣ نمنا على ........ مريحة.
  A وسادةٍ   B وسادتَيْن   C وساداتٍ

٤ وضعنا الشّراشفَ على ..........
  A الطّاولتَيْن   B الطّاولةِ   C الطّاولاتِ

# Module 20
## LES BASES

٥ وضعتُ الورودَ في ........
- **A** مزهريّاتٌ
- **B** مزهريّةٍ
- **C** مزهريّاتٍ

> **Astuce** La marque du pluriel externe féminin au cas indirect est la **kasra** finale si le mot est défini (par l'article الـ ou par un complément de nom), et le **tanwîn** de la **kasra** s'il est indéfini.

*Choisissez la phrase correctement réécrite qui met le COI au pluriel (régulier ou irrégulier).*

**Corrigé page 213**

١ اهتمَّ بالزّائرِ.
- **A** اهتمَّ بالزّائرين.
- **B** اهتمَّ بالزّائرَيْن.
- **C** اهتمَّ بالزّائرون.

٢ رحّبَ بالمدعوِّ.
- **A** رحّبَ بالمدعوّون.
- **B** رحّبَ بالمدعوَّيْن.
- **C** رحّبَ بالمدعوّين.

٣ بحثتُ عن المحفظةِ.
- **A** بحثتُ عن المحفظاتُ.
- **B** بحثتُ عن المحفظتَيْن.
- **C** بحثتُ عن المحفظاتِ.

٤ وضعا الوسادةَ على السّريرِ.
- **A** وضعا الوساداتِ على السّريرَيْن.
- **B** وضعا الوسادتَيْن على السّريرِ.
- **C** وضعا الوساداتِ على الأسرّةِ.

٥ دفعنا للسّائقِ الأجرةَ.
- **A** دفعنا للسّائقَيْن الأجرةَ.
- **B** دفعنا للسّائقين الأجرةَ.
- **C** دفعنا للسّائقون الأجرةَ.

*Choisissez la bonne traduction arabe pour chacune des phrases suivantes.*

1. Il est parti à la montagne.
- **A** ذهبَ إلى المدينةِ.
- **B** ذهبَ إلى البحرِ.
- **C** ذهبَ إلى الجبلِ.

# Module 20
## LES BASES

2. J'ai expliqué le problème à sa (masculin) mère.

**A** شرحتُ المشكلة لأمِّهِ. **B** شرحتُ المشكلة لأختِهِ. **C** شرحتُ المشكلة لأمِّها.

3. Ils ont quitté la ville.

**A** رحلوا مِن الرّيفِ. **B** رحلوا مِن الحيِّ. **C** رحلوا مِن المدينةِ.

4. Elles (deux) ont joué à la poupée.

**A** لعبتا بالدّميةِ. **B** لعبتا بالدّميةَ. **C** لعبتا بالدّميةُ.

5. Je travaille dans l'entreprise.

**A** أعملُ في شركةٍ. **B** أعملُ في الشّركةِ. **C** أعملُ في الشّركاتِ.

*Et maintenant, quelle est la bonne traduction française pour chacune des phrases suivantes ?*

**Corrigé page 213**

١ مررنَ في الحيِّ.

**A** Elles sont passées dans la rue.
**B** Elles sont passées dans le couloir.
**C** Elles sont passées dans le quartier.

٢ سافروا إلى باريس مع أصدقائِهم.

**A** Ils ont voyagé à Paris avec leurs amis.
**B** Ils ont voyagé à Paris avec leur famille.
**C** Ils ont voyagé à Paris avec leurs collègues.

٣ وضعت المقبّلاتِ على الطّاولةِ.

**A** Elle a mis les entrées sur la table.
**B** Elle a mis les entrées sur le bureau.
**C** Elle a mis les entrées sur la table basse.

٤ سألَ عن أخبارِها.

**A** Il a demandé sa main.
**B** Il a demandé de ses nouvelles.
**C** Il a demandé son numéro de téléphone.

**Module 20**
VOCABULAIRE

٥ كتبَ رسالةً لخطيبتِه.

- **A** Il a écrit une lettre à sa fiancée.
- **B** Il a écrit une lettre à sa directrice.
- **C** Il a écrit une lettre à son ami.

### Noms et adjectifs

| | |
|---|---|
| prix (de la course en taxi) | أجرة |
| cadre photo | إطار صورة |
| signature | إمضاء |
| public | جمهور |
| fiancé-e | خطيب – ة |
| rideau | ستار |
| nappes | شراشف |
| confortable | مُريح – ة |
| théâtre | مسرح |
| responsable | مسؤول – ة |
| table | منضدة |
| mission | مهمّة |
| oreiller | وسادة |

### Verbes

| | |
|---|---|
| écouter | استمعَ – يستمعُ |
| organiser (un événement) | أقامَ – يُقيمُ |
| ranger | رتّبَ – يُرتِّبُ |
| regarder | نظرَ – ينظرُ |

# Module 20
## CORRIGÉ

## Corrigé

**PAGE 205**
1 **B**   2 **C**   3 **C**   4 **A**   5 **C**   6 **C**   7 **A**   8 **A**   9 **B**   10 **A**

**PAGE 206**
1 **C**   2 **A**   3 **A**   4 **C**   5 **A**

**PAGES 206-207**
1 **B**   2 **A**   3 **A**   4 **A**   5 **B**   6 **A**   7 **B**   8 **A**   9 **B**   10 **A**

**PAGE 207**
1 **A**   2 **C**   3 **A**   4 **B**   5 **A**

**PAGE 208**
1 **B**   2 **C**   3 **A**   4 **C**   5 **B**

**PAGE 209**
1 **A**   2 **B**   3 **C**   4 **B**   5 **C**

**PAGE 209**
1 **C**   2 **B**   3 **C**   4 **C**   5 **C**

**PAGE 210**
1 **A**   2 **C**   3 **C**   4 **C**   5 **B**

**PAGES 210-211**
1 **C**   2 **A**   3 **C**   4 **A**   5 **B**

**PAGE 211**
1 **C**   2 **A**   3 **A**   4 **B**   5 **A**

*VOTRE SCORE :*

---

**Vous avez obtenu entre 0 et 15 ?** Reprenez chaque question en regardant les endroits où vous avez fait des erreurs.

**Vous avez obtenu entre 16 et 31 ?** C'est très moyen, mais ne vous découragez pas.

**Vous avez obtenu entre 32 et 47 ?** Formidable ! Analysez les erreurs et, si besoin, révisez la ou les notions que vous ne maîtrisez pas complètement.

**Vous avez obtenu 48 et plus ?** Bravo ! Continuez comme ça !

## Module 21
## LES BASES

### Focus — Vocabulaire : le travail

*Choisissez la bonne traduction.*

1. curriculum vitae
   - A عقد بيع
   - B سيرة ذاتيّة
   - C رسالة تحفيزيّة

2. entretien d'embauche
   - A تقاعُد
   - B مقابلة صحفيّة
   - C مقابلة توظيف

3. poste
   - A عرض عمل
   - B منصب
   - C توظيف

4. lettre de motivation
   - A رسالة تحفيزيّة
   - B رسالة إلكترونيّة
   - C عقد إيجار

5. directeur
   - A مُدير
   - B مُوظّف
   - C أمين صندوق

6. salaire
   - A راتب
   - B إيجار
   - C ثمن

7. augmentation
   - A تنزيلات
   - B علاوة
   - C دفْع

8. horaires de travail
   - A دوام العمل
   - B وقت الاستراحة
   - C عطلة

9. heures supplémentaires
   - A وقت الاستراحة
   - B ساعات إضافيّة
   - C دوام العمل

10. profession
    - A مهنة
    - B وظيفة
    - C تقاعُد

### Focus — Le cas d'annexion

*Quel est le cas d'annexion dans chacune de ces phrases ?*

١ سلَّمَ مُدير الشّركة على الموظّفين الجدد.
   - A الموظّفين الجدد
   - B مُدير الشّركة

# Module 21
## LES BASES

٢ مهنة النّجّار مُتعِبة.
   A مهنة النّجّار    B مُتعِبة

٣ أوقات العمل مُحدّدة في العقد.
   A أوقات العمل    B في العقد

٤ أمين صندوق المحلّ موظّف شريف.
   A أمين صندوق المحلّ    B موظّف شريف

٥ قرأتُ عروض العمل في الجريدة.
   A عروض العمل    B في الجريدة

٦ تأخّرَ دفع الرّواتب هذا الشّهر.
   A دفع الرّواتب    B هذا الشّهر

٧ سنذهب إلى البحر في عطلة نهاية الأسبوع.
   A عطلة نهاية الأسبوع    B إلى البحر

٨ في محلّ الملابس تنزيلات كبيرة.
   A محلّ الملابس    B تنزيلات كبيرة

٩ منصب المحاسب شاغر في هذا القسم.
   A في هذا القسم    B منصب المحاسب

١٠ يعملُ أخي في قسم الموارد البشريّة في الشّركة.
   A قسم الموارد البشريّة    B في الشّركة

**Astuce** L'annexion s'apparente au complément de nom en français. Elle est composée d'un premier terme suivi d'un autre terme annexé (et parfois de plusieurs autres termes annexés), qui amène une précision sur le premier.

*Quelle est la réponse qui amène la bonne correction à l'erreur qui s'est glissée dans chacune de ces phrases ?*

١ وقّعنا على العقد العمل مع الموظف الجديد.
   A موظّف    B عمل    C عقد

# Module 21
## LES BASES

٢ راتب مدير قسم موارد البشريّة أعلى من راتب المهندس.

A الموارد    B القسم    C المدير

٣ الوقت الاستراحة من السّاعة الواحدة إلى السّاعة الثّانية.

A ثانية    B استراحة    C وقت

٤ مقابلة توظيف كانت ناجحة.

A النّاجحة    B التّوظيف    C المقابلة

٥ أضعتِ عقد بيع شقّة!

A الشّقة    B البيع    C العقد

**Astuce** Le premier terme d'une annexion n'est jamais défini par l'article اﻟ. On dit qu'il n'est pas défini grammaticalement (par l'article) mais qu'il est défini sémantiquement (par le complément de nom qui le suit et qui apporte donc des précisions le concernant). Le deuxième terme d'une annexion peut être défini par l'article اﻟ ou indéfini, c'est-à-dire sans article. Attention, si plusieurs termes sont annexés, seul le dernier peut prendre l'article اﻟ.

### Focus 1er terme d'un cas d'annexion et déclinaison

*Corrigé page 223*

*Quelle est la bonne vocalisation du terme souligné dans chacune des phrases suivantes ?*

١ عقد الإيجار في الجارور الأوّل.

A عقدَ    B عقدُ    C عقدٌ

٢ عملتُ ثلاث سنوات في قسم التّرجمة.

A قسمُ    B قسمَ    C قسمِ

٣ انتهى وقت الاستراحة.

A وقتُ    B وقتَ    C وقتِ

٤ باعوا بيت العائلة.

A بيتِ    B بيتاً    C بيتَ

٥ استمعتُ إلى زقزقة العصافير.

A زقزقةَ    B زقزقةِ    C زقزقةُ

# Module 21
## LES BASES

**Astuce** Le premier terme d'une annexion prend le cas grammatical de sa fonction dans la phrase. Ainsi, il peut être au cas sujet, direct ou indirect. Cependant, étant défini sémantiquement il ne peut jamais être vocalisé par un **tanwîn** car ce dernier est la marque de l'indéfini.

### Focus 2ᵉ terme d'un cas d'annexion et déclinaison

Corrigé page 223

*Quelle est la bonne vocalisation du terme souligné dans chacune des phrases suivantes ?*

١ زوجها رجلٌ أعمال معروف.
- **A** أعمالُ
- **B** أعمالٍ

٢ دوّنتُ المبلغ المدفوع في دفتر الحسابات.
- **A** الحساباتُ
- **B** الحسابات

٣ أرسلتَ سيرتك الذّاتيّة إلى مدير الموارد البشريّة.
- **A** المواردُ
- **B** الموارد

٤ كتب قصيدةَ حبٍّ إلى خطيبته.
- **A** حبٌّ
- **B** حبٍّ

٥ وضعتْ خاتمَ الألماس في إصبعها.
- **A** الألماسِ
- **B** الألماسُ

**Astuce** Le deuxième terme (et le suivant s'il y en a) d'une annexion est toujours au cas indirect : il prend donc une **kasra** s'il est défini et le **tanwîn** de la **kasra** s'il est indéfini.

### Focus L'annexion au duel

*Quelle réponse met correctement la phrase proposée au duel ?*

١ نال عرضُ العمل اهتمامها.
- **A** نال عرضان العمل اهتمامها.
- **B** نال عرضا العمل اهتمامها.
- **C** نال عرضَي العمل اهتمامها.

# Module 21
## LES BASES

٢ عالَجَه طبيبُ المستشفى.
- Ⓐ عالَجَه طبيبا المستشفى.
- Ⓑ عالَجَه طبيبَي المستشفى.
- Ⓒ عالَجَه أطبّاءُ المستشفى.

٣ حضّرنا قالبَ الحلوى.
- Ⓐ حضّرنا قالبا الحلوى.
- Ⓑ حضّرنا قالبَي الحلوى.
- Ⓒ حضّرنا قالبَيْن الحلوى.

٤ دوّنتُ المواعيد في مفكّرة المدير.
- Ⓐ دوّنتُ المواعيد في مفكّرتَي المدير.
- Ⓑ دوّنتُ المواعيد في مفكّرتَيْن المدير.
- Ⓒ دوّنتُ المواعيد في مفكّرتان المدير.

٥ وضعَ قلمَ الرّصاص في المقلمة.
- Ⓐ وضعَ قلما الرّصاص في المقلمة.
- Ⓑ وضعَ قلمان الرّصاص في المقلمة.
- Ⓒ وضعَ قلمَي الرّصاص في المقلمة.

**Astuce** Lorsque le premier terme d'un cas d'annexion est un duel, le **nûn** de son suffixe disparaît.

**Focus** L'annexion au pluriel externe masculin

*Corrigé page 223*

*Quelle réponse met correctement la phrase proposée au pluriel ?*

١ فازَ لاعبُ كرةِ القدم بالكأس.
- Ⓐ فازَ لاعبون كرةِ القدم بالكأس.
- Ⓑ فازَ لاعبي كرةِ القدم بالكأس.
- Ⓒ فازَ لاعبو كرةِ القدم بالكأس.

# Module 21
## LES BASES

٢ صفّقنا لممثّلِ المسرحيّة.
- **A** صفّقنا لممثّلو المسرحيّة.
- **B** صفّقنا لممثّلي المسرحيّة.
- **C** صفّقنا لممثّلا المسرحيّة.

**Corrigé page 223**

٣ سائقُ سيّارةِ الأجرةِ ينتظرُ أمامَ الفندق.
- **A** سائقو سيّارةِ الأجرةِ ينتظرون أمامَ الفندق.
- **B** سائقي سيّارةِ الأجرةِ ينتظرون أمامَ الفندق.
- **C** سائقا سيّارةِ الأجرةِ ينتظرون أمامَ الفندق.

٤ قابلتْ مؤلّفَ الكتاب.
- **A** قابلتْ مؤلّفا الكتاب.
- **B** قابلتْ مؤلّفَي الكتاب.
- **C** قابلتْ مؤلّفي الكتاب.

٥ هنّأَ المسؤول مهندسَ الشّركة.
- **A** هنّأَ المسؤول مهندسين الشّركة.
- **B** هنّأَ المسؤول مهندسَي الشّركة.
- **C** هنّأَ المسؤول مهندسي الشّركة.

**Astuce** Lorsque le premier terme d'un cas d'annexion est un pluriel externe masculin, le **nûn** de son suffixe disparaît.

*Quel est le premier terme correct manquant pour compléter chacun de ces cas d'annexion ?*

١ ........ المضربِ رياضة ممتعة.
- **A** طاولةُ   **B** كرةُ   **C** سلّةُ

٢ أشربُ ...... البرتقال.
- **A** قهوةَ   **B** شايَ   **C** عصيرَ

٣ ........ اليوم لذيذ!
- **A** طبقُ   **B** مشروباتُ   **C** مطعمُ

## Module 21
## LES BASES

٤ اشتروا الدّواء من ......... الحيّ.
- **A** صيدليّةِ
- **B** مطعمِ
- **C** محلٍّ

٥ نبَحَ ...... الجيران.
- **A** فيلُ
- **B** كلبُ
- **C** عصفورُ

*Quel est le deuxième terme correct manquant pour compléter chacun de ces cas d'annexion ?*

**Corrigé page 223**

١ شركةُ ......... كبيرة.
- **A** الاستيرادِ
- **B** البيتِ
- **C** الشّقّةِ

٢ أغلقتُ نافذةَ .........
- **A** العصفورِ
- **B** الكتابِ
- **C** المطبخِ

٣ دفعتُ إيجارَ .........
- **A** العشاءِ
- **B** الشّقّةِ
- **C** المباراةِ

٤ سلّمتُ على زبونِ .........
- **A** الرّاتبِ
- **B** المستشفى
- **C** المحلِّ

٥ أقمنا حفلةَ ....... لأصدقائنا.
- **A** كلامٍ
- **B** عشاءٍ
- **C** منصبٍ

*Quelle est la bonne traduction française de chacune des phrases suivantes ?*

١ قابلتُ مديرَ المواردِ البشريّةِ.
- **A** J'ai rencontré le directeur de l'entreprise.
- **B** J'ai rencontré le directeur du journal.
- **C** J'ai rencontré le directeur des ressources humaines.

٢ وقّعنا على عقدِ العملِ.
- **A** Nous avons signé le contrat de location.
- **B** Nous avons signé le contrat de travail.
- **C** Nous avons signé le contrat de vente.

# Module 21
## VOCABULAIRE

٣ استقالَ محاسبُ القسمِ من مصبه.

- **A** Le comptable du département a démissionné de son poste.
- **B** Le chef du département a démissionné de son poste.
- **C** Le traducteur du département a démissionné de son poste.

٤ اطّلعَ على عروضِ العملِ في مدينته.

- **A** Il a consulté les annonces immobilières de sa ville.
- **B** Il a consulté les offres d'emploi de sa ville.
- **C** Il a consulté les offres de prêt de sa banque.

٥ ما هو دوامُ العملِ في مكتبك؟

- **A** Quels sont les horaires de travail à ton bureau ?
- **B** Combien dure la pause déjeuner à ton bureau ?
- **C** Les heures supplémentaires sont-elles rémunérées à ton bureau ?

### Noms et adjectifs

|  |  |
|---|---|
| doigt | إصبع |
| diamant | ألماس |
| caissier - caissière | أمين-ـة صندوق |
| intérêt | اهتمام |
| traduction | ترجمة |
| retraite | تقاعُد |
| soldes | تنزيلات |
| embauche | توظيف |
| bague | خاتم |
| paiement | دفع |
| horaires de travail | دوام العمل |
| e-mail | رسالة إلكترونيّة |
| gazouillement | زقزقة |
| libre (en parlant d'un poste) | شاغر-ة |
| honnête | شريف-ـة |

# Module 21
## VOCABULAIRE

| | |
|---|---|
| mois | شهر |
| offre d'emploi | عرض عمل |
| vacances | عطلة |
| week-end | عطلة نهاية الأسبوع |
| contrat de location | عقد إيجار |
| contrat de vente | عقد بيع |
| département | قسم |
| somme d'argent | مبلغ |
| fatigant-e | مُتعَب –ة |
| précisé-e | مُحَدَّد –ة |
| boutique de vêtements | محلّ ملابس |
| pièce de théâtre | مسرحيّة |
| interview | مقابلة صحفيّة |
| trousse | مقلمة |
| acteur | ممثّل |
| les ressources humaines | الموارد البشريّة |
| réussi-e / à succès | ناجح –ة |
| charpentier | نجّار |
| temps de repos / temps de pause | وقت الاستراحة |

### Verbes

| | |
|---|---|
| consulter | اطّلعَ على – يطّلعُ على |
| finir / se terminer | انتهى – ينتهي |
| soigner | عالجَ – يعالِجُ |
| rencontrer | قابلَ – يُقابِلُ |
| obtenir | نالَ – ينالُ |
| aboyer | نبحَ – ينبَحُ |
| féliciter | هنّأَ – يُهنِّئُ |

# Module 21
## CORRIGÉ

## Corrigé

**PAGE 214**
1 **B**  2 **C**  3 **B**  4 **A**  5 **A**  6 **A**  7 **B**  8 **A**  9 **B**  10 **A**

**PAGES 214-215**
1 **B**  2 **A**  3 **A**  4 **B**  5 **B**  6 **A**  7 **A**  8 **A**  9 **B**  10 **A**

**PAGES 215-216**
1 **C**  2 **A**  3 **C**  4 **B**  5 **A**

**PAGES 216**
1 **B**  2 **C**  3 **A**  4 **C**  5 **B**

**PAGE 217**
1 **B**  2 **B**  3 **A**  4 **B**  5 **A**

**PAGES 217-218**
1 **B**  2 **A**  3 **B**  4 **A**  5 **C**

**PAGES 218-219**
1 **C**  2 **B**  3 **A**  4 **C**  5 **C**

**PAGES 219-220**
1 **B**  2 **C**  3 **A**  4 **A**  5 **B**

**PAGE 220**
1 **A**  2 **C**  3 **B**  4 **C**  5 **B**

**PAGES 220-221**
1 **C**  2 **B**  3 **A**  4 **B**  5 **A**

---

**Vous avez obtenu entre 0 et 15 ?** Reprenez chaque question en regardant les endroits où vous avez fait des erreurs.

**Vous avez obtenu entre 16 et 31 ?** C'est très moyen, mais ne vous découragez pas.

**Vous avez obtenu entre 32 et 47 ?** Formidable ! Analysez les erreurs et, si besoin, révisez la ou les notions que vous ne maîtrisez pas complètement.

**Vous avez obtenu 48 et plus ?** Bravo ! Vous êtes sur la bonne voie.

# Module 22
## LES BASES

**Focus** — Vocabulaire : les réseaux sociaux

*Corrigé page 232*

*Choisissez la bonne traduction.*

1. réseaux sociaux
   - **A** مواقع التّواصل الاجتماعي
   - **B** مواقع التّعارف
   - **C** مواقع إلكترونيّة

2. nom d'utilisateur
   - **A** اسم المُستخدِم
   - **B** كلمة السّرّ
   - **C** اسم العائلة

3. mot de passe
   - **A** بريد إلكتروني
   - **B** الرّقم السّرّي
   - **C** كلمة السّرّ

4. compte
   - **A** حساب
   - **B** فاتورة
   - **C** لائحة طعام

5. photo de profil
   - **A** صورة شخصيّة
   - **B** لوحة فنّيّة
   - **C** إطار صورة

6. commentaire
   - **A** خبر
   - **B** مقال
   - **C** تعليق

7. follower
   - **A** مُؤثِّر
   - **B** مُدوِّن
   - **C** مُتابِع

8. blog
   - **A** صفحة فايسبوك
   - **B** صورة ذاتيّة
   - **C** مُدوّنة

9. page Facebook
   - **A** صفحة كتاب
   - **B** صفحة فايسبوك
   - **C** صفحة جريدة

10. tweet
    - **A** أغنية
    - **B** مقال
    - **C** تغريدة

---

**Focus** — Les déclinaisons : révision

*Quelle est la fonction grammaticale du mot souligné dans les phrases suivantes ?*

١. وصل <u>المسافرون</u> إلى المطار.

- **A** sujet
- **B** COD

# Module 22
## LES BASES

٢. تساقطَ الثَّلجُ على الجبالِ.
- **A** COI
- **B** complément de nom

٣. أكلتم الكرزَ.
- **A** COD
- **B** complément de nature

٤. في مكتبتي ستّون كتاباً بالعربيّة.
- **A** complément de nature
- **B** complément de but

٥. ارتجفوا خوفاً.
- **A** complément de cause
- **B** complément de but

٦. خرجا من المكتب غاضبَيْن.
- **A** complément de nom
- **B** complément d'état

٧. استقبلنا الزّائرين عصراً.
- **A** complément circonstanciel de lieu
- **B** complément circonstanciel de temps

٨. زوجةُ أخيهِ امرأة خبيثة.
- **A** complément de nom
- **B** complément absolu

٩. مخرجُ المسرحيّةِ فنّانٌ موهوب.
- **A** sujet de la phrase nominale
- **B** complément de nom

١٠. علّقَ على الصّورةِ تعليقاً سخيفاً.
- **A** complément de nom
- **B** complément absolu

*Quel mot correctement vocalisé selon sa fonction grammaticale manque pour compléter chacune des phrases suivantes ?*

**Corrigé page 232**

١. فتحتُ ......... على الفايسبوك.
- **A** حسابٍ
- **B** حساباً
- **C** حسابٌ

٢. نسيَتْ كلمةَ .........
- **A** السَّرَّ
- **B** السَّرُّ
- **C** السَّرِّ

٣. عبَّر عن استيائهِ في ....... على تويتر.
- **A** تغريدةً
- **B** تغريدةٍ
- **C** تغريدةٌ

## Module 22
## LES BASES

*Corrigé page 232*

٤ التقينا بـ ....... المعروف.
Ⓐ المؤثَّرُ   Ⓑ المؤثِّرِ   Ⓒ المؤثَّرَ

٥ وضعَ ....... لطيفاً على منشورها.
Ⓐ تعليقٌ   Ⓑ تعليقَ   Ⓒ تعليقاً

*Quel est le bon sujet ou prédicat (selon le cas) qui manque pour compléter chacune des phrases nominales suivantes ?*

١ ....... الشّخصيّةُ الّتي نشرتها على الفايسبوك جميلة!
Ⓐ الصّفحةُ   Ⓑ البطاقةُ   Ⓒ الصّورةُ

٢ ....... بريده الإلكتروني مُدوَّنٌ في الملفّ.
Ⓐ عنوانٌ   Ⓑ موقعٌ   Ⓒ رقمٌ

٣ اشترى ....... سفره على الإنترنت.
Ⓐ صفحةَ   Ⓑ بطاقةَ   Ⓒ موقعَ

٤ الحاسوبُ .......
Ⓐ صعبٌ   Ⓑ لطيفٌ   Ⓒ مُعطَّلٌ

٥ إطارُ الصّورة .......
Ⓐ نشيطٌ   Ⓑ مكسورٌ   Ⓒ مفيدٌ

*Quel est le bon sujet qui manque pour compléter chacune des phrases verbales suivantes ?*

١ يتابعُ ....... صفحةَ المؤثِّر.
Ⓐ المعجبون   Ⓑ الموظّفون   Ⓒ الطّبّاخون

٢ انقطعَ ....... الإنترنت.
Ⓐ فاتورةُ   Ⓑ اتّصالُ   Ⓒ كلامٌ

٣ أثارَ ....... على حسابها غضبَه.
Ⓐ كلمةُ السِّرّ   Ⓑ الصّورُ   Ⓒ المنشورُ

٤ ذكرَ ....... اسمَ الكتاب الّذي قرأه هذا الأسبوع.
Ⓐ المدوّنةُ   Ⓑ المدوِّنُ   Ⓒ التّغريدةُ

# Module 22
## LES BASES

Corrigé page 232

٥ حصلَ ........ على نسبةِ اشتراكٍ عالية.
A الصّفحةُ    B المدوّنةُ    C الموقعُ

Quel est le bon COD qui manque pour compléter chacune des phrases suivantes ?

١ انتقدوا ........ الوزير.
A أغنيةَ    B تغريدةَ    C مسرحيّةَ

٢ أنزلا .......... على هاتفهما.
A لائحةَ الطّعام    B الفاتورةَ    C التطبيقَ

٣ حذفتَ ......... مِن صفحتك.
A المنشورَ    B السّوقَ    C اللّوحةَ

٤ وجدتُ ......... على مدوّنة الطّبخ.
A الحاسوبَ    B العقدَ    C الوصفةَ

٥ غيّرتِ .......... على واتساب.
A صورتَكِ الشّخصيّة    B سيرتَكِ الذّاتيّة    C رسالتَكِ

Quel est le bon COI qui manque pour compléter chacune des phrases suivantes ?

١ ردَّتْ على المنشور بـ............. ساخر.
A تعليقٍ    B تغريدةٍ

٢ عندي موعد مع المؤثّرة المشهورة لـ......... صحفيّة.
A رسالةٍ    B مقابلةٍ

٣ شكرَ الفنّان متابعيه على ......... على الفايسبوك.
A صفحته    B صورته الذّاتيّة

٤ وضعَ الحاسوبَ على .............
A التّغريدةِ    B المكتبِ

٥ نشروا إعلان الوظيفة على ......... الشّركة الإلكتروني.
A موقعِ    B صفحةِ

# Module 22
## LES BASES

Corrigé page 232

*Quel est le bon mot (ou les bons mots) qui manque(nt) pour compléter les cas d'annexion suivants ?*

١ أوراقُ ......
**A** البريدِ الإلكترونيّ **B** الأشجارِ **C** الفستقِ

٢ أزهارُ ......
**A** البحرِ **B** المحطّةِ **C** الحديقةِ

٣ كلمة ........
**A** السِّرِّ **B** المُستخدِمِ **C** القهوةِ

٤ اسم .........
**A** التّعليقِ **B** المستخدِمِ **C** التّغريدة

٥ مواقعُ .....
**A** التّواصلِ الاجتماعيّ **B** الألعابِ الأولمبيّةِ **C** لائحةِ الأسعارِ

*Quelle est la bonne traduction française de chacune des phrases suivantes ?*

١ عندي حساب فايسبوك.
**A** Je n'ai pas de compte Facebook.
**B** J'ai un compte Facebook.
**C** J'ai fermé mon compte Facebook.

٢ صورتُه الشّخصيّة قديمة جدّاً!
**A** Sa (féminin) photo de profil est très ancienne !
**B** Sa (masculin) photo de profil est très ancienne !
**C** Sa (féminin) photo de profil est très jolie !

٣ نسيَ كلمةَ السِّرّ!
**A** Il a oublié le mot de passe !
**B** Il a oublié son ordinateur !
**C** Il a oublié son adresse mail !

٤ أنزلتم تطبيقَ التعلّم الإلكتروني على هاتفكم.
**A** Vous avez téléchargé l'application e-learning sur votre téléphone.
**B** Vous avez téléchargé l'application bancaire sur votre téléphone
**C** Vous avez téléchargé l'application d'un réseau social sur votre téléphone.

# Module 22
## VOCABULAIRE

٥ كتبتِ رسالة إلكترونيّة إلى زميلك.

**A** Tu (féminin) as écrit une lettre à ton collègue.

**B** Tu (féminin) as écrit un e-mail à ton collègue.

**C** Tu as écrit un poème à ton collègue.

*Quelle est la bonne traduction arabe de chacune des phrases suivantes ?*

1. Elle a créé un blog de cuisine.

**A** أنشأتُ مدوّنة موضة.  **B** أنشأتُ مدوّنة طبخ.  **C** كتبت مقالاً عن الطّبخ.

2. Nous avons ouvert un compte Instagram.

**A** فتحنا حساب انستقرام.  **B** فتحنا حساب فايسبوك.  **C** فتحنا حساب تويتر.

3. Tu (masculin) as perdu ton nouvel ordinateur.

**A** أضعتَ كتابَكَ الجديد.  **B** أضعتَ هاتفَكَ الجديد.  **C** أضعتَ حاسوبَكَ الجديد.

4. Elle a beaucoup de followers !

**A** عندها الكثير من المتابعين.  **B** عندها الكثير من الزّملاء.  **C** عندها الكثير من الأصدقاء.

5. J'ai saisi le nom d'utilisateur et le mot de passe.

**A** أدخلتُ اسم العائلة والعنوان.  **B** أدخلتُ عنوان البريد الإلكتروني.  **C** أدخلتُ اسم المُستخدِم وكلمة السّرّ.

### Noms et adjectifs

| | |
|---|---|
| connexion Internet | اتّصال إنترنت |
| piratage de compte | اختراق حساب |
| mécontentement | استياء |
| nom de famille | اسم العائلة |
| chanson | أغنية |
| les jeux olympiques | الألعابُ الأولمبيّة |

## Module 22
## VOCABULAIRE

|  |  |
|---|---|
| Internet | إنترنت |
| e-mail | بريد إلكتروني |
| carte d'identité | بطاقة شخصيّة |
| application | تطبيق |
| e-learning | تعلّم إلكتروني |
| ordinateur | حاسوب |
| information / nouvelle | خبر |
| malin - maligne | خبيث-ـة |
| peur | خوف |
| e-mail | رسالة إلكترونيّة |
| le code pin | الرّقم السّرّي |
| moqueur - moqueuse | ساخر-ة |
| stupide | سخيف-ـة |
| selfie | صورة ذاتيّة |
| cuisine (préparation des aliments) | طبْخ |
| adresse mail | عنوان البريد الإلكتروني |
| vieux - vieille / ancien - ancienne | قديم-ـة |
| réalisateur - réalisatrice | مُخرِج-ـة |
| blogueur - blogueuse | مُدوِّن-ـة |
| utilisateur - utilisatrice | مُستخدِم-ـة |
| blessant-e / offensant-e | مُسيء - ـة |
| admirateur - admiratrice / fan | مُعجَب-ـة |
| dossier | ملفّ |
| interdit-e | ممنوع-ـة |
| post | منشور |
| les sites de rencontre | مواقع التّعارف |

## Module 22
### VOCABULAIRE

| | |
|---|---|
| sites Internet | مواقع إلكترونيّة |
| influenceur - influenceuse | مُؤَثِّر –ة |
| mode | موضة |
| site | موقع |
| doué-e / talenteux - talentueuse | موهوب –ة |
| pourcentage | نسبة |
| téléphone | هاتف |
| WhatsApp | واتساب |
| recette | وصفة |

**Verbes**

| | |
|---|---|
| provoquer | أثارَ – يُثيرُ |
| entrer (saisir) | أدخلَ – يُدخِلُ |
| trembler | ارتجفَ – يرتجفُ |
| critiquer | انتقدَ – ينتقدُ |
| télécharger | أنزلَ – يُنزِلُ |
| créer | أنشأ – يُنشِئُ |
| se couper | انقطعَ – ينقطعُ |
| suivre | تابعَ – يُتابعُ |
| tomber | تساقطَ – يتساقطُ |
| supprimer | حذفَ – يحذِفُ |
| exprimer | عبّرَ – يُعبِّرُ |
| changer | غيّرَ – يُغيِّرُ |
| oublier | نسيَ – ينسى |
| publier | نشرَ – ينشرُ |

# Module 22
## CORRIGÉ

### Corrigé

**PAGE 224**
1 **A**  2 **A**  3 **C**  4 **A**  5 **A**  6 **C**  7 **C**  8 **C**  9 **B**  10 **C**

**PAGES 224-225**
1 **A**  2 **A**  3 **A**  4 **A**  5 **A**  6 **B**  7 **B**  8 **A**  9 **A**  10 **B**

**PAGES 225-226**
1 **B**  2 **C**  3 **B**  4 **B**  5 **C**

**PAGE 226**
1 **C**  2 **A**  3 **B**  4 **C**  5 **B**

**PAGES 226-227**
1 **A**  2 **B**  3 **C**  4 **B**  5 **C**

**PAGE 227**
1 **B**  2 **C**  3 **A**  4 **C**  5 **A**
1 **A**  2 **B**  3 **A**  4 **B**  5 **A**

**PAGE 228**
1 **B**  2 **C**  3 **A**  4 **B**  5 **A**

**PAGES 228-229**
1 **B**  2 **B**  3 **A**  4 **A**  5 **B**

**PAGE 229**
1 **B**  2 **A**  3 **C**  4 **A**  5 **C**

---

**Vous avez obtenu entre 0 et 15 ?** Reprenez chaque question en regardant les endroits où vous avez fait des erreurs.

**Vous avez obtenu entre 16 et 31 ?** C'est très moyen, mais ne vous découragez pas.

**Vous avez obtenu entre 32 et 47 ?** Formidable ! Analysez les erreurs et, si besoin, révisez la ou les notions que vous ne maîtrisez pas complètement.

**Vous avez obtenu 48 et plus ?** Bravo ! Vous êtes sur la bonne voie.

# Module 23
## LES BASES

**Focus** Vocabulaire : les médias

*Choisissez la bonne traduction.*

Corrigé page 240

1. les médias

   **A** وسائل التّواصل الاجتماعي  **B** وسائل الإعلام  **C** وسائل النّقل

2. la presse

   **A** المسرحيّة  **B** النّشرة الجويّة  **C** الصّحافة

3. les informations

   **A** نشرة الأخبار  **B** النّشره الجويّه  **C** مجلّة

4. article

   **A** قصّة  **B** مقال  **C** رواية

5. journal quotidien

   **A** صحيفة شهريّة  **B** صحيفة يوميّة  **C** مجلّة

6. journal hebdomadaire

   **A** صحيفة أسبوعيّة  **B** صحيفة شهريّة  **C** مجلّة

7. journal mensuel

   **A** صحيفة شهريّة  **B** مجلّة  **C** وثائقي

8. émission

   **A** مجلّة  **B** مقابلة  **C** برنامج

9. documentaire

   **A** مُسلسل  **B** مسرحيّة  **C** وثائقي

10. magazine d'actualité

    **A** مجلّة إخباريّة  **B** مجلّة رياضيّة  **C** مجلّة نسائيّة

---

**Focus** Les cinq noms

*Choisissez le bon mot, faisant partie des 5 noms, et dont la traduction est donnée à chaque fois.*

1. père

   **A** أمّ  **B** أخت  **C** أب

# Module 23
## LES BASES

2. frère

A) عمّ    B) أخ    C) خال

3. beau-père

A) حماة    B) خال    C) حم

4. bouche

A) أنف    B) فو    C) عين

5. qui possède / qui a

A) في    B) ما    C) ذو

> **Astuce** Les 5 noms en arabe sont des noms qui, lorsqu'ils sont utilisés au singulier et annexés à un complément (nom ou pronom), prolongent leur voyelle finale, aux trois cas de déclinaison. Attention, la condition étant qu'ils soient annexés, ils ne prennent donc pas dans ce cas l'article الـ !
> Le mot حم désigne le *beau-père* c'est-à-dire le père du mari ou de l'épouse.
> Le mot فو est l'équivalent de فم (qui ne fait pas partie des 5 noms) et signifie *bouche*.
> ذو est un mot masculin singulier qui indique que le nom masculin qui le précède est le possesseur du nom qui le suit.

## Focus — Les cinq noms au cas sujet

*Corrigé page 240*

Quelle est la forme correcte du nom qui manque pour compléter chacune de ces phrases ?

١  ......... ممثّل معروف.

A) أبيه    B) أبوه

٢  وصل ......... صديقي اليوم من السّفر.

A) أخو    B) أخُ

٣  الشّابّ ......... الشّارب هو كاتب المقال.

A) ذا    B) ذو

٤  ......... رجل أعمال.

A) حموها    B) حميها

**Module 23**
**LES BASES**

٥ ....... ينطقُ بالكلام الجميل.

A فاه    B فوه

**Astuce** Au cas sujet, la marque de la déclinaison pour les cinq noms est le **wâw** et non la **ḍamma**.

**Focus** Les cinq noms au cas direct

*Quelle est la forme correcte du nom qui manque pour compléter chacune de ces phrases ?*

*Corrigé page 240*

١ استقبلتُ ....... بفرح كبير.

A حميها    B حماها

٢ ساعدنا ....... في حلّ مشكلته.

A أخونا    B أخانا

٣ رأيتُ الرّجلَ ....... القميص الأصفر.

A ذا    B ذو

٤ فتَحَ ........

A فيه    B فاهُ

٥ يحبّان ......... حبًّا كبيراً.

A أباهما    B أبوهم

**Astuce** Au cas direct, la marque de la déclinaison pour les cinq noms est le **'alif** et non la **fatḥa**.

**Focus** Les cinq noms au cas indirect

*Quelle est la forme correcte du nom qui manque pour compléter chacune de ces phrases ?*

١ التقيتُ بـ....... في السّوق.

A أخيه    B أخاه

٢ في .......... أسنان مُسوَّسة.

A فاه    B فيه

## Module 23
## LES BASES

٣ سلّمنا على ......... زميلتنا.
- Ⓐ أبي
- Ⓑ أبا

٤ هذا المعطف للولد ......... الشّعر الأشقر.
- Ⓐ ذا
- Ⓑ ذي

٥ هذه نظارات .........
- Ⓐ حموه
- Ⓑ حميه

**Corrigé page 240**

> **Astuce** Au cas indirect, la marque de la déclinaison pour les cinq noms est le **yâ'** non la **kasra**.

### Focus  Les cinq noms attachés au pronom affixe ـي

*Choisissez la bonne traduction française pour chacune des phrases suivantes.*

1. Mon père présente les informations.
   - Ⓐ يقدّمُ أبوكما نشرة الأخبار.
   - Ⓑ يقدّمُ أبونا نشرة الأخبار.
   - Ⓒ يقدّمُ أبي نشرة الأخبار.

2. Je me suis rincé la bouche.
   - Ⓐ غسلتُ فاه.
   - Ⓑ غسلتُ فيّ.
   - Ⓒ غسلتُ فاكِ.

3. Mon beau-père est journaliste.
   - Ⓐ حموكَ صحافيّ.
   - Ⓑ حماي صحافيّ.
   - Ⓒ حموها صحافيّ.

4. Mouna est la femme de mon frère.
   - Ⓐ منى زوجة أخيكِ.
   - Ⓑ منى زوجة أخي.
   - Ⓒ منى زوجة أخيه.

> **Astuce** Lorsque أب، أخ، حم، فو sont annexés au pronom affixe ـي، la marque de leur déclinaison disparait, dans les trois cas, au profit de ce dernier.

*Quelle phrase amène la bonne correction à l'erreur glissée dans la phrase proposée ?*

١ الآباءَ حنونون.
- Ⓐ الآباءِ حنونون.
- Ⓑ الآباءُ حنونون.
- Ⓒ الأبوان حنونون.

# Module 23
## LES BASES

٢  هم مِن ذو الدَّخل المحدود.
- Ⓐ هم مِن ذي الدَّخل المحدود.
- Ⓑ هم مِن ذوو الدَّخل المحدود.
- Ⓒ هم مِن ذوي الدَّخل المحدود.

٣  في أفواهَهُم كلمات جارحة.
- Ⓐ في أفواهُهُم كلمات جارحة.
- Ⓑ في فاهُم كلمات جارحة.
- Ⓒ في أفواهِهِم كلمات جارحة.

٤  الحموَيْن يعملان في المجلَّة الرياضيّة.
- Ⓐ الحموان يعملان في المجلَّة الرياضيّة.
- Ⓑ الأحماء يعملان في المجلَّة الرياضيّة.
- Ⓒ الحمُ يعملان في المجلَّة الرياضيّة.

٥  كميل، رامي وسامي أخي.
- Ⓐ كميل، رامي وسامي إخوتي.
- Ⓑ كميل، رامي وسامي أخواي.
- Ⓒ كميل، رامي وسامي أختي.

*Corrigé page 240*

**Astuce** La particularité de déclinaison des cinq noms, c'est-à-dire avec la prolongation de la voyelle finale, ne s'applique que lorsqu'ils sont au singulier (et non au duel ou au pluriel) et lorsqu'ils sont annexés à un nom ou à un pronom (et dans ce cas, ils ne doivent bien sûr pas porter l'article الـ) ! Si ces conditions ne sont pas remplies, les cinq noms se déclinent alors de la même manière que les autres noms qui n'appartiennent pas à leur catégorie.

*Quel est l'équivalent féminin des noms suivants ?*

١  أب
- Ⓐ عمّة   Ⓑ أمّ   Ⓒ ابنة

٢  أخ
- Ⓐ حماة   Ⓑ خالة   Ⓒ أخت

# Module 23
## LES BASES

٣ ذو
- **A** ذوي
- **B** ذوو
- **C** ذات

٤ حم
- **A** خطيبة
- **B** حماة
- **C** زوجة

> **Astuce** La particularité de déclinaison des cinq noms ne s'applique pas à leur féminin !

*Et maintenant, quelle est la bonne traduction française pour chacune des phrases suivantes ?*

**Corrigé page 240**

١ هي تتكلّم وفوها ممتلئ بالطّعام!
- **A** Elle parle la bouche pleine !
- **B** Elle mange la bouche ouverte !
- **C** Elle ne parle jamais la bouche pleine !

٢ يتابعُ أبوكَ هذا المسلسل.
- **A** Ton beau-père suit ce feuilleton.
- **B** Ton père suit ce feuilleton.
- **C** Ton père suit cette émission.

٣ تصالحتُ مع أخي.
- **A** Je me suis réconcilié avec mon père.
- **B** Je me suis réconcilié avec mon frère.
- **C** Je me suis réconcilié avec mon beau-père.

٤ هو ذو خبرة في مجال الصّحافة.
- **A** Il a de l'expérience dans le domaine de la presse.
- **B** Il a de l'expérience dans le domaine des médias.
- **C** Il n'a aucune expérience dans le domaine de la presse.

٥ اشتركَ حموه في البرنامج.
- **A** Son beau-père a présenté le bulletin météo.
- **B** Son beau-père a participé à l'émission.
- **C** Son beau-père a joué dans le feuilleton.

# Module 23
## VOCABULAIRE

### Noms et adjectifs

| | |
|---|---|
| blond-e | أشقر – شقراء |
| nez | أنف |
| blessant-e | جارح – جارحة |
| affectueux - affectueuse / tendre | حنون–ة |
| expérience | خبرة |
| revenu limité | دخْل محدود |
| roman | رواية |
| moustache | شارب |
| journaliste | صحافيّ –ة |
| œil | عين |
| joie | فرح |
| chemise | قميص |
| domaine | مجال |
| magazine | مجلّة |
| magazine féminin | مجلّة نسائيّة |
| feuilleton | مُسلسل |
| cariée (en parlant d'une dent) | مسوّسة |
| le bulletin météo | النّشرة الجوّية |

### Verbes

| | |
|---|---|
| se réconcilier | تصالَحَ – يتصالَحُ |
| prononcer | نطقَ – ينطِقُ |

# Module 23
## CORRIGÉ

### Corrigé

**PAGE 233**
1 **B**  2 **C**  3 **A**  4 **B**  5 **B**  6 **A**  7 **A**  8 **C**  9 **C**  10 **A**

**PAGES 233-234**
1 **C**  2 **B**  3 **C**  4 **B**  5 **C**

**PAGES 234-235**
1 **B**  2 **A**  3 **B**  4 **A**  5 **B**

**PAGE 235**
1 **B**  2 **B**  3 **A**  4 **B**  5 **A**

**PAGES 235-236**
1 **A**  2 **B**  3 **A**  4 **B**  5 **B**

**PAGE 236**
1 **C**  2 **B**  3 **B**  4 **B**

**PAGES 236-237**
1 **B**  2 **C**  3 **C**  4 **A**  5 **A**

**PAGES 237-238**
1 **B**  2 **C**  3 **C**  4 **B**

**PAGE 238**
1 **A**  2 **B**  3 **B**  4 **A**  5 **B**

---

**Vous avez obtenu entre 0 et 15 ?** Reprenez chaque question en regardant les endroits où vous avez fait des erreurs.

**Vous avez obtenu entre 16 et 27 ?** C'est très moyen, mais ne vous découragez pas.

**Vous avez obtenu entre 28 et 39 ?** Formidable ! Analysez les erreurs et, si besoin, révisez la ou les notions que vous ne maîtrisez pas complètement.

**Vous avez obtenu 40 et plus ?** Bravo ! Vous êtes sur la bonne voie.

# Module 24
## LES BASES

### Focus  Vocabulaire : l'art

*Choisissez la bonne traduction.*

Corrigé page 249

1. musée
   - A متحف
   - B معرض
   - C مسرح

2. peinture / dessin
   - A نحت
   - B رسم
   - C غناء

3. tableau
   - A صورة
   - B منحوتة
   - C لوحة

4. sculpture (action de sculpter)
   - A رقص
   - B نحت
   - C رسم

5. artiste
   - A شاعر
   - B فنّان
   - C مُمثِّل

6. art
   - A فنّ
   - B موهبة
   - C كتابة

7. pièce de théâtre
   - A مُسلسل
   - B برنامج
   - C مسرحيّة

8. musique
   - A غناء
   - B موسيقى
   - C لحن

9. acteur
   - A مُمثِّل
   - B راقص
   - C مُغنٍّ

10. théâtre
    - A معرض
    - B مكتبة
    - C مسرح

### Focus كانَ dans la phrase nominale

*Quelle est la bonne réponse qui corrige l'erreur glissée dans chacune des phrases suivantes ?*

١ كانَ العرضُ ممتعٌ.
  - A العرضَ
  - B ممتعاً

## Module 24
## LES BASES

٢  كانَ الرّسّامون بارعون.
  **A** الرّسّامين   **B** بارعين

٣  كانَ البحرَ هائجاً.
  **A** البحرُ   **B** هائجٌ

٤  كانت الشّاعرتان غائبتان.
  **A** الشّاعرتَيْن   **B** غائبتَيْن

٥  كانَ رقصُها رائعٌ.
  **A** رقصُها   **B** رائعاً

**Astuce** Pour rappel, كانَ rend le sens du verbe *être* au passé. كانَ met le prédicat de la phrase nominale au cas direct alors qu'elle ne modifie pas le cas du sujet.

### Focus — La phrase nominale au passé

*Corrigé page 249*

*Quelle réponse met la phrase nominale proposée au passé ?*

١  المسلسلُ طويلٌ.
  **A** سيكون المسلسلُ طويلاً.   **B** كانَ المسلسلُ طويلاً.

٢  أبوه فنّان.
  **A** سيكونُ أبوه فنّاناً.   **B** كانَ أبوه فنّاناً.

٣  البرنامج مسلٍّ.
  **A** سيكون البرنامجُ مسلّياً.   **B** كانَ البرنامجُ مسلّياً.

٤  موهبته كبيرة.
  **A** كانت موهبتُه كبيرةً.   **B** ستكون موهبتُه كبيرةً.

٥  غناؤها جميلٌ.
  **A** كانَ غناؤها جميلاً.   **B** سيكونُ غناؤها جميلاً.

**Astuce** كانَ; conjugué au passé, met la phrase nominale au passé.

## Module 24
## LES BASES

**Focus** Accord de كانَ avec le sujet de la phrase nominale

Choisissez la bonne forme de كانَ qui manque pour compléter chacune de ces phrases.

١ ......... الفنّانات موهوبات.

  **A** كُنَّ   **B** كانَ   **C** كانت

٢ المغنّيتان ......... جاهزتيْن للعرض.

  **A** كانتْ   **B** كانتا   **C** كانا

٣ ......... الرّسامان مشهوريْن.

  **A** كانَ   **B** كانتا   **C** كانا

٤ الممثّلون ......... فرحانين بنجاح المُسلسل.

  **A** كانوا   **B** كُنَّ   **C** كانَ

٥ ...... مخرجو المسرحيّة مدعوّين إلى الحفلة.

  **A** كانتا   **B** كُنَّ   **C** كانَ

**Astuce** Comme tous les verbes, placé avant le nom, كانَ s'accorde en genre mais pas en nombre avec ce dernier. Placé après lui, كانَ s'accorde en genre et en nombre avec le nom.

**Focus** L'équivalent du verbe *avoir* au passé, formé avec كانَ

*Choisissez la bonne traduction française pour chacune des phrases suivantes.*

١ كان لديها محلّ ملابس.

  **A** Elle a travaillé dans une boutique de vêtements.

  **B** Elle avait une boutique de vêtements.

  **C** Elle travaillera dans une boutique de vêtements.

٢ كان لديه أمل بالنّجاح.

  **A** Il avait l'espoir de réussir.

  **B** Il a perdu l'espoir.

  **C** Il n'a plus l'espoir de réussir.

Corrigé page 249

243

## Module 24
### LES BASES

٣. كان لأخيه بيت قرب المتحف.

- **A** Son frère avait une maison près du musée.
- **B** Son frère vendra sa maison près du musée.
- **C** Son frère achètera la maison près du musée.

٤. كان لديهنّ موهبة كبيرة.

- **A** Elles ont un grand talent.
- **B** Elles avaient un grand talent.
- **C** Elles n'ont pas de talent.

٥. كان عندهم لوحة لبيكاسو.

- **A** Ils ont un tableau de Picasso.
- **B** Ils achèteront un tableau de Picasso
- **C** Ils avaient un tableau de Picasso.

**Astuce** كانَ, suivi de l'une des prépositions qui expriment la possession (لدى، لـِ، عند), rend le sens du verbe *avoir* au passé.

### Focus  Le plus-que-parfait

*Corrigé page 249*

*Choisissez la bonne traduction arabe pour chacune des phrases suivantes.*

1. La pièce de théâtre avait déjà commencé quand nous sommes arrivés.

- **A** كانت المسرحيّة تبدأ في السّاعة العاشرة مساءً.
- **B** كانت المسرحيّة من تأليف كاتب كبير.
- **C** كانت المسرحيّة قد بدأت عندما وصلنا.

2. Les fleurs avaient fané dans le jardin.

- **A** كانت الأزهار تنبتُ في الحديقة.
- **B** كانت الأزهار قد ذبلتْ في الحديقة.
- **C** كان يزرعُ الأزهار في الحديقة.

# Module 24
## LES BASES

3. Ils avaient consulté le médecin plusieurs fois.

   Ⓐ كانوا قد استشاروا الطّبيب عدّة مرّات.

   Ⓑ كانوا يستشيرون الطّبيب عدّة مرّات.

   Ⓒ كانوا قد كلّموا الطّبيب عدّة مرّات.

4. Nous avions appris l'arabe au Liban.

   Ⓐ كُنّا نتعلّمُ العربيّة في لبنان.

   Ⓑ كنّا نعيشُ في لبنان.

   Ⓒ كُنّا قد تعلّمنا العربيّة في لبنان.

5. Elle lui avait présenté ses excuses.

   Ⓐ كانتْ قد سخرتْ منه.

   Ⓑ كانتْ قد اعتذرتْ منه.

   Ⓒ كانتْ تسخرُ منه.

**Astuce** La tournure كانَ قد, suivie d'un verbe à l'accompli, se traduit en français par le plus-que-parfait.

## Focus  Conjugaison de كانَ à l'inaccompli

*Corrigé page 249*

*Choisissez la bonne conjugaison de كانَ à l'inaccompli, qui va avec le ou les pronoms proposés.*

١ أنا

Ⓐ نكونُ    Ⓑ تكونُ    Ⓒ أكونُ

٢ أنتَ – أنتِ

Ⓐ يكونون – يكنَّ    Ⓑ تكونُ – تكونين    Ⓒ يكونُ – تكونُ

٣ هو – هي

Ⓐ أكونُ – تكونُ    Ⓑ يكونُ – تكونُ    Ⓒ نكونُ – تكونُ

٤ أنتما

Ⓐ تكونان    Ⓑ يكونان    Ⓒ تكونون

# Module 24
## LES BASES

٥ هما (مذكّر) – هما (مؤنّث)
- **A** تكونان – تكنَّ
- **B** يكونون – يكنَّ
- **C** يكونان – تكونان

٦ نحنُ
- **A** نكونُ
- **B** أكونُ
- **C** يكونُ

٧ أنتم
- **A** يكونون
- **B** تكنَّ
- **C** تكونون

٨ أنتنَّ
- **A** تكونين
- **B** تكنَّ
- **C** يكنَّ

٩ هم
- **A** يكونون
- **B** يكونان
- **C** تكونون

١٠ هنَّ
- **A** تكونين
- **B** تكنَّ
- **C** يكنَّ

**Astuce** L'inaccompli de كانَ n'exprime pas le présent du verbe d'existence en arabe mais plutôt le futur. Pour cette raison, il est souvent renforcé par le préfixe ـسـ ou la particule سوفَ.

## Focus   La phrase nominale au futur

*Corrigé page 249*

*Quelle réponse met correctement la phrase nominale proposée au futur ? Attention également à la vocalisation du sujet et du prédicat !*

١ الطّقسُ جميلٌ اليوم.
- **A** سيكونُ الطّقسُ جميلٌ اليوم.
- **B** سيكونُ الطّقسَ جميلٌ اليوم.
- **C** سيكونُ الطّقسُ جميلاً اليوم.

٢ العشاءُ لذيذٌ.
- **A** كانَ العشاءُ لذيذاً.
- **B** سيكونُ العشاءُ لذيذاً.
- **C** كانَ العشاءُ لذيذٌ.

**Module 24**
**LES BASES**

٣ الدّرسُ سهلٌ.
- A سوفَ يكونُ الدّرسُ سهلاً.
- B سيكونُ الدّرسَ سهلٌ.
- C كانَ الدّرسُ سهلاً.

٤ الأصدقاءُ مجتمعون.
- A الأصدقاءُ كانوا مجتمعين.
- B كانَ الأصدقاءُ مجتمعين.
- C سيكونُ الأصدقاءُ مجتمعين.

٥ الموسيقى ناعمةٌ في الحفلة.
- A سوفَ تكونُ الموسيقى ناعمةً في الحفلة.
- B الموسيقى كانتْ ناعمةً في الحفلة.
- C كانتِ الموسيقى ناعمةً في الحفلة.

*Choisissez, selon le cas, le bon sujet ou le bon prédicat qui manque pour compléter chacune des phrases suivantes.*

Corrigé page 249

١ كانت ............ زرقاء.
- A البحرُ
- B السّماءُ

٢ كانَ شعرُها ...............
- A طويلاً
- B موهوباً

٣ كانَ رودان ............
- A رسّاماً
- B نحّاتاً

٤ كان ......... بارداً.
- A القميصُ
- B الماءُ

٥ كان كلامُه ............
- A جارحاً
- B مُعطّلاً

## Module 24
## VOCABULAIRE

### Noms et adjectifs

| | |
|---|---|
| fleurs | أزهار |
| espoir | أمل |
| qui excelle dans un domaine | بارع –ة |
| mer agitée | بحر هائج |
| Picasso | بيكاسو |
| rédaction d'une œuvre littéraire ou artistique | تأليف |
| danseur - danseuse | راقص –ة |
| Rodin | رودان |
| plusieurs fois | عدّة مرّات |
| chant | غناء |
| Liban | لبنان |
| refrain / mélodie | لحن |
| eau | ماء |
| réunis | مجتمعون |
| invité-e | مدعوّ –ة |
| amusant-e | مُسلٍّ – مُسلِّية |
| salon (pour une exposition) | معرض |
| sculpture / gravure | منحوتة |
| don / talent | موهبة |
| doux - douce | ناعم –ة |
| sculpteur - sculptrice | نحّات –ة |

### Verbes et adverbes

| | |
|---|---|
| consulter | استشارَ – يستشيرُ |
| apprendre | تعلّمَ – يتعلّمُ |
| faner | ذبلَ – يذبلُ |
| se moquer | سخرَ – يسخرُ |
| assister à | شاهدَ – يُشاهدُ |
| quand | عندما |
| avant de | قبل |
| pousser (en parlant des plantes) | نبتَ – يَنبُتُ |

**Module 24**
CORRIGÉ

## Corrigé

**PAGE 241**
1 **A**  2 **B**  3 **C**  4 **B**  5 **B**  6 **A**  7 **C**  8 **B**  9 **A**  10 **C**

**PAGES 241-242**
1 **B**  2 **B**  3 **A**  4 **B**  5 **B**

**PAGE 242**
1 **B**  2 **B**  3 **B**  4 **A**  5 **A**

**PAGE 243**
1 **C**  2 **B**  3 **A**  4 **A**  5 **C**

**PAGES 243-244**
1 **B**  2 **A**  3 **A**  4 **B**  5 **C**

**PAGES 244-245**
1 **C**  2 **B**  3 **A**  4 **C**  5 **B**

**PAGES 245-246**
1 **C**  2 **B**  3 **A**  4 **A**  5 **C**  6 **A**  7 **C**  8 **B**  9 **A**  10 **C**

**PAGES 246-247**
1 **C**  2 **B**  3 **A**  4 **C**  5 **A**

**PAGE 247**
1 **B**  2 **A**  3 **B**  4 **B**  5 **A**

VOTRE SCORE :

**Vous avez obtenu entre 0 et 14 ?** Reprenez chaque question en regardant les endroits où vous avez fait des erreurs.

**Vous avez obtenu entre 15 et 29 ?** C'est très moyen, mais ne vous découragez pas.

**Vous avez obtenu entre 30 et 44 ?** Formidable ! Analysez les erreurs et, si besoin, révisez la ou les notions que vous ne maîtrisez pas complètement.

**Vous avez obtenu 45 et plus ?** Bravo ! Vous êtes sur la bonne voie.

# Module 25
## LES BASES

**Focus** Vocabulaire : L'informatique

*Corrigé page 258*

*Choisissez la bonne traduction. Attention, deux réponses sont possibles pour l'un des mots !*

1. ordinateur
   - A حساب
   - B حاسوب

2. informatique
   - A معلوماتيّة
   - B معلومات

3. copier / coller
   - A حذف / إلغاء
   - B نسخ / لصق

4. écran
   - A شاشة
   - B فأرة

5. internet
   - A إنترنت
   - B كهرباء

6. clavier
   - A حاسوب لوحي
   - B لوحة مفاتيح

7. souris
   - A شاحن
   - B فأرة

8. connexion
   - A تطبيق
   - B اتّصال

9. boîte mail
   - A بريد إلكتروني
   - B حساب

10. téléchargement
    - A تنزيل
    - B تحميل

# Module 25
## LES BASES

**Focus** La négation de كانَ au futur

*Corrigé page 258*

*Choisissez la bonne traduction.*

1. Je ne serai pas à la maison.
   - **A** لن نكونَ في البيت.
   - **B** لن أكونَ في البيت.

2. Tu (masculin) ne seras pas à la bibliothèque.
   - **A** لن تكونَ في المكتبة.
   - **B** لن تكوني في المكتبة.

3. Elle ne sera pas à l'école.
   - **A** لن يكونَ في المدرسة.
   - **B** لن تكونَ في المدرسة.

4. Nous ne serons pas au bureau.
   - **A** لن يكونا في المكتب.
   - **B** لن نكونَ في المكتب.

5. Ils ne seront pas cuisiniers.
   - **A** لن يكنَّ طبّاخات.
   - **B** لن يكونوا طبّاخين.

6. Il ne sera pas agriculteur.
   - **A** لن يكونا مزارعَيْن.
   - **B** لن يكونَ مزارعاً.

7. Vous (masculin) ne serez pas à la réunion.
   - **A** لن تكونوا في الاجتماع.
   - **B** لن تكنَّ في الاجتماع.

8. Elles ne seront pas à l'hôtel.
   - **A** لن يكنَّ في الفندق.
   - **B** لن يكونوا في الفندق.

9. Ils (eux deux) ne seront pas ingénieurs.
   - **A** لن تكونا مهندسَيْن.
   - **B** لن يكونا مهندسَيْن.

10. Vous (deux) ne serez pas à Paris.
    - **A** لن تكونا في باريس.
    - **B** لن تكونوا في باريس.

**Astuce** Pour la négation de كانَ au futur, nous utilisons la particule لن suivie du verbe كانَ conjugué au subjonctif.

## Module 25
### LES BASES

**Focus** La négation de la phrase nominale au futur

*Quelle réponse met correctement la phrase proposée au futur, à la forme négative ?*

١ الاتّصالُ بالإنترنت مقطوعٌ.
- **A** كانَ الاتّصالُ بالإنترنت مقطوعاً.
- **B** لن يكونَ الاتّصالُ بالإنترنت مقطوعاً.
- **C** سيكونُ الاتّصالُ بالإنترنت مقطوعاً.

٢ الفندقُ مكتظٌّ.
- **A** لن يكونَ الفندقُ مكتظّاً.
- **B** سيكونُ الفندقُ مكتظّاً.
- **C** كانَ الفندقُ مكتظّاً.

*Corrigé page 258*

٣ الحاسوبُ رخيصٌ.
- **A** سيكونُ الحاسوبُ رخيصاً.
- **B** كانَ الحاسوبُ رخيصاً.
- **C** لن يكونَ الحاسوبُ رخيصاً.

٤ الاجتماعُ مملٌّ.
- **A** سيكونُ الاجتماعُ مملّاً.
- **B** لن يكونَ الاجتماعُ مملّاً.
- **C** كانَ الاجتماعَ مملّاً.

٥ تحميلُ التّطبيق بطيءٌ.
- **A** سيكونُ تحميلُ التّطبيق بطيئاً.
- **B** لن يكونَ تحميلُ التّطبيق بطيئاً.
- **C** كانَ تحميلُ التّطبيق بطيئاً.

**Astuce** Pour mettre une phrase nominale au futur à la forme négative, nous employons la négation au futur de كانَ (c'est-à-dire la particule لن suivie du subjonctif de كانَ). Attention, pour rappel, le prédicat de la phrase nominale qui comporte كانَ se met toujours au cas direct !

# Module 25
## LES BASES

**Focus** La négation de كانَ avec la particule ما

*Choisissez la bonne traduction.*

١) ما كنتُ

- **A** je n'étais pas
- **B** elle n'était pas
- **C** il n'était pas

٢) ما كانتْ

- **A** elles n'étaient pas
- **B** elle n'était pas
- **C** il n'était pas

٣) ما كانَ

- **A** ils n'étaient pas
- **B** nous n'étions pas
- **C** il n'était pas

٤) ما كانوا

- **A** elles n'étaient pas
- **B** ils n'étaient pas
- **C** tu (f.) n'étais pas

٥) ما كنّا

- **A** ils n'étaient pas
- **B** vous n'étiez pas
- **C** nous n'étions pas

**Astuce** Pour mettre كانَ à la forme négative, nous pouvons tout simplement faire précéder la forme voulue de ce verbe par la particule de négation ما.

*Et maintenant, quelle réponse met correctement la phrase nominale proposée au passé, à la forme négative, en utilisant la particule ما ? Faites attention à la bonne vocalisation du sujet et du prédicat !*

١) السّماءُ ممطرةٌ.

- **A** ما كانت السّماءُ ممطرةً.
- **B** كانت السّماءُ ممطرةً.
- **C** ما كانت السّماءُ ممطرةٌ.

٢) امتحانُ المعلوماتيّة سهلٌ.

- **A** ما كانَ امتحانِ المعلوماتيّة سهلٌ.
- **B** ما كانَ امتحانُ المعلوماتيّة سهلاً.
- **C** ما كانَ امتحانَ المعلوماتيّة سهلاً.

٣) شاشةُ الحاسوب مكسورةٌ...

- **A** لن تكونَ شاشةُ الحاسوب مكسورةً.
- **B** ما كانت شاشةُ الحاسوب مكسورةً.
- **C** ستكونُ شاشةَ الحاسوب مكسورةً.

## Module 25
## LES BASES

٤ نحن موظّفون في الشّركة.

**A** ما كنّا موظّفَيْن في الشّركة. **B** ما كنّا موظّفِين في الشّركة. **C** ما كنّا موظّفون في الشّركة.

٥ هم نائمون.

**A** ما كانوا نائمين. **B** ما كانوا نائمون. **C** كانوا نائمين.

> **Astuce** Comme كانَ met automatiquement la phrase nominale au passé, la négation au passé d'une phrase nominale implique donc d'utiliser la forme négative de كانَ dans sa construction.
> La forme négative de كانَ peut être obtenue, entre autres, par l'emploi de la particule de négation ما.

**Focus** La négation de كانَ avec la particule لم

*Corrigé page 258*

*Choisissez la bonne conjugaison au passé de كانَ à la forme négative avec لم, qui correspond au pronom personnel proposé.*

١ نحن
**A** لم أكُنْ **B** لم نكُنْ

٢ أنتَ
**A** لم تكُنْ **B** لم تكوني

٣ أنتِ
**A** لم تكونا **B** لم تكوني

٤ أنتم
**A** لم تكونوا **B** لم يكونوا

٥ أنتنّ
**A** لم يكُنَّ **B** لم تكُنَّ

٦ هي
**A** لم يكُنْ **B** لم تكُنْ

٧ هما (مذكّر)
**A** لم يكونا **B** لم تكونا

## Module 25
## LES BASES

٨ هما (مؤنث)
Ⓐ لم يكونوا   Ⓑ لم تكونا

٩ هنَّ
Ⓐ لم تكُنَّ   Ⓑ لم يكُنَ

١٠ أنتما
Ⓐ لم يكونا   Ⓑ لم تكونا

**Astuce** Une autre façon de mettre كانَ à la forme négative consiste aussi à employer la particule لم suivi de l'apocopé de كانَ. Nous verrons des exercices sur l'apocopé dans un chapitre ultérieur.

*Et maintenant, quelle réponse met correctement la phrase proposée à la forme négative en utilisant la particule لم ? Attention également à la bonne vocalisation du sujet et du prédicat.*

١ الشّرحُ مفيدٌ.
Ⓐ لم يكُن الشّرحَ   Ⓑ لم يكُن الشّرحُ مفيداً.   Ⓒ لم يكُن الشّرحُ مفيدٌ.

٢ صديقتا هدى وفتيان.
Ⓐ صديقتا هدى لم يكونا وفتيَّيْن.   Ⓑ صديقتَيْ هدى لم تكونا وفتيَّيْن.   Ⓒ صديقتا هدى لم تكونا وفتيَّيْن.

٣ نسخُ محتوى التّطبيق ممنوعٌ.
Ⓐ لم يكُن نسخُ محتوى التّطبيق ممنوعٌ.   Ⓑ لم يكُن نسخُ محتوى التّطبيق ممنوعاً.   Ⓒ لم تكُنْ نسخُ محتوى التّطبيق ممنوعاً.

٤ هم مشتركون في النّادي الرّياضيّ.
Ⓐ لم يكونوا مشتركين في النّادي الرّياضيّ.   Ⓑ لم يكونا مشتركين في النّادي الرّياضيّ.   Ⓒ لم يكونوا مشتركون في النّادي الرّياضيّ.

٥ هي مسؤولةٌ عن الحادث.
Ⓐ لم أكُنْ مسؤولةً عن الحادث.   Ⓑ لم تكُنْ مسؤولةً عن الحادث.   Ⓒ لم تكُنْ مسؤولةٌ عن الحادث.

## Module 25
### LES BASES

**Astuce** Une autre façon de mettre la phrase nominale au passé à la forme négative est d'y introduire la particule لَمْ, suivie de l'apocopé de كانَ.

*Quelle est la « correction » qui doit être amenée à l'erreur glissée dans chacune des phrases proposées ?*

١  ما كانَ الحاسوبُ اللّوحي جديدٌ.
  **A** جديداً   **B** الحاسوبَ   **C** ما كانت

٢  لاعبو كرة القدم لم يكونون فائزين.
  **A** فائزون   **B** لم يكونوا   **C** لاعبي

٣  لن يكُنْ المهندسُ ناجحاً.
  **A** ناجحٌ   **B** لن يكونَ   **C** المهندسَ

٤  ما كان لوحةُ المفاتيح معطّلةً.
  **A** ما كانت   **B** لوحةَ المفاتيح   **C** معطّلةٌ

٥  لم يكونَ الشّاحنُ ضائعاً.
  **A** ضائعٌ   **B** لم يكُنْ   **C** الشّاحنَ

*Quelle est la bonne traduction arabe de chacune de ces phrases ?*  **Corrigé page 258**

1. La marchandise ne sera pas prête demain.
   **A** لم تكُنْ البضاعةُ جاهزةً أمس.   **B** لن تكونَ البضاعةُ جاهزةً غداً.   **C** ستكونُ البضاعةُ جاهزةً غداً.

2. L'hôtel n'était pas luxueux.
   **A** كانَ الفندقُ فخماً.   **B** لن يكونَ الفندقُ فخماً.   **C** لم يكُنِ الفندقُ فخماً.

3. Les enfants n'étaient pas endormis.
   **A** الأولادُ لن يكونوا نائمين.   **B** الأولادُ سيكونون نائمين.   **C** الأولادُ لم يكونوا نائمين.

4. Ses paroles n'étaient pas gentilles.
   **A** كانَ كلامُه لطيفاً.   **B** ما كانَ كلامُه لطيفاً.   **C** لن يكونَ كلامُه لطيفاً.

**Module 25**
**VOCABULAIRE**

5. Son père ne sera pas au concert.

A) لن يكونَ أبوه في الحفلة الموسيقيّة.   B) لن تكونَ أمُّه في الحفلة الموسيقيّة.   C) لم يكُنْ أبوه في الحفلة الموسيقيّة.

## Noms et adjectifs

| | |
|---|---|
| annulation | إلغاء |
| lent-e | بطيء – ة |
| nouveau - nouvelle | جديد – ة |
| accident | حادث |
| tablette | حاسوب لوحي |
| concert | حفلة موسيقيّة |
| chargeur | شاحن |
| perdu-e | ضائع – ة |
| électricité | كهرباء |
| contenu | محتوى |
| agriculteurs | مزارعون |
| usine | مصنع |
| informations | معلومات |
| bondé-e | مكتظّ – ة |
| pluvieux - pluvieuse | مُمطِر – ة |
| ennuyeux - ennuyeuse | مُمِلّ – ة |

## Adverbe

| | |
|---|---|
| hier | أمس |

# Module 25
## CORRIGÉ

## Corrigé

**PAGE 250**
1 **B**   2 **A**   3 **B**   4 **A**   5 **A**   6 **B**   7 **B**   8 **B**   9 **A**   10 **A** et **B**

**PAGE 251**
1 **B**   2 **A**   3 **B**   4 **B**   5 **B**   6 **B**   7 **A**   8 **A**   9 **B**   10 **A**

**PAGE 252**
1 **B**   2 **A**   3 **C**   4 **B**   5 **B**

**PAGE 253**
1 **A**   2 **B**   3 **C**   4 **B**   5 **C**

**PAGES 253-254**
1 **C**   2 **B**   3 **B**   4 **B**   5 **A**

**PAGES 254-255**
1 **B**   2 **A**   3 **B**   4 **A**   5 **B**   6 **B**   7 **A**   8 **B**   9 **B**   10 **B**

**PAGE 255**
1 **B**   2 **C**   3 **B**   4 **A**   5 **B**

**PAGE 256**
1 **A**   2 **B**   3 **B**   4 **A**   5 **B**

**PAGES 256-257**
1 **B**   2 **C**   3 **C**   4 **B**   5 **A**

---

**Vous avez obtenu entre 0 et 15 ?** Reprenez chaque question en regardant les endroits où vous avez fait des erreurs.

**Vous avez obtenu entre 16 et 29 ?** C'est très moyen, mais ne vous découragez pas.

**Vous avez obtenu entre 30 et 49 ?** Formidable ! Analysez les erreurs et, si besoin, révisez la ou les notions que vous ne maîtrisez pas complètement.

**Vous avez obtenu 50 et plus ?** Bravo ! Vous êtes sur la bonne voie.

# Module 26
## LES BASES

**Focus** Vocabulaire : La météo

*Choisissez la bonne traduction.*

*Corrigé page 267*

1. bulletin météo
   - **B** نشرة الأخبار
   - **A** نشرة جوّيّة

2. Le ciel est pluvieux.
   - **B** السّماءُ ممطرةٌ.
   - **A** السّماءُ زرقاءُ.

3. Il fait froid.
   - **B** الطّقسُ باردٌ.
   - **A** الطّقسُ دافئٌ.

4. Il fait mauvais temps.
   - **B** الطّقسُ جميلٌ.
   - **A** الطّقسُ رديءٌ.

5. Le soleil brille.
   - **B** الشّمسُ حارقةٌ.
   - **A** الشّمسُ مُشرقةٌ.

6. Le ciel est gris.
   - **B** السّماءُ زرقاءُ.
   - **A** السّماءُ رماديّةٌ.

7. Le ciel est bleu.
   - **B** السّماءُ زرقاءُ.
   - **A** السّماءُ سوداءُ.

8. Il fait beau.
   - **B** الطّقسُ جميلٌ.
   - **A** الطّقسُ عاصفٌ.

9. Le vent se lève.
   - **B** المطرُ يتساقطُ.
   - **A** الرّيحُ تهبّ.

10. Il y a une tempête.
    - **B** الطّقسُ عاصفٌ.
    - **A** الطّقسُ غائمٌ.

**Astuce** Contrairement au français où certaines expressions emploient le pronom personnel sujet *il* pour parler du temps et de la météo, l'arabe emploie toujours dans ce cas un nom comme sujet. Exemple : الطّقسُ جميلٌ *Il fait beau*. (Littéralement : *"le temps beau"*).

# Module 26
## LES BASES

**Focus** كانَ **et ses sœurs**

*Corrigé page 267*

*Choisissez la bonne réponse à la question posée.*

1. Quel verbe parmi les suivants fait partie des sœurs de كانَ ?
   - **A** نامَ
   - **B** خافَ
   - **C** ما دامَ

2. Quel verbe parmi les suivants fait partie des sœurs de كانَ ?
   - **A** ظلَّ
   - **B** نالَ
   - **C** ردَّ

3. Quel verbe parmi les suivants fait partie des sœurs de كانَ ?
   - **A** قالَ
   - **B** صارَ
   - **C** نامَ

4. Quel verbe parmi les suivants fait partie des sœurs de كانَ ?
   - **A** أضحى
   - **B** مشى
   - **C** نسِيَ

5. Quel verbe parmi les suivants fait partie des sœurs de كانَ ?
   - **A** أمسى
   - **B** بقِيَ
   - **C** رمى

6. Quel verbe parmi les suivants fait partie des sœurs de كانَ ?
   - **A** أنشأ
   - **B** قرأ
   - **C** ما فتِئَ

7. Quel verbe parmi les suivants fait partie des sœurs de كانَ ?
   - **A** أخذَ
   - **B** أقامَ
   - **C** أصبحَ

8. Quel verbe parmi les suivants fait partie des sœurs de كانَ ?
   - **A** عادَ
   - **B** باعَ
   - **C** باتَ

9. Quel verbe parmi les suivants fait partie des sœurs de كانَ ?
   - **A** ما برحَ
   - **B** زرعَ
   - **C** شرحَ

10. Quel verbe parmi les suivants fait partie des sœurs de كانَ ?
    - **A** سدَّ
    - **B** فكَّ
    - **C** ما انفكَّ

**Astuce** En plus de كانَ, il existe en arabe d'autres verbes qui, employés avec la phrase nominale, modifient la déclinaison du prédicat en le mettant au cas direct. C'est pour ça que nous parlons de « كانَ et de ses sœurs ». Aux sœurs de كانَ, listées dans l'exercice ci-dessus, s'ajoute ليسَ qui est un verbe de *non-existence* signifiant *ne pas être* et que nous verrons dans le module suivant.

# Module 26
## LES BASES

*Quelle réponse corrige l'erreur qui s'est glissée dans chacune de ces phrases ?*

١ أصبحت الصّديقتَيْن عدوّتَيْن.

**A** أصبحتا **B** الصّديقتان **C** عدوّتان

٢ ما فتئَ الوضعُ الاقتصاديُّ صعبٌ.

**A** ما فتئت **B** الوضعَ الاقتصاديَّ **C** صعباً

٣ باتَ الحرَّ خانقاً.

**A** باتا **B** الحرُّ **C** خانقٌ

٤ ما برحَ الطقسُ غائمٌ.

**A** ما برحت **B** الطّقسَ **C** غائماً

٥ ما زالَ المهندسون منهمكون في إتمام المشروع.

**A** ما زالوا **B** المهندسون **C** منهمكين

**Astuce** Comme avec كانَ, le sujet de la phrase débutant avec l'une de ses « sœurs » reste au cas sujet mais le prédicat se met au cas direct.

*Corrigé page 267*

*Quel est le bon sujet qui complète chacune des phrases suivantes ?*

١ أصبحَ ....... بارداً.

**A** السّماءُ **B** الجوُّ

٢ باتَ ......... قليلين.

**A** أصدقاؤه **B** صديقُه

٣ صارت ......... مُكتظّةً بالسّيّاح.

**A** المتحفُ **B** العاصمةُ

٤ أمسى ......... مديرَيْن.

**A** الموظّفتان **B** الموظّفان

٥ أضحت ......... مشهورتَيْن.

**A** المؤلّفتان **B** الكاتبان

**Astuce** أصبحَ، صارَ، أضحى، باتَ، أمسى rendent le sens de *devenir*.

# Module 26
## LES BASES

*Quel est le bon prédicat qui complète chacune des phrases suivantes ?*

١ ما زالت السّماءُ ..........
A رديئةً   B ممطرةً

٢ ما انفكَّ المعلّمون ..........
A مضربون عن العمل   B مضربين عن العمل

٣ ظلّت الفتاتان ....... في ردهة الفندق.
A منتظرتَين   B مسافرتَين

٤ لن نخرجَ من البيت ما دامَ الطّقسُ ..........
A ممتعاً   B رديئاً

٥ ما برحَ زبائنُ المطعم ......... من الخدمة.
A مستائين   B مستاءً

> **Astuce** ظلَّ، ما فتئَ، ما زالَ، ما انفكَّ، ما دامَ، ما برحَ expriment la persistance d'un état donné. Nous pouvons les traduire par *ne pas avoir cessé d'être, être resté, être toujours*, etc.

*Quelle est la bonne conjugaison à l'inaccompli du verbe donné entre parenthèses ?*

١ هم (ما زالَ)
A لا تزالون   B لا يزالون

٢ أنتما (أصبحَ)
A تُصبحون   B تُصبحان

٣ نحن (ظلَّ)
A نظلُّ   B أظلُّ

٤ أنتِ (صارَ)
A تصيرين   B تصيران

٥ هي (ما فتئَ)
A لا يفتأُ   B لا تفتأُ

# Module 26
## LES BASES

> **Astuce** Les sœurs de كانَ, vues dans cette leçon, à l'exception de ما دامَ, peuvent se conjuguer également à l'inaccompli mais dans ce cas, la particule ما (particule de négation du passé) qui accompagne certains de ces verbes se transforme en لا (particule de négation du présent).

*Quelle est la bonne conjugaison à l'accompli du verbe donné entre parenthèses ?*

١) أنتم (ما دامَ)
- A) ما داما
- B) ما دُمتم
- C) ما داموا

٢) هي (ما انفكَّ)
- A) ما انفكَّتْ
- B) ما انفككتُ
- C) ما انفككتِ

٣) هنَّ (ما برحَ)
- A) ما برحنَ
- B) ما برحتُنَّ
- C) ما برحتا

٤) أنتَ (أضحى)
- A) أضحيْتِ
- B) أضحيْتُ
- C) أضحيْتَ

٥) أنا (باتَ)
- A) بتُّ
- B) بتُّم
- C) بتنا

*Quelle est la phrase nominale qui est correctement réécrite après l'introduction du verbe donné entre parenthèses ?*

١) الطّقسُ عاصفٌ. (أضحى)
- A) أضحى الطّقسُ عاصفاً.
- B) أضحى الطّقسَ عاصفٌ.
- C) أضحى الطّقسُ عاصفٌ.

٢) مشجّعو الفريق متحمّسون. (ما زالَ)
- A) ما زالَ مشجّعو الفريق متحمّسين.
- B) ما زالَ مشجّعو الفريق متحمّسون.
- C) ما زالَ مشجّعي الفريق متحمّسون.

٣) النّحّاتتان ماهرتان. (باتَ)
- A) باتت النّحّاتتان ماهرتان.
- B) باتت النّحّاتتيْن ماهرتان.
- C) باتت النّحّاتتان ماهرتيْن.

## Module 26
## LES BASES

**Corrigé page 267**

٤ الحساءُ بارد. (أصبح)
- A أصبحَ الحساءُ
- B أصبحَ الحساءَ بارداً.
- C أصبحَ الحساءُ بارداً.

٥ أخوه مدرّبُ الفريق. (صار)
- A صارَ أخاه مدرّبُ
- B صارَ أخوه مدرّبَ الفريق.
- C صارَ أخوه مدرّبُ الفريق.

---

Quelle est la bonne traduction arabe pour chacune des phrases suivantes ?

1. Le temps n'a pas cessé d'être ensoleillé.
   - A صارَ الطِّقسُ مُشمسا.
   - B أصبحَ الطِّقسُ مُشمسا.
   - C ما برحَ الطِّقسُ مُشمسا.

2. Le musée est toujours ouvert.
   - A ما زالَ المتحفُ مفتوحا.
   - B أمسى المتحفُ مفتوحا.
   - C كانَ المتحفُ مفتوحا.

3. Le loyer n'a pas cessé d'augmenter.
   - A ما فتِئَ الثّمنُ يرتفعُ.
   - B ما فتِئَ الإيجارُ يرتفعُ.
   - C أمسى الإيجارُ مرتفعا.

4. La présentatrice du bulletin météo est devenue célèbre.
   - A أمست مُقدّمةُ النّشرة الجويّة مشهورةً.
   - B أمسى مُقدّمُ النّشرة الجويّة مشهوراً.
   - C أمسى مُقدّمو النّشرة الجويّة مشهورين.

5. Ils n'ont pas cessé d'être (deux) amis.
   - A ما برحا صديقَيْن.
   - B ما برحتا صديقتَيْن.
   - C أصبحا صديقَيْن.

---

Quelle est la bonne traduction française pour chacune des phrases suivantes ?

١ ظلّوا نائمين حتّى ساعة متأخّرة.

- A Elles sont restées endormies jusqu'à une heure tardive.
- B Vous êtes restées endormies jusqu'à une heure tardive.
- C Ils sont restés endormis jusqu'à une heure tardive.

## Module 26
## VOCABULAIRE

٢ باتَ البردُ قارساً.

- **A** Le ciel est devenu pluvieux.
- **B** La chaleur est devenue étouffante.
- **C** Le froid est devenu glacial.

٣ لن نكلّمَها ما دامت متمسّكةً بموقفها.

- **A** Nous ne lui adresserons pas la parole tant qu'elle restera campée sur ses positions.
- **B** Nous ne leur adresserons pas la parole tant qu'ils resteront campés sur leurs positions.
- **C** Nous ne lui adresserons pas la parole tant qu'il restera campé sur ses positions.

٤ أضحى الموظّفان مديرَيْن.

- **A** Les deux employés sont devenus directeurs.
- **B** Les deux employées sont devenues directrices.
- **C** L'employée est devenue directrice.

٥ أصبحنا مالكي الشّقّة.

- **A** Nous sommes restés les propriétaires de l'appartement.
- **B** Nous sommes devenus les propriétaires de l'appartement.
- **C** Vous êtes devenues les propriétaires de l'appartement.

**Noms et adjectifs**

| | |
|---|---|
| finalisation | إتمام |
| froid glacial | برد قارس |
| climat | جوّ |
| chaleur | حرّ |
| étouffant-e | خانق-ة |

## Module 26
## VOCABULAIRE

| | |
|---|---|
| service | خدمة |
| chaud-e (chaleureux - chaleureuse) | دافِئ-ة |
| mauvais-e | رديء-ة |
| soleil | شمس |
| tempête | عاصفة |
| capitale | عاصمة |
| ennemi-e | عدوّ-ة |
| nuageux - nuageuse | غائِم-ة |
| peu nombreux | قليلون |
| propriétaire | مالك-ة |
| tardif - tardive | مُتأخّر-ة |
| être campé-e sur ses positions | متمسّك بموقفه – متمسّكة بموقفها |
| contrarié-e | مستاء-ة |
| brillant-e | مُشرق-ة |
| ensoleillé-e | مُشمس-ة |
| en grève | مُضرب-ة عن العمل |
| pluie | مطر |
| présentateur - présentatrice | مُقدِّم-ة |
| qui attend | مُنتظِر-ة |
| occupé-e | مُنهمك-ة |
| situation économique | وضع اقتصاديّ |

### Verbes

| | |
|---|---|
| s'élever - augmenter (en parlant d'un prix) | ارتفعَ – يرتفِعُ |
| revenir | عادَ – يعودُ |

# Module 26
## CORRIGÉ

## Corrigé

**PAGE 259**
1 **A**  2 **B**  3 **B**  4 **A**  5 **A**  6 **A**  7 **B**  8 **B**  9 **A**  10 **B**

**PAGE 260**
1 **C**  2 **A**  3 **B**  4 **A**  5 **A**  6 **C**  7 **C**  8 **C**  9 **A**  10 **C**

**PAGE 261**
1 **B**  2 **C**  3 **B**  4 **C**  5 **C**

**PAGE 261**
1 **B**  2 **A**  3 **B**  4 **B**  5 **A**

**PAGE 262**
1 **B**  2 **B**  3 **A**  4 **B**  5 **A**

**PAGE 262**
1 **B**  2 **B**  3 **B**  4 **A**  5 **B**

**PAGE 263**
1 **B**  2 **A**  3 **A**  4 **C**  5 **A**

**PAGE 263-264**
1 **C**  2 **A**  3 **C**  4 **A**  5 **B**

**PAGE 264**
1 **C**  2 **A**  3 **B**  4 **A**  5 **A**

**PAGES 264-265**
1 **C**  2 **C**  3 **A**  4 **A**  5 **B**

---

**Vous avez obtenu entre 0 et 15 ?** Reprenez chaque question en regardant les endroits où vous avez fait des erreurs.

**Vous avez obtenu entre 16 et 31 ?** C'est très moyen, mais ne vous découragez pas.

**Vous avez obtenu entre 32 et 47 ?** Formidable ! Analysez les erreurs et, si besoin, révisez la ou les notions que vous ne maîtrisez pas complètement.

**Vous avez obtenu 48 et plus ?** Bravo ! Vous êtes sur la bonne voie.

# Module 27
## LES BASES

Corrigé page 275

### Focus — Vocabulaire : Les animaux

*Choisissez la bonne traduction. Deux réponses sont possibles pour l'un des mots.*

1. éléphant
   - A خروف
   - B فيل
   - C جمل

2. vache
   - A بقرة
   - B أرنب
   - C حصان

3. poule
   - A دجاجة
   - B صوص
   - C ديك

4. chat
   - A قطّة
   - B كلب
   - C هرّ

5. lion
   - A ذئب
   - B أسد
   - C ثعلب

6. tigre
   - A نمر
   - B زرافة
   - C غزال

7. oiseau
   - A ديك
   - B جمل
   - C عصفور

8. cheval
   - A حمار
   - B حصان
   - C غزال

9. chien
   - A غزال
   - B كلب
   - C صوص

10. chèvre
    - A أرنب
    - B خروف
    - C عنزة

### Focus — La conjugaison de لَيْسَ

*Choisissez la bonne conjugaison de لَيْسَ avec chacun de ces pronoms personnels.*

١ أنا
   - A لستَ
   - B لستُ

# Module 27
## LES BASES

٢ أنتِ
- **A** لَيْسَتْ
- **B** لستِ

٣ أنتَ
- **A** لستُنَّ
- **B** لستَ

٤ أنتما
- **A** لستُم
- **B** لستُما

٥ هي
- **A** لَيْسَتْ
- **B** لَيْستا

٦ هما (مؤنّث)
- **A** لَيْسا
- **B** لَيْسَتا

٧ هما (مذكّر)
- **A** لَيْسا
- **B** لَيْسوا

٨ نحن
- **A** لسنَ
- **B** لسنا

٩ أنتم
- **A** لستُم
- **B** لستُنَّ

١٠ هم
- **A** لسنَ
- **B** لَيْسوا

**Astuce** لَيْسَ est un *verbe figé* car il ne se conjugue que selon une seule forme, s'apparentant à la conjugaison de l'accompli. لَيْسَ fait partie des « sœurs de كان ».

## Focus Signification de لَيْسَ

*Corrigé page 275*

*Choisissez la bonne traduction française de chacune de ces phrases.*

١ هنَّ لسنَ في البيت.

- **C** Elles n'étaient pas à la maison.
- **B** Elles étaient à la maison.
- **A** Elles ne sont pas à la maison.

269

## Module 27
### LES BASES

٢ أنتنَّ لستنَّ في باريس هذا المساء.

**A** Vous n'êtes pas à Paris ce soir. **B** Vous ne serez pas à Paris ce soir. **C** Vous n'étiez pas à Paris hier soir.

٣ هو لَيْسَ في غرفة نومه.

**A** Il n'était pas dans sa chambre à coucher. **B** Il n'est pas dans sa chambre à coucher. **C** Il ne sera pas dans sa chambre à coucher.

٤ أنا لستُ في المعهد.

**A** Je ne suis pas à l'institut. **B** Je n'étais pas à l'institut. **C** Je ne serai pas à l'institut.

٥ هي لَيْسَتْ في المزرعة اليوم.

**A** Elle ne sera pas à la ferme demain. **B** Elle n'est pas à la ferme aujourd'hui. **C** Elle n'était pas à la ferme hier.

**Astuce** Alors que كانَ se traduit en français par le verbe *être* au passé ou au futur selon sa conjugaison, لَيْسَ se traduit par *ne pas être* au présent.

**Focus** Négation de la phrase nominale avec لَيْسَ

*Corrigé page 275*

Quelle réponse met correctement la phrase proposée à la forme négative ?
Attention à respecter la dimension temporelle voulue (passé, présent ou futur).

١ كان اليومُ مُتعباً.

**A** لن يكونَ اليومُ مُتعباً. **B** ما كان اليومُ مُتعباً. **C** ليسَ اليومُ مُتعباً.

٢ الأسدُ حيوانٌ أليفٌ.

**A** ليسَ الأسدُ حيواناً أليفاً. **B** ما كان الأسدُ حيواناً أليفاً. **C** لن يكونَ الأسدُ حيواناً أليفاً.

٣ ستكونُ حديقةُ الحيوانات مفتوحةً.

**A** ما كانت حديقةُ الحيوانات مفتوحةً. **B** لن تكونَ حديقةُ الحيوانات مفتوحةً. **C** ليست حديقةُ الحيوانات مفتوحةً.

# Module 27
## LES BASES

٤ البيتُ كبيرٌ.
- A ليسَ البيتُ كبيراً.
- B لن يكونَ البيتُ كبيراً.
- C ما كانَ البيتُ كبيراً.

٥ القهوةُ مُرَّةٌ.
- A لن تكونَ القهوةُ مُرَّةً.
- B ما كانت القهوةُ مُرَّةً.
- C لَيْسِت القهوةُ مُرَّةً.

**Astuce** لَيْسَ sert à exprimer la *non-existence* d'un état. Pour cela, on l'utilise pour mettre une phrase nominale à la forme négative quand nous voulons conférer à la négation une dimension temporelle au présent. Tout comme avec كانَ et ses sœurs, le prédicat d'une phrase nominale avec لَيْسَ se met au cas direct.

**Corrigé page 275**

*Quelle réponse transforme correctement la phrase négative donnée en phrase affirmative ? Attention à la dimension temporelle de la phrase !*

١ لن يكونا صديقَيْن.
- A سيكونان صديقَيْن.
- B كانا صديقَيْن.
- C هما صديقان.

٢ لن يكونَ وقتُ الاستراحة طويلاً.
- A وقتُ الاستراحة طويل.
- B سيكونُ وقتُ الاستراحة طويلاً.
- C كانَ وقتُ الاستراحة طويلاً.

٣ ليسَ أخوه طبيباً.
- A سيكونُ أخوه طبيباً.
- B كانَ أخوه طبيباً.
- C أخوه طبيبٌ.

٤ لَيْسَت هذه الجريدةُ أسبوعيّةً.
- A كانت هذه الجريدةُ أسبوعيّةً.
- B ستكونُ هذه الجريدةُ أسبوعيّةً.
- C هذه الجريدةُ أسبوعيّةٌ.

٥ ما كانَ الخاتمُ ضائعاً.
- A كانَ الخاتمُ ضائعاً.
- B سيكونُ الخاتمُ ضائعاً.
- C الخاتمُ ضائعٌ.

## Module 27
### LES BASES

*Choisissez le bon sujet qui complète chacune de ces phrases nominales à la forme négative.*

١ ليسَ .......... حيواناً صغيراً.
Ⓐ الدّيكُ    Ⓑ الهرُّ    Ⓒ الفيلُ

٢ ليسَ .......... بارداً.
Ⓐ الكلبُ    Ⓑ العصيرُ    Ⓒ الكرسيُّ

٣ ليست .......... صادقةً.
Ⓐ خطيبتُه    Ⓑ الدّجاجةُ    Ⓒ البقرةُ

٤ لَيْسَت .......... بعيدةً.
Ⓐ المسرحُ    Ⓑ المزرعةُ    Ⓒ المتحفُ

٥ ليسَ .......... عميقاً.
Ⓐ البئرُ    Ⓑ النّمرُ    Ⓒ الذّئبُ

**Astuce** Tout comme كانَ et ses sœurs, لَيْسَ ne change pas le cas du sujet.

*Corrigé page 275*

*Choisissez le bon prédicat qui complète chacune de ces phrases nominales à la forme négative.*

١ ليسَ سؤالُه ..........
Ⓐ صلباً    Ⓑ مُعطّلاً    Ⓒ سخيفاً

٢ ليسَ الفستانُ ..........
Ⓐ غائماً    Ⓑ قصيراً    Ⓒ عاصفاً

٣ ليسَ طبقُ اليومِ ..........
Ⓐ سعيداً    Ⓑ طويلاً    Ⓒ لذيذاً

٤ المحاميان ليْسا ..........
Ⓐ واسعَيْن    Ⓑ أليفَيْن    Ⓒ ناجحَيْن

٥ هؤلاء الفلّاحون لَيْسوا ..........
Ⓐ نشيطون    Ⓑ نشيطاً    Ⓒ نشيطين

**Astuce** Tout comme كانَ et ses sœurs, لَيْسَ met le prédicat de la phrase nominale au cas direct.

# Module 27
## LES BASES

Choisissez la bonne forme de لَيْسَ qui doit compléter la phrase proposée.

١ المزارعون .......... مقتنعين بمشروع السّدّ.
**A** لَيْسوا   **B** لسنَ

٢ المقعدان .......... شاغرَيْن.
**A** لَيْستا   **B** ليسا

٣ الحقائبُ .......... ثقيلةً.
**A** لَيْستْ   **B** لَيسوا

٤ الطّالبان .......... غائبَيْن.
**A** لَيْستا   **B** لَيسا

٥ المضيفتان .......... لطيفتَيْن.
**A** لسنَ   **B** لَيْستا

**Astuce** Placé après le sujet, لَيْسَ s'accorde en genre et en nombre avec ce dernier. Pour rappel, avec le pluriel non-humain, le verbe s'utilise au féminin singulier.

*Corrigé page 275*

*Choisissez la bonne traduction arabe de chacune des phrases suivantes.*

1. Elles ne sont pas tristes.
   **A** هنّ ما كانوا حزيناتٍ.   **B** هنّ لسنَ حزيناتٍ.   **C** هنّ حزيناتٌ.

2. Le poussin n'est pas le petit de la vache.
   **A** ليس الصّوص صغيرَ البقرة.   **B** العجلُ صغيرُ البقرة.   **C** ليس الصّوص صغيرَ الزّرافة.

3. Les nouvelles ne sont pas bonnes.
   **A** الأخبارُ ما كانت سارّةً.   **B** الأخبارُ ستكونُ سارّةً.   **C** الأخبارُ لَيْسَت سارّةً.

4. La gazelle n'est pas un animal domestique.
   **A** لَيْسَ الغزالُ حيواناً أليفاً.   **B** لَيْسَ الأسدُ حيواناً أليفاً.   **C** لَيْسَ الذّئبُ حيواناً أليفاً.

# Module 27
## VOCABULAIRE

5. L'équipe n'est pas enthousiaste.

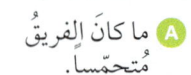 ما كانَ الفَريقُ مُتحمّسا.

 لن يكونِ الفريقُ مُتحمّسا.

C لَيْسَ الفَريقُ مُتحمّسا.

### Noms et adjectifs

| | |
|---|---|
| lapin | أرنب |
| domestique | أليف-ة |
| puits | بِئر |
| renard | ثعلب |
| chameau | جَمَل |
| zoo | حديقة حيوانات |
| âne | حمار |
| animal | حيوان |
| mouton | خروف |
| coq | ديك |
| loup | ذئب |
| girafe | زرافة |
| barrage | سدّ |
| poussin | صوص |
| veau | عِجل |
| gazelle | غزال |
| ferme | مزرعة |
| institut | معهد |
| convaincu-e | مُقتنِع-ة |
| siège | مقعد |

# Module 27
## CORRIGÉ

**Corrigé**

**VOTRE SCORE :**

**PAGE 268**
1 **B**  2 **A**  3 **A**  4 **A** et **C**  5 **B**  6 **A**  7 **C**  8 **B**  9 **B**  10 **C**

**PAGES 268-269**
1 **B**  2 **B**  3 **B**  4 **B**  5 **A**  6 **B**  7 **A**  8 **B**  9 **A**  10 **B**

**PAGES 269-270**
1 **A**  2 **A**  3 **B**  4 **A**  5 **B**

**PAGES 270-271**
1 **B**  2 **A**  3 **B**  4 **A**  5 **C**

**PAGE 271**
1 **A**  2 **B**  3 **C**  4 **C**  5 **A**

**PAGE 272**
1 **C**  2 **B**  3 **A**  4 **B**  5 **A**

**PAGE 272**
1 **C**  2 **B**  3 **C**  4 **C**  5 **C**

**PAGE 273**
1 **A**  2 **B**  3 **A**  4 **B**  5 **B**

**PAGES 273-274**
1 **B**  2 **A**  3 **C**  4 **A**  5 **C**

---

**Vous avez obtenu entre 0 et 14 ?** Reprenez chaque question en regardant les endroits où vous avez fait des erreurs.

**Vous avez obtenu entre 15 et 29 ?** C'est très moyen, mais ne vous découragez pas.

**Vous avez obtenu entre 30 et 44 ?** Formidable ! Analysez les erreurs et, si besoin, révisez la ou les notions que vous ne maîtrisez pas complètement.

**Vous avez obtenu 45 et plus ?** Bravo ! Vous êtes sur la bonne voie.

## Module 28
### LES BASES

**Focus** — Vocabulaire : Voyager en avion

*Corrigé page 283*

*Choisissez la bonne traduction.*

1. hôtesse de l'air
   - **A** سوق حُرّة
   - **B** مضيفة طيران
   - **C** راكِبة

2. commandant de bord
   - **A** سائق باص
   - **B** قائد طائرة
   - **C** سائق سيّارة

3. cabine
   - **A** مقصورة
   - **B** درجة رجال الأعمال
   - **C** الدّرجة السّياحيّة

4. siège
   - **A** طاولة
   - **B** مقعد
   - **C** حقيبة

5. décollage
   - **A** رُكوب
   - **B** إقلاع
   - **C** هُبوط

6. atterrissage
   - **A** هُبوط
   - **B** رحلة
   - **C** رُكوب

7. passeport
   - **A** جواز سفر
   - **B** تأشيرة دخول
   - **C** تذكرة سفر

8. carte d'embarquement
   - **A** تذكرة سفر
   - **B** بطاقة رُكوب
   - **C** بطاقة نُزول

9. bagages
   - **A** الدّرجة السّياحيّة
   - **B** تأشيرة دخول
   - **C** حقائب

10. ceinture de sécurité
    - **A** الدّرجة الأولى
    - **B** حزام أمان
    - **C** تأشيرة دخول

**Focus** — L'apocopé

*Choisissez la bonne réponse.*

1. Quelle est la marque de l'apocopé d'un verbe conjugué avec les pronoms أنا، أنتَ، هو، هي، نحنُ ؟
   - **A** la **fatḥa**
   - **B** la **ḍamma**
   - **C** la **sukûn**

# Module 28
## LES BASES

2. Quel est le suffixe de l'apocopé avec أنتِ ؟
   - **A** ـي
   - **B** ـوا
   - **C** ـنَ

3. Quel est le suffixe de l'apocopé d'un verbe conjugué avec les pronoms أنتما، هما ؟
   - **A** ـا
   - **B** ـين
   - **C** ـان

4. Quel est le suffixe de l'apocopé d'un verbe conjugué avec les pronoms أنتم، هم ؟
   - **A** ـوا
   - **B** ـان
   - **C** ـي

5. Quel est le suffixe de l'apocopé d'un verbe conjugué avec les pronoms أنتنّ، هنّ ؟
   - **A** ـنَ
   - **B** ـتنَّ
   - **C** ـنا

**Astuce** L'apocopé s'emploie après certaines particules. Parmi ces dernières, se trouvent les particules لِـ et لا، لم dont nous parlerons dans ce module.

**Corrigé page 283**

### Focus  L'apocopé du verbe sain ذهَبَ

*Choisissez la bonne conjugaison à l'apocopé du verbe placé entre parenthèses. Les parenthèses vides dans les réponses proposées sont là pour rappeler qu'une particule de l'apocopé doit toujours précéder ce dernier.*

١ أنا (ذهبَ)
   - **A** (...) أذهَبْ
   - **B** (...) أذهَبَ

٢ أنتِ (درسَ)
   - **A** (...) تدرُسْ
   - **B** (...) تدرُسي

٣ هما - مؤنّث (سكنَ)
   - **A** (...) تسكُنا
   - **B** (...) يسكُنا

٤ أنتما (عملَ)
   - **A** (...) تعمَلان
   - **B** (...) تعمَلا

٥ أنتم (رحلَ)
   - **A** (...) ترحَلون
   - **B** (...) ترحَلوا

٦ هم (كسرَ)
   - **A** (...) يكسِروا
   - **B** (...) يكسِرون

## Module 28
## LES BASES

٧ هما – مذكّر (لعبَ)
   Ⓐ (...) يلعَبا   Ⓑ (...) تلعَبا

٨ أنتَ (حملَ)
   Ⓐ (...) يحمِلْ   Ⓑ (...) تحمِلْ

٩ هو (فعلَ)
   Ⓐ (...) يفعَلْ   Ⓑ (...) تفعَلْ

١٠ أنتنَّ (مسحَ)
   Ⓐ (...) تمسَحنَ   Ⓑ (...) يمسَحنَ

**Astuce** L'apocopé d'un verbe sain se conjugue à peu près comme le subjonctif avec toutefois la différence principale suivante : la marque de l'apocopé est la **sukûn** là où celle du subjonctif est la **fatḥa**. Attention, pour les verbes irréguliers, des particularités existent dans la conjugaison de l'apocopé, nous en parlerons dans le prochain module.

**Focus** L'apocopé après لم

*Corrigé page 283*

*Choisissez la bonne réponse qui met les phrases au passé suivantes à la forme négative en employant la particule* لم.

١ رجعوا من السّفر.
   Ⓐ لم ترجِعوا مِن السّفر.
   Ⓑ لم يرجَعوا مِن السّفر.
   Ⓒ لم ترجعا مِن السّفر.

٢ طلَبَ تأشيرة دخول إلى الإمارات العربيّة المتّحدة.
   Ⓐ لم تطلُبْ تأشيرة دخول إلى الإمارات العربيّة المتّحدة.
   Ⓑ لم يطلُبْ تأشيرة دخول إلى الإمارات العربيّة المتّحدة.
   Ⓒ لم نطلُبْ تأشيرة دخول إلى الإمارات العربيّة المتّحدة.

٣ حجَزَتْ تذكرة سفر لفرنسا.
   Ⓐ لم أحجُزْ تذكرة سفر لفرنسا.
   Ⓑ لم تحجُزنَ تذكرة سفر لفرنسا.
   Ⓒ لم تحجُزْ تذكرة سفر لفرنسا.

# Module 28
## LES BASES

٤ تجلِسون في مقاعدكم.
- **A** لم تجلِسا في مقاعدكم.
- **B** لم تجلِسوا في مقاعدكم.
- **C** لم يجلِسوا في مقاعدكم.

٥ صعِدَتا على متن الطّائرة.
- **A** لم تصعَدا على متن الطّائرة.
- **B** لم يصعَدا على متن الطّائرة.
- **C** لم تصعَدنَ على متن الطّائرة.

**Astuce** La particule لم *ne... pas* est la particule de négation du passé, elle entraîne l'emploi de l'apocopé.

## Focus  L'apocopé après لا

Quel verbe correctement conjugué complète chacune de ces phrases ?

١ لا ....... أصدقاءكم!
- **A** ترجِعوا
- **B** تشرَبوا
- **C** تخذُلوا

٢ لا ........ إلى المدينة اليوم!
- **A** تذهَبي
- **B** تكتُبي
- **C** تضحَكي

٣ لا ........ هذه المعلومات من الحاسوب!
- **A** تسمَعا
- **B** تحذِفا
- **C** تعرِفا

٤ لا ........ هذا التّعليق السّخيف!
- **A** تطبُخنَ
- **B** تنصَحنَ
- **C** تنشُرنَ

٥ لا ........ لهم المشكلة مرّة ثانية!
- **A** تشرَحوا
- **B** ترسُموا
- **C** تغسِلوا

**Astuce** La particule لا *ne... pas* est la particule de l'injonction prohibitive c'est-à-dire qu'elle permet de formuler un ordre à la forme négative. Elle est suivie d'un verbe à l'apocopé.

# Module 28
## LES BASES

**Focus** L'apocopé après لِ

*Corrigé page 283*

*Choisissez la bonne traduction.*

1. Qu'elles partent !
   - **A** لِيرجعنَ!
   - **B** لِيرحَلنَ!

2. Allons au restaurant !
   - **A** لِنذهَبْ إلى المطعم!
   - **B** لِنرجِعْ إلى المنزل!

3. Qu'il lave ses vêtements !
   - **A** لِيغسِلا ملابسهما!
   - **B** لِيغسِلْ ملابسه!

4. Qu'elle entende mes paroles !
   - **A** لِتفهمْ كلامي!
   - **B** لِتسمَعْ كلامي!

5. Qu'ils (eux deux) écrivent la lettre !
   - **A** لِيكتُبا الرّسالة!
   - **B** لتكتُبا الرّسالة!

**Astuce** La particule لِ est la particule de l'injonction, servant à formuler un ordre aux personnes avec lesquelles nous ne pouvons pas employer l'impératif (pour rappel, l'impératif en arabe ne se conjugue qu'à la deuxième personne).

**Focus** Inaccompli, subjonctif ou apocopé ?

*Choisissez le verbe correctement conjugué pour compléter ces phrases. Attention au choix du bon mode selon la particule utilisée !*

١ لن ......... القهوة مساءً.
- **A** أشربُ
- **B** أشربَ

٢ لا .........!
- **A** تكذِبان
- **B** تكذِبا

٣ لِـ......... سامي بالسّفر!
- **A** ننصَحَ
- **B** ننصَحْ

٤ أنتم لا ......... ماذا فعلوا أمس!
- **A** تعرِفون
- **B** تعرِفوا

٥ لم ............ ما قاله.
- **A** تسمَعي
- **B** تسمَعين

# Module 28
## LES BASES

*Choisissez la bonne traduction française pour chacune de ces phrases.*

١  لم ينجحْ طاقم الطّائرة في إرضاء ركّاب الدّرجة الأولى.

- **A** L'équipage de l'avion n'a pas réussi à satisfaire les passagers de première classe.
- **B** L'équipage de l'avion n'a pas réussi à satisfaire les passagers de la classe affaires.
- **C** L'équipage de l'avion n'a pas réussi à satisfaire les passagers de la classe économique.

٢  لنطبخْ أكلة لبنانيّة!

- **A** Qu'ils cuisinent un plat libanais !
- **B** Qu'il cuisine un plat libanais !
- **C** Cuisinons un plat libanais !

٣  لم تفهموا طلبها.

- **A** Nous n'avons pas compris sa (féminin) demande.
- **B** Vous (masculin) n'avez pas compris sa (féminin) demande.
- **C** Vous (féminin) n'avez pas compris sa (masculin) demande.

٤  لِتدخُلْ!

- **A** Qu'elle entre !
- **B** Entrons !
- **C** Qu'elles entrent !

٥  لا تفتحا الباب!

- **A** N'ouvrez (duel) pas la porte !
- **B** N'ouvrez (masculin pluriel) pas la porte !
- **C** N'ouvrez (féminin pluriel) pas la porte !

*Corrigé page 283*

# Module 28
VOCABULAIRE

### Noms et adjectifs

| | |
|---|---|
| action d'apporter satisfaction | إرضاء |
| les Émirats Arabes Unis | الإمارات العربيّة المتّحدة |
| visa d'entrée | تأشيرة دخول |
| billet de voyage | تذكرة سفر |
| la première classe | الدّرجة الأولى |
| la classe économique | الدّرجة السّياحيّة |
| la classe affaires | درجة رجال الأعمال |
| passager - passagère | راكب – ة |
| vol | رحلة |
| embarquement | رُكوب |
| boutique hors taxes | سوق حُرّة |
| équipage | طاقم الطّائرة |
| demande | طلب |
| à bord de l'avion | على متن الطّائرة |
| débarquement | نزول |

### Verbes

| | |
|---|---|
| entrer | دخَلَ – يدخُلُ |
| ouvrir | فتَحَ – يفتَحُ |
| mentir | كذَبَ – يكذِبُ |

**Module 28**
CORRIGÉ

## Corrigé

**PAGE 276**
1 **B**  2 **B**  3 **A**  4 **B**  5 **B**  6 **A**  7 **A**  8 **B**  9 **C**  10 **B**

**PAGES 276-277**
1 **C**  2 **A**  3 **A**  4 **A**  5 **A**

**PAGES 277-278**
1 **A**  2 **B**  3 **A**  4 **B**  5 **B**  6 **A**  7 **A**  8 **B**  9 **A**  10 **A**

**PAGES 278-279**
1 **B**  2 **B**  3 **C**  4 **B**  5 **A**

**PAGE 279**
1 **C**  2 **A**  3 **B**  4 **C**  5 **A**

**PAGE 280**
1 **B**  2 **A**  3 **B**  4 **B**  5 **A**

**PAGE 280**
1 **B**  2 **B**  3 **B**  4 **A**  5 **A**

**PAGE 281**
1 **A**  2 **C**  3 **B**  4 **A**  5 **A**

VOTRE SCORE :

---

**Vous avez obtenu entre 0 et 14 ?** Reprenez chaque question en regardant les endroits où vous avez fait des erreurs.

**Vous avez obtenu entre 15 et 27 ?** C'est très moyen, mais ne vous découragez pas.

**Vous avez obtenu entre 28 et 40 ?** Formidable ! Analysez les erreurs et, si besoin, révisez la ou les notions que vous ne maîtrisez pas complètement.

**Vous avez obtenu 41 et plus ?** Bravo ! Vous êtes sur la bonne voie.

# Module 29
## LES BASES

### Focus — Vocabulaire : la nourriture

*Choisissez la bonne traduction.*

1. riz
   - A معكرونة
   - B بطاطا
   - C أرزّ
2. viande
   - A لحم
   - B سمك
   - C خضار
3. pain
   - A برغل
   - B خبز
   - C قمح
4. pâtes
   - A فواكه
   - B قمح
   - C معكرونة
5. fromage
   - A لبن
   - B جبنة
   - C حليب
6. poulet
   - A دجاج
   - B ديك رومي
   - C قريدس
7. poisson
   - A قريدس
   - B برغل
   - C سمك
8. huile d'olive
   - A زيت جوز الهند
   - B زيت زيتون
   - C زيت سمسم
9. sel
   - A ملح
   - B بهار
   - C كمّون
10. poivre
    - A قمح
    - B فلفل
    - C قرفة

### Focus — L'apocopé des verbes concaves

*Choisissez la bonne forme du verbe* نامَ *à l'apocopé qui manque pour compléter chacune de ces phrases.*

١ لـ......... باكراً!
- A ننامُ
- B ننامَ
- C نَنَمْ

٢ لم ........... في غرفتهم.
- A يناموا
- B ينامون
- C ينامان

# Module 29
## LES BASES

٣ لا ........... الآن!
- **A** تنامُ
- **B** تنامين
- **C** تنامي

٤ لم ........... عند جدّتهما.
- **A** ينامان
- **B** تنامان
- **C** يناما

٥ لا ....... مِن دون عشاء!
- **A** تنامَ
- **B** تَنَمْ
- **C** تنامُ

> **Astuce** Pour les verbes concaves qui portent un **'alif** en position centrale à l'inaccompli, ce dernier cède sa place à la voyelle brève **fatḥa** à l'apocopé sauf à la 2ᵉ personne du féminin singulier, aux 2ᵉ et 3ᵉ personnes du masculin pluriel ainsi qu'au duel.

*Corrigé page 291*

*Choisissez la bonne forme du verbe* قالَ *à l'apocopé qui manque pour compléter chacune de ces phrases.*

١ لم ........ الحقيقة.
- **A** يقولون
- **B** يقولوا

٢ لـ......... ما يشاء!
- **A** يقولُ
- **B** يقُلْ

٣ لا ....... هذا!
- **A** تقولي
- **B** تقولين

٤ لم ........ لها متى ستُسافر.
- **A** تقولَ
- **B** تقُلْ

٥ لِـ....... له ما يُريد سماعه.
- **A** نقولُ
- **B** نقُلْ

> **Astuce** Pour les verbes concaves qui portent un **wâw** en position centrale à l'inaccompli, ce dernier cède sa place à la voyelle brève **ḍamma** à l'apocopé sauf à la 2ᵉ personne du féminin singulier, aux 2ᵉ et 3ᵉ personnes du masculin pluriel ainsi qu'au duel.

# Module 29
## LES BASES

*Choisissez la bonne forme du verbe* بَاعَ *à l'apocopé qui manque pour compléter chacune de ces phrases.*

١ لـــ......... سيّارتنا القديمة!

Ⓐ نبيعُ     Ⓑ نبْع     Ⓒ نبيعَ

٢ لا ......... البيت!

Ⓐ يبيعان     Ⓑ تبيعا     Ⓒ تبيعان

٣ لم ......... حاسوبي.

Ⓐ أبِعْ     Ⓑ أبيعُ     Ⓒ أبيعَ

٤ لم ......... اللّوحة.

Ⓐ يبيعَ     Ⓑ يبيعُ     Ⓒ يبِعْ

٥ لا ......... الكتب!

Ⓐ تبيعوا     Ⓑ تبيعين     Ⓒ تبيعون

> **Astuce** Pour les verbes concaves qui portent un **yâ'** en position centrale à l'inaccompli, ce dernier cède sa place à la voyelle brève **kasra** à l'apocopé sauf à la 2ᵉ personne du féminin singulier, aux 2ᵉ et 3ᵉ personnes du masculin pluriel ainsi qu'au duel.

### Focus L'apocopé des verbes défectueux

*Quelle est la bonne forme du verbe* علا – يعلو *à l'apocopé avec chacun de ces pronoms personnels sujets ?*

**Corrigé page 291**

١ هو (لم) ...........

Ⓐ يعلو     Ⓑ يعلُ     Ⓒ يعلَ

٢ أنتما (لم) ...........

Ⓐ تعلُوا     Ⓑ تعلون     Ⓒ تعلُوان

٣ نحن (لم) ........

Ⓐ نعلُ     Ⓑ نعلَ     Ⓒ نعلو

٤ أنا (لم) .........

Ⓐ أعلَو     Ⓑ أعلو     Ⓒ أعلُ

# Module 29
## LES BASES

٥ أنتُنَّ (لم) ........
- **A** تعلونَ
- **B** يعلونَ
- **C** تعلُوان

**Astuce** Pour les verbes défectueux se terminant par un **wâw** à l'inaccompli, ce **wâw** est remplacé par la **ḍamma** à l'apocopé sauf au duel et au pluriel féminin.

*Corrigé page 291*

*Quelle est la bonne forme du verbe مشى – يمشي à l'apocopé avec chacun de ces pronoms personnels sujets ?*

١ أنا (لم) ..........
- **A** أمشي
- **B** أمشيَ
- **C** أمشِ

٢ هي (لم) ........
- **A** تمشوا
- **B** تمشِ
- **C** تمشي

٣ أنتَ (لم) ..........
- **A** تمشِ
- **B** تمشي
- **C** تمشيَ

٤ هما (لم) ........
- **A** يمشيان
- **B** يمشيا
- **C** تمشِ

٥ هنَّ (لم) ........
- **A** تمشي
- **B** يمشينَ
- **C** تمشِ

**Astuce** Pour les verbes défectueux se terminant par un **yâ'** à l'inaccompli, ce **yâ'** est remplacé par la **kasra** à l'apocopé sauf au duel et au pluriel féminin.

## Focus — L'apocopé des verbes sourds

*Choisissez la bonne forme des verbes sourds à l'apocopé qui manque pour compléter chacune de ces phrases.*

١ لا ......... في صديقك!
- **A** تمرُرْ
- **B** تشكُكْ
- **C** ترِدُدْ

٢ لـ ......... في هذا الشَّارع!
- **A** نمرُرْ
- **B** نردُدْ
- **C** نفكُكْ

٣ لا ......... بوقاحة!
- **A** تردُدْنَ
- **B** تسدُدْنَ
- **C** تمدُدْنَ

## Module 29
### LES BASES

**Corrigé page 291**

٤ لم ....... الحبل.
- A تفُكّي
- B تسُدّي
- C تمُرّي

٥ لم ........ الطّريق.
- A يشُكّوا
- B يرُدّوا
- C يسُدّوا

**Astuce** Pour conjuguer l'apocopé d'un verbe sourd, comme nous ne pouvons pas placer une **sukûn** sur une **šadda**, une des options consiste à séparer les deux consonnes identiques en supprimant la **šadda**, là où c'est nécessaire, pour éviter la rencontre entre les deux **sukûn**.

*Quelle réponse corrige l'erreur qui s'est glissée dans chacune de ces phrases ?*

١ لم يشكو مِن الحرّ.
- A يشكوان
- B يشكُ

٢ لم نجوع بعد!
- A نجُعْ
- B نجوعُ

٣ لم تكدّون في العمل!
- A تكدّان
- B تكدّوا

٤ لم نغنّيَ في الحفلة.
- A نغنّي
- B نغنِّ

٥ لم يزورون المتحف.
- A يزوروا
- B يزوران

*Quelle est la bonne traduction française pour chacune de ces phrases ?*

١ لم تدعُ أختي إلى حفلة عيد ميلادها.
- A Elle n'a pas invité ma sœur à son anniversaire.
- B Il n'a pas invité ma sœur à son anniversaire.
- C Nous n'avons pas invité sa sœur à notre anniversaire.

٢ لا تخافوا!
- A N'aie (masculin) pas peur !
- B N'ayez (masculin pluriel) pas peur !
- C N'ayez (masculin duel) pas peur !

# Module 29
## LES BASES

٣ لم يصِحْ ديك المزرعة اليوم.

- **A** Le coq de la ferme n'a pas chanté aujourd'hui.
- **B** Les poules de la ferme n'ont pas pondu aujourd'hui.
- **C** Les deux coqs de la ferme n'ont pas chanté aujourd'hui.

٤ لنمدُدْ له يدَنا!

- **A** Tendez-lui (duel) la main !
- **B** Tends-lui (féminin) la main !
- **C** Tendons-lui la main !

٥ لم يعودوا مِن السَّفر.

- **A** Elles ne sont pas rentrées de voyage.
- **B** Tu n'es pas rentrée de voyage.
- **C** Ils ne sont pas rentrés de voyage.

---

*Quelle est la bonne traduction arabe pour chacune de ces phrases ?*   **Corrigé page 291**

1. Tu (féminin) n'as pas répondu à ma question.

   **A** لم تُردّي على سؤالي.   **B** لم يردُدْ على سؤالي.   **C** لم تُردّا على سؤالي.

2. Ne jette (masculin) pas les déchets dans la rue !

   **A** لا ترمي النّفايات في الشّارع!   **B** لا ترم النّفايات في الشّارع!   **C** لا ترميا النّفايات في الشّارع!

3. Vous (féminin) n'avez pas arrosé les fleurs.

   **A** لم تسقِ الأزهار.   **B** لم تسقوا الأزهار.   **C** لم تسقينَ الأزهار.

4. Faisons un tour dans la boutique hors taxes !

   **A** ليجولوا في السّوق الحرّة!   **B** ليجولا في السّوق الحرّة!   **C** لنجُلْ في السّوق الحرّة!

5. Ne dévoilez (duel) pas votre secret !

   **A** لا تبوحا بسرّكما!   **B** لا تبوحي بسرّكِ!   **C** لا ثبُحْ بسرّكَ!

## Module 29
### VOCABULAIRE

**Noms et adjectifs**

| | |
|---|---|
| boulgour | برغل |
| pommes de terre | بطاطا |
| épice | بهار |
| lait | حليب |
| légumes | خضار |
| dinde | ديك رومي |
| huile de coco | زيت جوز الهند |
| huile de sésame | زيت سمسم |
| secret | سرّ |
| action d'entendre | سماع |
| anniversaire | عيد ميلاد |
| cannelle | قرفة |
| crevettes | قريدس |
| blé | قمح |
| cumin | كمّون |
| yaourt | لبن |
| déchets | نفايات |
| insolence | وقاحة |

**Verbes et adverbes**

| | |
|---|---|
| maintenant | الآن |
| dévoiler (un secret) | باحَ – يبوحُ |
| avoir faim | جاعَ – يجوعُ |
| faire un tour | جالَ – يجولُ |
| barrer (un chemin) / boucher | سدَّ – يسُدُّ |
| allonger / tendre | مدَّ – يمُدُّ |
| sans | مِن دون |

# Module 29
## CORRIGÉ

**Corrigé**

VOTRE SCORE :

**PAGE 284**
1 **C**  2 **A**  3 **B**  4 **C**  5 **B**  6 **A**  7 **C**  8 **B**  9 **A**  10 **B**

**PAGES 284-285**
1 **C**  2 **A**  3 **C**  4 **C**  5 **B**

**PAGE 285**
1 **B**  2 **B**  3 **A**  4 **B**  5 **B**

**PAGE 286**
1 **B**  2 **B**  3 **A**  4 **C**  5 **A**

**PAGES 286-287**
1 **B**  2 **A**  3 **A**  4 **C**  5 **A**

**PAGE 287**
1 **C**  2 **B**  3 **A**  4 **B**  5 **B**

**PAGES 287-288**
1 **B**  2 **A**  3 **A**  4 **A**  5 **C**

**PAGE 288**
1 **B**  2 **A**  3 **B**  4 **B**  5 **A**

**PAGES 288-289**
1 **A**  2 **B**  3 **A**  4 **C**  5 **C**

**PAGE 289**
1 **A**  2 **B**  3 **C**  4 **C**  5 **A**

---

**Vous avez obtenu entre 0 et 15 ?** Reprenez chaque question en regardant les endroits où vous avez fait des erreurs.

**Vous avez obtenu entre 16 et 29 ?** C'est très moyen, mais ne vous découragez pas.

**Vous avez obtenu entre 30 et 44 ?** Formidable ! Analysez les erreurs et, si besoin, révisez la ou les notions que vous ne maîtrisez pas complètement.

**Vous avez obtenu 45 et plus ?** Bravo ! Vous êtes sur la bonne voie.

# Module 30
## LES BASES

### Focus — Vocabulaire : les boissons

*Choisissez la bonne traduction.*

1. jus de fruits
   - A عصير أناناس
   - B قهوة
   - C عصير فواكه

2. eau minérale
   - A مياه معدنيّة
   - B شراب
   - C حليب

3. eau gazeuse
   - A شاي أخضر
   - B شوكولاتة ساخنة
   - C مياه غازيّة

4. jus de pommes
   - A عصير برتقال
   - B عصير تفّاح
   - C عصير ليمون

5. tisane
   - A شاي أخضر
   - B شاي بالنّعناع
   - C زهورات

6. café
   - A شوكولاتة ساخنة
   - B قهوة
   - C حليب

7. thé
   - A شاي
   - B مشروب غازي
   - C شراب

8. limonade
   - A عصير تفّاح
   - B عصير ليمون
   - C عصير عنب

9. jus d'oranges
   - A عصير برتقال
   - B عصير فواكه
   - C عصير عنب

10. soda
    - A عصير
    - B مشروب غازي
    - C شراب

### Focus — إنّ et ses sœurs

*Choisissez la particule faisant partie de إنّ et ses sœurs et qui est désignée par la définition.*

1. Elle s'utilise au début de la phrase nominale pour renforcer son sens et signifie *certes*.
   - A إنّ
   - B لعلَّ
   - C كأنَّ

# Module 30
## LES BASES

2. Elle permet d'établir une comparaison.

   **B** كَأَنَّ   **C** أَنَّ

3. Elle exprime une opposition et peut se traduire par *mais*.

   **A** لَعَلَّ   **B** لَيتَ   **C** لكنَّ

4. Elle exprime un souhait et peut se traduire par *si seulement*, *pourvu que*.

   **A** أَنَّ   **B** لَيتَ   **C** ولكنَّ

5. Elle indique la possibilité ou exprime l'espoir et qui peut se traduire par *peut-être que*, *en espérant que*.

   **A** ولكنَّ   **B** أَنَّ   **C** لَعَلَّ

**Astuce** إنَّ et ses sœurs sont des particules qui mettent le sujet de la phrase nominale au cas direct et gardent le prédicat au cas sujet.

**Focus** L'emploi de إنَّ ou de أنَّ

*Choisissez la bonne particule qui manque pour compléter chacune des phrases suivantes.*

١ قالوا ..... المحلَّ مُغلَقٌ.

   **A** أنَّ   **B** إنَّ

٢ عرفتُ ..... مديرَ الشَّركة مُسافرٌ.

   **A** إنَّ   **B** أنَّ

٣ اعتقدنا ..... الخبرَ صحيحٌ.

   **A** أنَّ   **B** إنَّ

٤ ..... الفندقَ بعيدٌ عن المطار.

   **A** إنَّ   **B** أنَّ

٥ أحسستما ..... كلامَه كاذبٌ.

   **A** إنَّ   **B** أنَّ

Corrigé page 300

# Module 30
## LES BASES

> **Astuce** Lorsque إِنَّ introduit une phrase nominale, elle marque l'insistance. Elle signifie *certes* et on ne la traduit dans ce cas généralement pas en français. Cependant, elle s'utilise aussi après le verbe قَالَ et nous la traduisons alors par *que*. Lorsqu'elle est employée avec des verbes ou locutions exprimant une opinion, une constatation, une certitude etc., إِنَّ devient أَنَّ.

*Quelle phrase est correctement réécrite après l'introduction de* إِنَّ ؟

١  الاستيرادُ والتّصديرُ عمليّتان تجاريّتان.
- Ⓐ إنَّ الاستيرادُ والتّصديرَ عمليّتان تجاريّتان.
- Ⓑ إنَّ الاستيرادُ والتّصديرُ عمليّتَيْن تجاريّتَيْن.
- Ⓒ إنَّ الاستيرادَ والتّصديرُ عمليّتان تجاريّتَيْن.

٢  راتبُهُ جيّدٌ.
- Ⓐ إنَّ راتبُهُ جيّداً.
- Ⓑ إنَّ راتبَهُ جيّدٌ.
- Ⓒ إنَّ راتبَهُ جيّداً.

٣  السّائحون وصلوا إلى الفندق.
- Ⓐ إنَّ السّائحَيْن وصلوا إلى الفندق.
- Ⓑ إنَّ السّائحون وصلوا إلى الفندق.
- Ⓒ إنَّ السّائحين وصلوا إلى الفندق.

٤  البائعتان موظّفتان في محلّ الأزهار.
- Ⓐ إنَّ البائعتان موظّفتان في محلّ الأزهار.
- Ⓑ إنَّ البائعتان موظّفتَيْن في محلّ الأزهار.
- Ⓒ إنَّ البائعتَيْن موظّفتان في محلّ الأزهار.

٥  الشّاعرةُ نشرتْ ديوانها الجديد.
- Ⓐ إنَّ الشّاعرةَ نشرتْ ديوانها الجديد.
- Ⓑ إنَّ الشّاعرةُ نشرتْ ديوانها الجديد.
- Ⓒ إنَّ الشّاعرَ نشرتْ ديوانها الجديد.

Corrigé page 300

# Module 30
## LES BASES

**Astuce** Avec إنَّ et ses sœurs, le sujet de la phrase nominale se met au cas direct et on l'appelle alors « nom de إنَّ (ou de l'une de ses sœurs) ». Quant au prédicat de إنَّ et de ses sœurs, il reste au cas sujet.

### Focus  La phrase nominale avec لكنَّ (ou ولكنَّ)

*Corrigé page 300*

*Choisissez le bon nom qui doit compléter chacune de ces phrases.*

١  القهوةُ ساخنةٌ ولكنَّ ...... باردٌ.
   **A** القرفةَ   **B** البطاطا   **C** الحليبَ

٢  النّافذةُ مفتوحةٌ لكنَّ ........ مغلقٌ.
   **A** الطّاولةَ   **B** البابَ   **C** الكرسيَّ

٣  نحنُ مُستيقظون ولكنَّ ...... نائمون.
   **A** الأولادَ   **B** الفتياتِ   **C** الأمّهاتِ

٤  نحنُ في فصل الصّيف ولكنَّ ........ ممطرٌ!
   **A** الشّمسَ   **B** الطّقسَ   **C** القمرَ

٥  أمّه فرنسيّةٌ لكنَّ ........ لبنانيٌّ.
   **A** أباهُ   **B** أبوه   **C** أبيه

**Astuce** Comme لكنَّ / ولكنَّ *mais* marque une exception ou une opposition, elle ne peut pas être employée en début de phrase.

### Focus  La phrase nominale avec لعلَّ et ليتَ

*Choisissez le bon nom ou le bon prédicat, selon le cas, qui complète chacune des phrases suivantes.*

١  لعلَّ ........ تُمطِر!
   **A** الجبلَ   **B** السّماءَ   **C** البحرَ

٢  ليتَ الشّمسَ ........ اليوم!
   **A** عاصفةٌ   **B** ساطعةٌ   **C** مُمطرةٌ

٣  ليتَ ........ يتعافى!
   **A** المُمرّضَ   **B** الطّبيبَ   **C** المريضَ

295

# Module 30
## LES BASES

٤ لعلَّ ....... في هذه المسرحيّة موهوبون.
  A الممثّلَ   B الممثّلاتُ   C الممثّلين

٥ ليتَ ........... يتحسّن!
  A الوظيفةَ   B الوضع الاقتصاديّ   C الشّركةَ

**Astuce** ليتَ *si seulement...*, exprime un souhait et لعلَّ *peut-être*, indique la possibilité.

### Focus  La phrase nominale avec كأنَّ

*Corrigé page 300*

Choisissez le bon nom ou le bon prédicat, selon le cas, qui complète chacune des phrases suivantes.

١ كأنَّ شعرَها .........
  A حمارٌ   B حليبٌ   C حريرٌ

٢ كأنَّ ........ قصرٌ.
  A منزلَهما   B عصيرَهما   C حقيبتَهما

٣ كأنَّ أسنانَها .........
  A سوارٌ   B لؤلؤٌ   C ورودٌ

٤ هربتْ كأنَّ ....... يُلاحقُها.
  A صوصاً   B ديكاً   C ذئباً

٥ كأنَّ ...... بحرٌ أزرق.
  A عينَيها   B فمَها   C يدَيها

**Astuce** كأنَّ *on dirait que...*, *comme si*, *comme*, permet d'établir une comparaison.

Choisissez la phrase correctement réécrite en remplaçant le nom de « إنَّ » ou de l'une de ses sœurs » par le pronom personnel adéquat.

١ إنَّ عصيرَ التّفاح لذيذٌ.
  A إنَّه لذيذٌ.   B إنَّها لذيذة.   C إنَّهما لذيذان.

# Module 30
## LES BASES

٢ جهّزتِ العشاء ولكنّ الضّيوف لم يأتوا.

- **A** جهّزت العشاء ولكنّها لم تأتِ.
- **B** جهّزت العشاء ولكنّهنّ لم يأتينَ.
- **C** جهّزت العشاء ولكنّهم لم يأتوا.

٣ ليت الطّالبتَين تنجحان!

- **A** ليتهما تنجحان!
- **B** ليتهما ينجحان!
- **C** ليتهنّ ينجحنَ!

٤ لعلّ الطّبيبات سيحضرنَ المؤتمر.

- **A** لعلّكِ ستحضرينَ المؤتمر.
- **B** لعلّكُنَّ ستحضرنَ المؤتمر.
- **C** لعلّهنّ سيحضرنَ المؤتمر.

٥ كأنّ زوجتَه ملكةٌ.

- **A** كأنّها ملكةٌ.
- **B** كأنّه ملكٌ.
- **C** كأنّهما ملكتان.

> **Astuce** Le nom de إنَّ et de ses sœurs peut être un nom comme il peut être un pronom affixe.

*Choisissez la bonne traduction française de chacune de ces phrases.*

١ إنّ عصيرَ الفواكه لذيذٌ.

- **A** La tisane est délicieuse.
- **B** Le jus de fruits est délicieux.
- **C** Le jus de fruits n'est pas bon.

٢ لعلَّ المسافرين يعودون يوماً...

- **A** Peut-être que le voyageur reviendrait un jour...
- **B** Peut-être que les voyageurs reviendraient un jour...
- **C** Les voyageurs reviendront sûrement un jour...

٣ استقبلَها وكأنّها ملكة.

- **A** Il l'a accueillie comme une reine.
- **B** Ils l'ont accueillie comme une reine.

**Corrigé page 300**

**Module 30**
VOCABULAIRE

**C** Elle l'a accueilli comme un roi.

٤ الشَّايُ الأخضر مُفيدٌ ولكنَّ المشروباتِ الغازيّةَ مُضرّةٌ.

**A** Le thé vert est nocif mais les boissons gazeuses sont bénéfiques.

**B** Le thé vert est bénéfique mais les boissons gazeuses sont nocives.

**C** Le jus de pommes est bénéfique mais la limonade est nocive.

٥ ليتَ العطلةَ أطول!

**A** Les vacances seront sûrement plus longues !

**B** Peut-être que les vacances seront plus longues !

**C** Si seulement les vacances étaient plus longues !

*Corrigé page 300*

### Noms et adjectifs

| | |
|---|---|
| ananas | أناناس |
| enfants | أولاد |
| commercial-e | تجاريّ–ة |
| recueil de poèmes | ديوان شِعر |
| bonheur | سعادة |
| thé vert | شاي أخضر |
| thé à la menthe | شاي بالنّعناع |
| sirop | شراب |
| chocolat chaud | شوكولاتة ساخنة |
| santé | صحّة |
| vrai-e / correct-e | صحيح–ة |
| l'été | الصّيف |
| opération | عمليّة |
| raisins | عنب |
| saison | فصل |
| lune | قمر |

**Module 30**
VOCABULAIRE

| | |
|---|---|
| perles | لُؤلُؤ |
| nocif -nocive | مُضِرّ-ة |
| roi - reine | ملك-ـة |
| conférence | مؤتمر |

### Verbes

| | |
|---|---|
| venir | أتى – يأتي |
| sentir / éprouver | أحسَّ – يُحِسُّ |
| croire | اعتقد – يعتقد |
| s'améliorer | تحسَّنَ – يتحسَّنُ |
| se rétablir | تعافى – يتعافى |
| préparer | جهَّزَ – يُجهِّزُ |
| s'enfuir | هرَبَ – يهرُبُ |

# Module 30
## CORRIGÉ

### Corrigé

**PAGE 292**
1 **C**   2 **A**   3 **C**   4 **B**   5 **C**   6 **B**   7 **A**   8 **B**   9 **A**   10 **B**

**PAGES 292-293**
1 **A**   2 **B**   3 **C**   4 **B**   5 **C**

**PAGE 293**
1 **B**   2 **B**   3 **A**   4 **A**   5 **B**

**PAGE 294**
1 **A**   2 **B**   3 **C**   4 **C**   5 **A**

**PAGE 295**
1 **C**   2 **B**   3 **A**   4 **B**   5 **A**

**PAGES 295-296**
1 **B**   2 **B**   3 **C**   4 **C**   5 **B**

**PAGE 296**
1 **C**   2 **A**   3 **B**   4 **C**   5 **A**

**PAGES 296-297**
1 **A**   2 **C**   3 **A**   4 **C**   5 **A**

**PAGES 297-298**
1 **B**   2 **B**   3 **A**   4 **B**   5 **C**

*VOTRE SCORE :*

---

**Vous avez obtenu entre 0 et 15 ?** Reprenez chaque question en regardant les endroits où vous avez fait des erreurs.

**Vous avez obtenu entre 16 et 29 ?** C'est très moyen, mais ne vous découragez pas.

**Vous avez obtenu entre 30 et 44 ?** Formidable ! Analysez les erreurs et, si besoin, révisez la ou les notions que vous ne maîtrisez pas complètement.

**Vous avez obtenu 45 et plus ?** Bravo ! Vous pouvez à présent passer à un niveau supérieur en arabe !

---

© 2021, ASSIMIL
Dépôt légal : septembre 2021
N° d'édition : 4079
ISBN : 978-2-7005-0873-4

Achevé d'imprimer en Roumanie par
Tipografia Real - septembre 2021
www.assimil.com